王兴斌 ◎ 著

旅坛思辨录

旅游教育出版社
·北京·

策　　划：赖春梅
责任编辑：巨瑛梅

图书在版编目（CIP）数据

旅坛思辨录 / 王兴斌著. -- 北京：旅游教育出版社，2021.6

ISBN 978-7-5637-4265-3

Ⅰ．①旅… Ⅱ．①王… Ⅲ．①旅游业发展－中国－文集 Ⅳ．①F592.3-53

中国版本图书馆CIP数据核字(2021)第104896号

旅坛思辨录

王兴斌　著

出版单位	旅游教育出版社
地　　址	北京市朝阳区定福庄南里1号
邮　　编	100024
发行电话	（010）65778403　65728372　65767462（传真）
本社网址	www.tepcb.com
E - mail	tepfx@163.com
排版单位	北京旅教文化传播有限公司
印刷单位	唐山玺诚印务有限公司
经销单位	新华书店
开　　本	787毫米×1092毫米　1/16
印　　张	16.75
字　　数	269千字
版　　次	2021年6月第1版
印　　次	2021年6月第1次印刷
定　　价	80.00元

（图书如有装订差错请与发行部联系）

作者简介

王兴斌，北京第二外国语学院教授，曾任旅游科学研究所所长，享受国务院政府特殊津贴专家，国家林业局中国森林风景资源评价委员会顾问，现为北京第二外国语学院中国文化和旅游产业研究院特约研究员。主持国家旅游局《2001—2020年中国旅游产业研究报告》，著有《旅游产业规划指南》、《中国旅游客源国/地区概况》、《中国出入境旅游国家概要》和《旅游忧思录》等。参加编制联合国发展计划署和西藏自治区政府联合主持的西藏珠穆朗玛峰自然保护区生态旅游规划、国家旅游局"十五"旅游业发展规划、丝绸之路旅游发展规划，主持编制广西壮族自治区、福建省、西藏自治区、天津市和三亚市等省市县旅游发展规划，以及福建鼓浪屿国家风景名胜区、吉林长白山西坡生态旅游区、西藏巴松错生态旅游度假区、宁夏沙湖旅游区等规划设计。

序 啄木鸟精神：学者的责任与风格

2012年，兴斌先生出版两卷本百万字的《旅坛忧思录》时，我曾应邀作序，题目是《忧思与直言：学者的责任与良知》，因在他的自序中曾提及，"困惑与迷茫、焦虑与忧思时常在脑际盘桓"。其实，作为学者，大凡都会有忧思，忧国忧民是古今中外学者的情怀。忧思源于对事态发展的思考，把国家的兴衰挂在心间，有忧思不藏匿而坦诚直言，体现了学者的责任与良知。

今年，在他新作出版之前，再次邀我作序，而这一文集名为《旅坛思辨录》。看来，新作的内容有所区别，所忧之事多已释怀，毕竟时代不同了。然而，正如作者所言，虽然久别研究第一线，但作为学者，早已形成的惯性会伴随终身，即思索不断、论证不止、争辩不已，这已成为一种生活状态了。因此，和忧思一样，思辨亦是学者的责任，更是学者的一种风格。无忧思，不思辨，恐怕那就不是真正的学者了。忧思是发现问题而产生解决问题的动力来源，思辨则是经过思考而寻求解决问题的方向和途径。忧思于心而不言，容易引发忧郁或消极；思索而不辨，难以增强解决问题的信心。作为长期从事自己钟情领域的研究者，愿把自己曾经的忧思、思索、辨析保留下来，这将对后人研究历史演进、寻求发展规律以及预测未来发展趋势自然是有益的。作者在本书《后记》中明确地表达了这样的愿望。记录过往，就事论事，与功过是非无关，这一点我是非常赞同的。

就人类本身而言，旅行与旅游渊源久远，其实也是一种本能的体现，无论是群体还是个人行为，这些活动随着社会的进步而不断演进升华。早在约千年之前，就有人把它视为一种人生哲学，留下了"人生如逆旅，我亦是行人"的佳句。然而，现代旅游作为一种经济现象，进而被作为一种事业、产业列入国策，这在世界上出现的历史并不太长，而在中国则更短，可谓新事物、新现象。作为新中国改革开放的经历者，我们都有幸见证了这一新生事物在中国诞生、崛起和大发展的40余年历程，而更有幸的是，亲自参与了对这一新生事物和现象的研究以及国家相关政策制订与实施的实践。实践证明，认清一件新事物、新现象是需要一个长期思辨过程的，认识和明确旅游在中国社会经济发展中的功能与定位也是经过了多次反复的试验与辨析。记得在改革开放初期，学者之间对中国社会经济发展道路与模式的争论与辩论非常流行，或见之于学术论文，或在论坛演说的表述，往往是指名道姓，直呼其名，大家都相信，共识产生于辩论之中。老一代经济学家孙冶方和于光远等大家为新中国学界做出了榜样。旅游学界也曾如此，记得在20世纪80年代仅就旅游功能是政治还是经济就辩论了好几年，通过这样的辩论这才有了中国旅游发展政策的不断调整、更新和优化。然而，实事求是地讲，这个传统并没有真正地流传下来，当今旅游学界理论创新的气氛很浓，引进西方理论体系与研究方法也很盛行，人云亦云者众，跟风添火者多，而依据中国的国情和发展的实践，对相关理论和政策进行深入探讨和辩论者少，至于能直呼其名与之"商榷"、开门见山地说"我不赞成"某位在任官员做法的文章则十分罕见了，这不能不说是一件憾事。然而，兴斌先生在思之而辨方面的一些做法则更显得弥足珍贵，令人赞许。能这样做，说起来容易，做起来很难。这一点，读者会在读这本文集中得到印证。

我读过兴斌的不少文章，本书只收入了其中的一部分。从他的文章、演讲和接受采访的记录来看，他的"辩"是多方位的，其中包括"理论之辩""概念之辩""数据之辩""政策之辩""理念之辩"等，而且这些"辩"主要是围绕着政府旅游发展战略和政策的制订与调整而做的。他的"辩"突出特点是重事实、重数据、重比较，不唯上、不绕弯、不含糊。更难能可贵的是坚持，为了辨明一个概念，他会反复地讲，不断地写。他能够这样做，至少表明作为学者的自信、重视科学、没有私心。尽管不能说他的立论和观点都完全正确、无懈可击，然而，他之所以能够这样做，就是希望大家一起来辨明是非，这在对待新生事物、探索新问题、寻求正确的发展道路来说是非常必要的。

说到此，使我想到了啄木鸟。对它，现在城里年轻人未必熟悉，也许根本没有听说过，但在乡下和林区则尽人皆知。它一生的使命就是啄木吃虫，甘为"森林医生"，被称为"益鸟"。这种鸟其貌不扬，长嘴又硬又尖；叫声不悦耳，笃笃啄木声会让人心烦；尽管它是为树木驱虫除害，但又往往会把树干凿出窟窿或留下疤痕，有失颜面。然而，它的目标是明确的，一心要保护树木；它所做的不是表面文章，而是深究不已；它的努力是不辞辛苦，持之以恒。记得近些年来，《人民日报》等媒体曾多次刊登过关于"啄木鸟精神"的文章，有人将这种精神提炼为"除害""敬业""仁厚""求是"等精髓，从某种意义上说，这种精神也应是社会科学研究者所应具备的，这既体现了学者责任，也彰显了学者风格。我觉得，兴斌先生的一些思辨方式，就是这种精神的体现。

顺便说一句，兴斌先生的文章有不少是理论的探讨和概念的辨析，但就总体而言，其中更多的是针砭时弊，辨别真伪，意在纠正偏差，去伪存真，进而提出忠告或具体建议。当然，这样的文章对学界同行来说，读一读会引起很多的思考和启发。然而，如果政府官员和业界管理者有机会读一读，会更加有益，因为他的思辨有着突出的针对性和现实性，在制订和执行政策时会考虑得更加周全，避免一些偏差。当然，如果有人读后产生不同的见解或发现不妥之处，不妨也可以像他一样，把事实摆出来，把道理说出来，引起更多人的关注和辨析，这样可能让更多的人思考辨析。我觉得，这样做，兴斌先生是不会反对的，这也是他在思辨中所期望的。在倡导开放、创新、敬业和奉献的新时代，学术界应当提倡这种"啄木鸟精神"，使理论探讨和实证研究焕发活力，为强国建设做出积极的贡献。

是为序，亦为对本书出版的祝贺。

张广瑞
2020 年初冬于北京嘉铭园

目　录

第一篇　旅游态势

放权于市场，放权于社会组织，放权于企业 …………………………… 003
中国旅游发展十大问题反思 ……………………………………………… 010
旅游产业融合与创新发展 ………………………………………………… 029
试论我国旅游业发展中的八个"不平衡不充分" ………………………… 036
旅游占GDP份额越高越好吗？ …………………………………………… 043
由"6亿人每月收入1000元"看"大众旅游"处于什么阶段 …………… 045
2018年：亦喜亦忧的旅游业 ……………………………………………… 048
2019年：旅游人也要准备过紧日子与苦日子 …………………………… 050
2020年：旅游业者要继续准备过紧日子与苦日子 ……………………… 057
旅游业界更要准备过几年紧日子与苦日子 ……………………………… 061
世界和中国旅游业：疫情常态化下的持久战 …………………………… 064

第二篇　文旅融合

新机构下文化与旅游的协调与磨合 ……………………………………… 071
文旅融合热中的冷思考 …………………………………………………… 082
辨析文化与旅游关系的几个说法 ………………………………………… 090
文旅融合"四要"提法值得关注 ………………………………………… 093

我为什么不赞成运动式的创建"全域旅游示范区" ……………………… 096
"全域旅游"热引发对"旅游目的地"的几点思考 …………………… 101
2018 年：全域旅游政策与验收标准的新定位 ………………………… 106

第三篇　旅游统计

一个科学规范的旅游及相关产业的国家统计标准体系 ……………… 111
如何改进全国旅游统计工作？ ………………………………………… 115
文化产业与旅游产业统计"两本账"如何统筹 ………………………… 118
从雒部长说旅游产业占 GDP 4.5% 说起 ……………………………… 127
以过夜指标为核心统计国内旅游好在哪里？ ………………………… 129
关于出入境旅游贸易中的顺差与逆差问题的探讨 …………………… 134
"旅游贸易赤字论"是"错误认识"吗？ ……………………………… 137
2018 年中国旅游统计的九点辨析 ……………………………………… 140

第四篇　国际旅游

如何看待中国在世界旅游中的排名 …………………………………… 151
中美能成为"引领世界旅游发展的主导力量"吗？ …………………… 157
应该把国际市场当作入境旅游营销的战略重点 ……………………… 159
应该明确区分入出境旅游与国际旅游 ………………………………… 165
对外旅游交往中慎用"旅游外交" ……………………………………… 168

第五篇　区域发展

《总规》视角下北京文化旅游发展的再思考 ………………………… 175
从海上走向世界——山东半岛旅游开发纵横谈 ……………………… 183
关于西藏建设著名世界旅游目的地的思考 …………………………… 186
桂林旅游：保持定力，走自己的路 …………………………………… 196
海南旅游"特"在哪里？ ……………………………………………… 204

被绑架的海南生态 ……………………………………………………………… 212
鼓浪屿风景名胜区发展规划纲要 ………………………………………………… 215

第六篇　学术探讨

"旅游"定义之辩 ………………………………………………………………… 221
旅游"六要素"之说"粗浅""滞后"吗？ ……………………………………… 226
"商养学闲情奇"是旅游发展"新要素"吗？ ………………………………… 230
旅游智库要"五湖四海"更需"百家争鸣" …………………………………… 233
开放包容的北京旅游学会 ………………………………………………………… 237

第七篇　春秋人生

2019 年度中国森林公园和森林旅游突出贡献奖颁奖词和获奖感言 ………… 241
为森林旅游研究贡献一己之力 …………………………………………………… 243
与二外风雨同行五十年——专访王兴斌老师 ………………………………… 247

后　记 ……………………………………………………………………………… 254

第一篇　旅游态势

放权于市场，放权于社会组织，放权于企业①

2013年11月，党的十八届三中全会启动了国家新一轮改革的航程，全会《关于全面深化改革若干重大问题的决定》（以下简称《决定》）勾画了改革航船的航向、航线与航期。《决定》虽然只有1次直接提到"旅游"（第26条），但是《决定》确定的改革指导思想、目标、任务与举措完全适用于旅游业；《决定》的实施对中国"五位一体"的建设产生深远影响，将为旅游业的转型升级创造新的经济基础、文化内涵、社会基础与生态环境，同时也对旅游业的全面深化改革提出了更紧迫、更明确的要求。

一、政府与市场：放权于市场

《决定》抓住处理好政府和市场的关系这一核心，首次提出"市场在资源配置中起决定性作用和更好发挥政府作用"，深刻阐明了两者的辩证关系。政府只有遵循"市场在资源配置中起决定性作用"规律的基础上决策施政才能"更好发挥作用"；政府更好发挥作用，就是要扫除不利于发挥市场在资源配置中起决定性作用的条块分割、过时政策、利益藩篱和固化观念，推动社会经济更有效率、更加公平、更可持续发展。

学习《决定》有必要回顾一下对旅游发展方针、战略与模式的认识过程。1993年党的十四届六中全会首次提出"市场在资源配置中的基础性作用"，1998年3月全国旅游工作会议首次提出"政府主导型发展战略"。2001年全国旅游业"十五"发展计划纲要提出"政府主导型发展方针"，后来又进一步提升为"政府主导型发展模式"。2003年党的十六届三中全会提出"更大限度发挥市场在资源配置中的基础性作用"，2008年十七大提出"从制度上更好地发挥市场在资源配置中的基础性作用"。可见，旅游主管部门的提法一直与全国的提法有一定的差别。2009年国务

---

① 以《放权于市场、社会组织和企业》为题，摘要刊登于2014年1月29日中国旅游报。

院《关于加快旅游业发展的意见》没有提"政府主导型"。2010年国务院《关于建设海南国际旅游岛的意见》提出"建立健全政府引导、行业自律、企业依法自主经营的旅游管理体制和运行机制"。2011年《中国旅游业"十二五"发展规划纲要》提出,"坚持发挥市场配置资源的基础性作用,把政府主导与市场机制结合起来,努力形成新的发展格局"。从此以后,国家层面的旅游文件中不再提"政府主导"。

早在2008年12月2日,郭金龙市长在北京旅游产业发展大会上的讲话中提出从政府主导向市场主导、企业主体转型:"深入推进体制机制创新,积极推动旅游业发展由政府主导逐步向政府引导调控、市场主导转变。加强旅游行业协会的发展,提高行业自律和促进产业发展能力。尤其是要尊重市场运作规律,发挥企业主体作用,提供优质公共服务,鼓励支持社会资本积极参与,实现资源与资本的有效结合,共同促进旅游产业发展"。

旅游经济是天然的市场经济,国内外的旅游需求完全是由市场决定的,需求的市场化决定了供给的市场化。30多年来旅游业之所以突飞猛进,根本原因在于以市场为导向的改革开放激活了长期因封闭而被压抑的国际、国内市场需求及市场供给要素。旅游业进一步全面深化改革也必须抓住政府与市场这个核心问题,明确配置客源、产品、设施、信息、资本、智力、人力等各类资源要素究竟是政府起决定性作用,还是由市场起决定性作用这个根本问题。

应该肯定,"政府主导型"方针在旅游业的初创时期产生过积极的作用:有利于统一对发展旅游的认识,较快形成发展旅游的社会共识;有利于协调各部门的行动形成发展旅游的合力,解决由旅游主管部门无权、无力解决的许多问题;有利于集中地方的财力、物力,解决交通、通信和服务设施等制约当地旅游发展的瓶颈问题;有利于集中宣传旅游目的地的形象,扩大地区的旅游知名度。"政府主导型"发展模式在经济比较落后、基础设施比较薄弱、市场发育程度较低、旅游业起步较晚的地区,对推动旅游创业发展起到了明显的促进作用。

但是,"政府主导型"提法过于强调行政力量,特别是地方党政领导个人对旅游发展的推动作用(其典型的说法是"党政主干线抓旅游"),相对低估了市场对旅游资源开发与产品配置的决定性作用,因而存在着以下一些难以规避的消极因素:

在促进旅游发展机制方面,过于强调某个党政主要领导的行政作用,往往是一任领导一种思路、一个规划;

在旅游目的地建设方面,过多采用行政手段评比达标,容易导致形式化、场面化与指标虚假;

在旅游项目建设方面,往往由领导拍板大工程、大项目,许多"政绩工程"往往是在耗费过多的社会资源下建成、维持的;

在旅游企业转型改制上,热衷于以行政之手整合国有旅游企业组建集团,结果往往大而不强，国企改制迟缓、与政府主管部门的"脐带"割而不断；

在旅游行业组织方面，行业协会是行政管理机关的附属机构的状况大多没有改变，少有独立自主的协调、维权、自律活动；

在旅游宣传推广上，往往行政官员亲临一线，习惯于用"官方语言"推介旅游，甚至一届领导一个宣传口号；

在旅游人力资源开发上，国有骨干企业高端管理的任用主要靠党政"伯乐"的"慧眼"，至今尚未形成市场型的职业经理人阶层，少有业界认可、叱咤国际市场的旅游企业家；

在考核指标体系上，在唯GDP的影响下，以多少游客数量、多少旅游收入、争第几位名次、建多少个大项目和高档酒店等为导向，易于引发地方互相攀比甚至虚报数字，而忽视把工作重点放在转变发展方式、提升产业素质与效益上。

学习《决定》要把旅游发展的指导思想统一到"市场在资源配置中起决定性作用和更好发挥政府作用"上来，并以此为根本切实转变政府职能，下决心放权于市场，放权于社会组织，放权于行业组织，放权于企业。各级旅游主管部门要从项目开发、会展庆典、讲话剪彩、评比达标、资质审定、培训发证与迎来送往的烦琐事务中解放出来，集中精力解决旅游发展的战略规划、法规政策、部门协调、内外交流、监控市场、公共服务与安全保障等大政方针上，建成面向市场、社会、行业与企业的法治型、服务型政府。

二、政府与行业：放权于社会组织

《决定》提出"正确处理政府和社会关系，加快实施政社分开，推进社会组织明确权责、依法自治、发挥作用"。要实现这一点，关键是限期实现行业协会商会与行政机关真正脱钩，改变目前行业协会依附行政机构状况，并培育更多的旅游社会组织与中介机构，政府主管部门逐步放权于行业与社会组织。

实现"政会脱钩"就是行业协会职能、机构、工作人员、财务与政府及其主管部门的"脱钩"。这四个"脱钩"就是"断奶"。只有这样，旅游协会才能把"屁股"转过来，从旅游局的行政附属机构转型为行业的协调、维权与自律机构，从对行政部门负责转为对企业会员和消费者负责，从主要管企业转为为企业服务，从官办转变成民办，从企业的"婆婆"转变为企业的"娘家"。唯有如此，协会才能站起来、活起来、硬起来，才能代表企业、代表行业，真正为企业和游客服务。

政府的机构改革、职能转变与放权于社会行业组织是相辅相成的。只有旅游主管部门自身工作职能、工作方式方法转变了，才会对协会放权，才能实现协会的转型。反之，也只有协会的行业服务与社会服务功能增强了，把众多由旅游局包揽的工作，如企业质级评定、资质认证、标准执行、人员培训、调研咨询、沟通游客与内外协调等由协会工作担当起来，旅游局才能"减负""减肥"，真正实现机构改革与职能转变。

在市场推广方面，可以借鉴国际上通行的"政企合作、公私伙伴、专业运行、绩效考核"的方式，组建类似日本观光局（JNTO，前身是日本观光公社）、韩国观光公社、法兰西之家和美国"品牌美国"（The Brand USA）之类的专业对外推广机构，由主管部门与行业协会共同组成、聘用专业营销人员、实行绩效考核、事业化或半市场化运作的对外旅游营销机构，改变目前政府主管部门统揽操办对外宣传推广工作的方式。

市场经济大潮已经催生了一大批为旅游提供宣传媒介、信息汇聚、研究咨询、教育培训等服务的企事业单位和中介机构。可根据《决定》"政府购买社会服务"精神，通过行业组织、社会团体与中介机构承担研究咨询、宣传教育、职业培训、市场推广等工作，成为政府主管部门的智库与伙伴，充分发展社会组织的作用。

在加快现有的协会自上而下的改革转型的同时，培育和优先发展"直接依法申请登记"的行业协会商会类社会组织，支持自下而上地建立新的不同行业、不同企业、不同群体、不同类型的旅游服务社会组织。只有鼓励多类型的旅游行业组织的共同发展，在为企业服务上开展合作竞争、为游客服务上发挥作用，打破传统的"官办"协会的一统天下，才能使旅游行业组织充满生机活力。

中华全国工商业联合会旅游业商会已成立多年，并在不少地方拥有分会。2012年7月，经国务院、国家民政部、全国工商联批准，该商会经过换届改组正式更名为"全联旅游业商会"，作为代表中国民营旅游经济的国家一级行业商会组织正式挂牌，助推民营旅游经济发展、促进旅游业转型发展。该商会以全国非公旅游企业和港、澳、台地区的旅游企业会员为主，为各类旅游企业特别是西部和少数民族地区中小微旅游企业提供平台。目前重庆市的旅游商会已有200多个会员，涵盖酒店、旅行社、邮轮、旅游商品与旅游院校等多个行业。

在大力改革旅游行业的社会组织的同时，还应积极培育各类常态型的旅游志愿者组织，大力培育由自驾车、自行车、背包客、网游族等各类群体组成的新兴消费者组织，如旅友俱乐部、沙龙、联谊会等，发挥旅游消费者的互助服务、行为自律和自我维权的作用。培育并成长起由旅游服务供应者与消费者两方面的多种多样社会组织，更广泛地普及全民的旅游意识，形成良好的旅游秩序与社会氛围，夯实旅游产业与旅游事业的社会基础，迎来真正的国民旅游时代。《决定》说要"激发社会组织活力"，旅游、休闲事关民生，在这篇大文章上大有可为。

三、政府与企业：放权于企业

企业是产业的细胞、市场的主体。发挥市场对资源配置的决定性作用，关键是让企业在经济活动中成为真正的主角。目前，我国已经形成了由旅行社、旅游住宿业与部分景区、在线旅商、餐馆、商店、康乐、咨询企业组成的企业群落。旅游企业已经成为旅游供给的主体。这是30多年的改革发展的成果。同时，在全面改革中壮大由国有与非国有共同组成、竞合发展的旅游企业，依然紧迫而重大。

《决定》指出，进一步破除各种形式的行政垄断，深化国企改革。目前国有企业是我国旅企集团的主体。"央企"作为"中央主力军"的龙头老大地位岿然不动，并正以很快的速度向地方和行业拓展。"地方集团军"在地方政府的整合下，成为地方国有旅游企业的"大哥大"。无论"央企"还是"地企"，它们具有资产优势、资源优势、市场优势和政策优势，不少地方政府在向它们招手。但是，这些具有行政背景的企业集团也有其软肋，"行政化"的烙印根深蒂固，缺乏"置于死地而后生"的压力与动力。地方政府也不宜再用"小舢板"捆绑成"航母"的行政式整合，应该遵循市场规律在市场竞争中推进旅游集团建设。

目前，旅行社行业中，以数量而言非国有企业已占大多数，但以规模而言仍然是几家国有企业占主导地位。在星级饭店业中已形成多种所有制企业并存局面，国有企业占31.2%，外商和港澳台资企业占4.2%，集体、民营、股份制等其他企业占64.6%（2011年数据）。从经营效益看，国企饭店客房出租率60.86%，低于全国平均水平（61.07%），更低于大多数外资和港澳台资饭店（62.72%~65.26%）。外资星级饭店利润率11.57%、全员劳动生产率22.68万元/人、人均实现利润2.62万元/人，这三项指标远高于以国有饭店为主的内资饭店（1.13%、14.19万元/人、0.16万元/人）。为数很少的离境购物免税店仍是国企的一统天下。国有旅游企业集团如何在外部与各类社会资本嫁接，在内部彻底"去行政化"，建立规范的现代企业制度，实现完全的市场化、企业化，仍是既迫切又长远的任务。

各国旅游业的现状表明，旅游业由于其高度的市场化与服务性，是最适合发展民营经济、股份制经济的行业。旅游业并非事关国民经济命脉和国家安全的关键行业，而是服务贸易行业，是非垄断性的商业经营性行业。在旅游经济中，更多地推动非公有和中小旅游企业发展，是旅游经济结构改革的一大课题。

2009—2013年"中国旅游集团20强排行榜"显示，携程、海航、春秋、开元、去哪儿网、景域国际等外资、民营和股份制旅游集团后来居上，异军突起，在较短时间内跃入中国旅游集团的前列，深刻改变了国企独大的格局，并创造了在线服务、低成本航空等旅游新业态。携程则是在中国旅游企业中率先进入国际市场的、国际化程度最高的企业。非国有企业没有现成的市场资源、品牌资源和官方背景，主要靠自我拼搏、自主创新，闯出一条创新发展之路，显示了非国有企业具有强劲的内生动力，在旅游经济竞争力中具有强大的生命力。

《决定》提出以开放促改革，促进国际国内要素有序自由流动，加快培育参与和引领国际经济合作竞争新优势。目前世界前列的饭店、旅行社品牌集团都已进入我国，我国旅游集团基本都在国内经营，即使在20强中走出国门的很少。中外旅游企业"走出去"与"请进来"不对称状况有待改变。培育企业集团是旅游产业应对国际化竞争的必由之路，肩负在参与国际竞争中创造中国旅游服务品牌的重任。

《决定》要求"支持非公有制经济健康发展"，坚持权利平等、机会平等、规则平等，废除对非公有制经济各种形式的不合理规定，消除各种隐性壁垒。在旅游业中，虽无明文规定对非国有企业的歧视政策，但是在某些管理领域，如旅游扶持资金的分配、企业等级评定、特许经营项目审批等方面，或明或暗、自觉不自觉地偏向国有企业，对非国有企业不放心、不放手的现象依然存在。在推进国有旅游企业改组改制的同时，应更加关注民营和中小旅游企业发展，放低市场准入门槛，修改不合时宜的工商登记、审批规定，扶持各类混合所有制企业，让各类所有制企业在平等、规范、有序竞争中，产生一批具有国际竞争力的大型旅游企业集团。

作为现代服务业，旅游企业更适宜如《决定》要求的"发展国有资本、集体资本、非公有资本等交叉持股、相互融合的混合所有制经济，允许混合所有制经济实行企业员工持股，形成资本所有者和劳动者利益共同体"。从长远看，国有旅游企业应逐步减量或改制成为股份制、混合型经济，以非国有资本参股方式作为国有旅游企业转型改制的发展方向。

《决定》指出，"企业投资项目，除关系国家安全和生态安全、涉及全国重大生产力布局、战略性资源开发和重大公共利益等项目外，一律由企业依法依规自主决策，政府不再审批。深化投资体制改革，确立企业投资主体地位"。至今不少地方仍热衷于由政府出面确定几个旅游区、推出若干个景区、酒店、旅游综合体等，列入政府招商引资项目，有的是政府直接投资，有的是政府担保（或贴息）向银行贷款，有的许诺减税、奖励等种种优惠措施。这种用这种那种行政手段干预旅游投资的做法，显然不符合《决定》的精神。

长期以来，地方政府直管的招待所、会议培训中心等国有资产一直是被遗忘的改革"死角"，是铺张浪费甚至滋生腐败的温床。近日中办国办印发《党政机关国内公务接待管理规定》，要求"积极推进接待服务社会化改革。充分发挥市场机制作用，实行政府购买服务"，为旅游企业开拓公务服务提供了机遇。《规定》还要求"推进机关内部接待场所转制改革，推进机关内部接待场所建立健全服务经营机制，推行企业化管理，建立市场化的接待费结算机制，逐步实现自负盈亏、自我发展"。

这些场所都可以改制为宾馆、餐饮、会议、健身娱乐或养老的服务企业。

国际经验表明，在市场经济条件下，放权于市场、放权于社会组织、放权于企业，政府与社会组织、行业组织和企业建立分工、对话、互补、合作的关系，让一切劳动、知识、技术、管理、资本的活力竞相迸发，是实现旅游市场秩序良性运行，促进旅游经济健康发展的重要保证，也是旅游产业发达成熟的标志。

中国旅游发展十大问题反思[①]

一、政府主导与市场主体

《大旅游》：政府与市场的关系，是旅游发展中一个永恒的课题。从《旅坛忧思录》一书中可以看出您一直十分关注这个问题，为什么？

王兴斌：中国发展旅游业的轨迹与欧美国家不同。它们的旅游业是在市场经济条件下工业化、城镇化过程中自发、自在地原生的，以后又在法治化的市场经济基础上发展、成熟起来的，政府只需顺势而为，引导推进。1978年底邓小平提出发展旅游，直接目的是以旅游换取外汇，提出创汇100亿美元的目标。改革开放以来，大陆旅业是在政府主导下发展、兴起的。1998年3月在全国旅游工作会议上首次提出"政府主导型发展战略"，后来又写进了"十五"发展规划，再后还提升到"政府主导型发展模式"。对"政府主导型"有很多解释，其核心内容是各级领导特别是党政一把手亲自抓旅游，从战略决策、政策举措、部门协调到举办重大活动、建设重大项目，都要由地区党政主要领导拍板，曾被形象地概括为"党政主干线抓旅游"。2009年底国发41号文件和2010年国务院关于海南国际旅游岛建设文件中没有提"政府主导型"，提出"充分发挥市场配置资源的基础性作用""建立健全政府引导、行业自律、企业依法自主经营的旅游管理和运行机制"，从此在国务院的旅游文件中不再使用这个提法。

《大旅游》：您怎样评价这种发展战略、方针和模式？

王兴斌：可以用两句话概括：功不可抹杀，弊不可低估。

应该肯定，"政府主导型"方针在旅游业的初创时期是必要的：有利于较快形成发展旅游的社会共识，有利于协调各部门的行动形成发展旅游的合力，有利于集中地方的财力、物力，解决交通、通信和服务设施等制约当地旅游发展的瓶颈问题，有利于聚力宣传旅游目的地的形象，扩大地区的旅游知名度。这在经济比较落

[①] 刊登于《大旅游》杂志2014年第7、8期。

后、基础设施比较薄弱、市场发育程度低、旅游业起步较晚的地区，尤为必要。

但是，这种模式过于强调行政力量，特别是地方党政领导个人对旅游发展的推动作用，相对低估了市场对旅游资源开发与产品配置的基础性、决定性作用，因而一直存在着诸多消极因素：

（1）在促进旅游发展机制方面，常常取决于某个党政主要领导的认识做出决策，使地方旅游发展思路往往带有强烈的个人色彩与多变特点，甚至是一任领导一种思路、一张蓝图、一个规划、一句口号，而不是把着力点放在构建以制度架构为保障、以市场机制为导向的可持续发展的机制上。

（2）在旅游目的地建设方面，往往采用自上而下、行政式、运动式的"评优""评佳""评强"等，10年内评了306个优秀旅游城市，占全国655个城市的一半。但是这种"运动式"的行政评定容易导致形式化、场面化。验收前轰轰烈烈，验收后偃旗息鼓，一些设施（如游客中心）虚设或废弃，"评优"的含金量逐步降低。

（3）旅游项目建设方面，往往由领导拍板大工程、大项目。如果领导决策正确，能集中地方财力、物力、人力资源，在政策倾斜的推动下迅速建成；如果领导决策错误，就会造成财力、物力、人力资源巨大浪费。许多"政绩工程"往往是在耗费过多的社会资源下建成、维持的，有些即使建成了也往往难以有效、持久营运。有些项目（如在经济欠发达的市县兴建高档酒店）虽是社会资本投资，但仍然是在当地政府的一路"绿灯"下建成的，经营效益很差。

（4）在旅游国企转型改制上，热衷于以行政之手整合国有旅游企业组建集团，而不是以市场竞合为基础，结果往往"大"而不"强"。国企改制迟缓，与政府主管部门的"脐带"割而不断。

（5）在旅游行业组织方面，长期以来行业协会是行政管理机关的附属机构，协会活动的场所和经费由行政管理机关拨给，协会的活动由行政管理机关批准，少有独立自主的协调、维权、自律活动。

（6）旅游宣传推广上，往往行政官员亲临一线用官方语言宣讲，出境宣传成为官员公费旅游，从国家到地方层面至今未形成由专业人员组成的稳定而专业的促销团队、政府与企业合作的促销机构和讲求推广效益的市场促销机制。

（7）在旅游人力资源上，国有骨干企业高管的任用主要靠党政"伯乐"的"慧眼"，至今尚未形成稳定的市场型职业经理人阶层。并非旅游业界没有此种人才，而是因为在"官本位"的体制下企业家难有施展抱负与能力的舞台。

可以说，长期实行的"政府主导型"模式渗透到旅游的方方面面，至今仍是一些地方发展旅游的惯性思维与机制。

《大旅游》：为什么"政府主导型"的发展模式能长期存在并发挥作用？

王兴斌：这是由历史背景与社会基础决定的。行政指令式计划经济模式的传统体制，用搞运动方式发展经济的惯性动力，把特定环境下行政干预快速见效的非常态方式当成了发展旅游经济的常态发展模式。政府掌握着公共旅游资源，控制着骨干旅游企业；相关部门权力分割与利益制衡，需要"一把手"的拍板；GDP导向下追求"政绩"的冲动，再加加快发展旅游业的迫切心情。多种因素使得"政府主导型"一经提出就被广泛接受，并在一定时期内觉得确有成效。

《大旅游》：在旅游发展中，政府与市场究竟谁说了算？您能否举一个例子说一下。

王兴斌：我的回答是：从一时看政府说了算，从长远看市场说了算；从表面看政府说了算，从根本上说市场说了算。只有符合市场需求政府说的才算数，否则谁说的都不算数。

1992年8月，国务院发出《关于试办国家旅游度假区有关问题的通知》。紧接着国家旅游局与有关省市紧锣密鼓，圈地块、编规划、立项目，一个半月内办完了省、局、国务院三级报批手续，批准了12个国家旅游度假区。当时的目标是，"以接待海外旅游者为主""以利用外资为主开发建设"，建成"五星级酒店+高尔夫球场"的"旅游业新的创汇基地"。国家旅游局内设立专门的办公室，省里设立了厅局级的"管理局""管委会"。显然，这是典型的"政府主导型"工程，尽管当时还没有这个说法。1993年7月18日的《亚太经济时报》刊登了我在广东阳江的演讲稿，断言这样的度假区"外国人不来，中国人不去"，坦言"给目前的度假区热泼点凉水、清醒一下"。

20年过去了，这12个至今没有一个是以外资投入为主建设的，也没有一个是"以接待海外旅游者为主"的。除了三亚亚龙湾外，其余11个虽有"国家旅游度假区"之名，并无"国家旅游度假区"之实，大多成为游乐游览区或房地产开发区。

回顾这段历史，可以帮助我们思考旅游开发的四个问题：政府是否万能，发展旅游能不能"搞运动"，开发旅游能不能"一刀切"，市场（游客）会不会只认政府发的"牌子"？

《大旅游》：现在地方政府不大提"政府主导型"了，为什么您还要重提这个问题？

王兴斌：至今中国仍是个准市场经济社会，市场发育不全、行政权力极强，政府手中掌握资源、土地、资金和决策、审批、评比等权力，这种优势可以集中力量办大事。但权力一旦用过了头或用错了地方，就会成为一种劣势乃至灾难。政府的决心与投资越大，"烂尾"工程的损失就越大，此类教训不胜枚举。时至今日，有些地方政府仍然热衷于策划、拍板"大项目"，甚至以"军令状"的方式在规定的时限、规定的地区同时推进数个、数十个，乃至上百个"大项目"的开发建设，而不顾地方实力能否支撑，现实客源需求规模能否消化，其后果很快会显露。

二、改革开放与旅游发展

《大旅游》：改革开放是中国旅游发展的一条主线，您对这个问题也相当关注。

王兴斌：改革开放贯穿旅游业发展的全过程，但是在不同时期、不同领域，改革开放的力度、进度不同，其近期效果与远期效应也大相径庭。我想以人们最熟悉的饭店业与旅行社业为例来谈这个问题。

饭店是最早向外资、港资开放的行业，北京建国饭店、广州白天鹅酒店是中国最早的外资、港资企业，可以说我国旅游业的对外开放是从饭店业起步的。对于外资投资饭店，几乎没有设任何门槛。至今，世界上著名的酒店集团都已进入我国。我们已经充分享受到饭店业对外开放的红利：一是缓解了饭店建设的资金问题，二是引入了国际饭店业的经营、服务和管理规范，三是加入了国际酒店营销网络，四是推动了国有饭店的经营服务改革，五是培养了星级饭店经营管理人才。可以说外资、港资饭店是大陆饭店经营管理人才的"摇篮"，其效应比办多少家酒店院校都大。在引进、消化国际惯例的基础上，我们建立起了自己的星级饭店标准和评定机制。可以说，酒店业是与国际惯例接轨最早，也是最好的行业。如今，大陆著名的饭店集团已经显露锋芒，经营着许多国内饭店，开始走出国门、走向世界。尽管饭店业也存在着这样那样的问题，如高端酒店过多、布局不合理、客房出租率不高等，尤其是高端酒店的经营面临困境，但这些并非是对外开放造成的，而是饭店业投资建设方面市场作用被行政力量干预、扭曲造成的，从本质上说仍是改革不彻底形成的。

《大旅游》：既然饭店业的改革开放取得了如此显著的效果，为什么旅行社业的改革开放如此迟缓呢？

王兴斌：长期以来，旅行社一直是作为政府有关部门的直属机构，担负接待境外人士的特殊任务，一直是国企的"专利"，由政府严格审批。直到1985年发布的《旅行社管理暂行条例》，才开始允许"集体"办旅行社。直到1996年才取消了对内资的限制，个体、私人开始可以投资经营旅行社业务。从1986年开始，我国开始"入世"谈判。在长达15年的马拉松式的谈判中，旅行社的开放一直是服务贸易方面谈判的焦点之一。开放旅行社市场的条件一直是我们与西方国家谈判的一个筹码。从开放地域、数量、中外股权比例、经费范围、注册资本、分支机构、国民待遇等各方面，我方层层设防、步步为营。这种"寸土必争"的攻守固然在"入世"谈判中为其他服务贸易达成有利条款做出了贡献，同时也反映了当时我方对开放旅行社市场的重重疑虑。一是担心外资旅行社抢了大陆的出入境客源市场，二是担心外资旅行社抢了大陆国际旅行社的饭碗，三是担心外资旅行社抢了大陆的旅行社管理人才。一句话，担心外资旅行社挤垮了中国旅游管理部门直属、直管的"长子"。当时所谓"狼来了"的心理，主要就是怕外资旅行社这只"狼"。

时至今日，国、中、青三个系统的国有旅行社垄断局面被冲破，形成了旅行社业多种所有制并存的局面，但基本上仍是国有旅行社主导，央企、地方国企大社的体制机制改革依然相当迟缓。已进入的25家独资、合资旅行社，如美国运通公司、日本日航国旅、英国格里菲集团、德国途易集团等业务量仍很小，其在旅行社行业中的影响微乎其微。

当中国入境、国内和出境旅游市场从卖方市场向买方市场转变之后，旅行社行业的种种弊端，如恶性削价竞争、导购回扣、内部部门承包和非法挂靠等问题屡禁不止、屡治屡盛。《旅游法》中有2/3的条文是专门关于旅行社的，我曾戏称这部《旅游法》有点像《旅行社法》，可见旅行社行业成了"重灾区"。大陆出境旅游的规模虽然已跃居世界前列，但是大陆的旅行社仍少有真正走向国外的，基本上仍然是入境旅游的接待社、出境旅游的组团社，鲜有出（入）境游客招徕、组团、接待、服务一条龙的。

旅行社业目前的状况是由多种原因造成的。诚然旅行社业与饭店业相比，行业链纵横交错、经营环境复杂多变，但是，旅行社业改革开放被动、迟缓，"国有正统""计划经济"（换一个说法叫"政府主导"）等传统观念的顽固，既得利益群体及其与政府主管部门的千丝万缕的联系，是这个行业形成如此现状的根本原因。长期的封闭式"保护"，实际上保护了落后的体制与市场的紊乱。旅行社业开放的滞后影响了行业的健康发展，与饭店业的主动开放促进行业的提升形成了鲜明的对比。

《大旅游》：近日国务院常务会议部署旅游业"改革发展"时，强调"以改革开放增强旅游业发展动力"，今天重提改革开放又为什么呢？

王兴斌：没有改革开放就没有中国旅游业，这一点已成为旅游界的常识。改革与开放又是一个不可分割的整体，开放促进改革，改革推进开放。只开放不改革，中国旅游企业就没有竞争力，在外国"狼"面前就难以生存；自身不改革就没有胆量、信心与实力去与外国"狼"面对面的竞争，因而更不敢开放。改革与开放是一个问题的两个方面，在总体上必须同步推进。

我仍认为，近一二十年中，我国旅游业在迅速发展的过程中，既不主动开放也不主动改革，并自觉不自觉地用快速发展的"成绩"掩盖、回避快速发展中积累的弊端，使大陆旅游业在某些方面从改革开放的"排头兵"变成"钉子户"。与某些金融、商贸、文化领域相比，旅游业的改革开放显得不大给力。在外国人入境方面，与目前许多国家纷纷采取便利中国人的入境手续相比，显得不大自信，甚至不如改革开放初期放得开，这是近年来国际入境旅游低迷的重要原因之一。当然，这不是完全由旅游部门说了算的。

改革开放只有进行时，没有完成时。如果躺在改革开放的已有成果上不思进取，前一阶段改革开放的正成果，有可能成为下一阶段改革开放的负能量。国务院再次强调"改革发展"，并非无的放矢。今天旅游业的结构调整、转型升级已进入攻坚期，多年的积弊只有在继续改革开放中找出路，而不能躺在"黄金发展期"上聊以自慰。

三、旅游经济中的国企与民企

《大旅游》：企业是市场的主体、产业的细胞。您在谈到酒店、旅行社时已经涉及旅游企业的问题。您能否谈谈企业，特别是国企的转制、改革问题。

王兴斌：这方面我想从《中国旅游集团20强》榜单谈起。从2009年以来，中国旅游协会与中国旅游研究院做了一件好事，就是发布《中国旅游集团20强》年度榜单。综观四年的榜单，可以看出中国旅游企业的现状与发展态势。

第一，中国旅游企业的"航母"正在激荡起伏的市场大浪中形成，已走上企业集团化、本土化之路，民族自主旅游品牌企业正在孕育之中。旅游企业集团正在步入群雄并起、做大争强的新阶段。

第二，几家国有企业独大的垄断地位已经被打破，但仍在"20强"中占据大半壁江山，依然是"旅企集团"的主体，其中既有港中旅、国旅、中青旅等"央企"，也有首旅等"地方国企"。它们天生具有资产优势、资源优势、市场优势、政策优势与政府机构的人脉优势，只有发展快慢、利大利小之分，但没有"全军覆没"的风险。这些企业集团"行政化"的烙印根深蒂固，缺乏"置于死地而后生"的压力与动力。有些国企的业态扩展，如垄断经营免税购物、72小时入境免签接待、异地开发景区等，仍然是凭借其国企的招牌。国有旅游企业集团如何在外部与各类社会资本嫁接，在内部建立规范的现代企业制度，彻底"去行政化"、实现完全市场化的改革还有很长的路要走。可是现在不少地方仍热衷于以行政之手整合国有旅游企业，"小舢板绑成大航母"，经不起市场风浪的颠簸，即使有赢利，与其资源优势、投入产出比也不相称。在当今公费消费压缩的形势下，国有官企的改革显得更加紧迫。

第三，外资、民营和股份制"旅游集团"后来居上，异军突起，迅速进入旅游产业前沿。在近几年"20强"榜单中，携程、广之旅等外资企业，春秋、开元、海昌、景域等民企，海航等股份制企业，大多没有政府背景，也没有现成的市场资源、品牌资源，主要靠奋力拼搏、自主创新，在旅游市场大潮中、乘风破浪中闯出一条生存发展之路，形成了旅游经济多种成分并存的格局。这些旅游集团的崛起显示了非国有制企业在竞争发展中的强大活力，生动地显示了"市场配置资源的决定性作用"。旅游经济是无关国家安全的民生经济，理应由非国有经济占主导。你看看欧美国家的百年老"社"老"店"，至今在世界旅坛叱咤风云，有哪一家是国企的？！

第四，体制创新、业态创新与科技支撑相结合是旅游集团壮大的必由之路。20强榜单中最显眼的是携程、去哪儿网、同程网络、景域、海航等外资、民营与股份制企业。这几家非国有企业在业态上的创新，如在线电商、低成本航空、在线景区门票等，都是赤手空拳、自主创造的。在它们的追赶下，业内的老牌国企纷纷进入旅游在线经营，并用不同方式推进线上与线下、网上虚拟服务与网下实体服务相结合等多种模式不断涌现。

企业集团是旅游产业的引领者，是产业发展的主力军，是应对国际化竞争的"王牌军"。如果对"20强"进行区域分析，东部地区占19家，中部地区仅有1家，西部地区1家也没有，足见全国旅游业发展的不平衡。再放到全国经济产业中去比较，能进入全国500强企业名单的，只有两三家。如果从全球旅游业来考量，这20强基本都在国内经营，走出国门的很少。中国旅游企业真正走向世界、进入世界旅游竞争的主战场，还有很长的路要走。

四、旅游景区的体制机制

《大旅游》：旅游景区在《旅坛忧思录》中占了不小篇幅，这可能与您长期从事旅游规划的经历有关。您在这方面有些什么思考？

王兴斌：2000年12月，在中国科学院主办的改进中国自然文化遗产资源管理的国际会议上，我提交了一篇题为《中国自然与文化遗产管理模式的改革》的论文，引起了关注与争论。我的中心意思是，在今日之中国，究竟如何才能保护自然文化资源并达到保护的目的——利用与发展？如何治理条块分割、"九龙治水"的顽症？苏联模式难以为继，照搬欧美模式会水土不服。

为此，我提出了公共景区的资源所有权归国家所有，管理权由各级、各行政主管部门行使，旅游经营权由企业运行，资源保护由多方监督，形成"四权分离与制衡"的体制机制。用后来十八大报告的话说叫"政企分开、政资分开、政事分开、政社分开"。

《大旅游》：旅游界大都说所有权、管理权、经营权"三权"分离，您为什么再加一个"监督权"？

王兴斌：我在各地经常看到，不管是政府直接经营管理，还是委托国企、民企经营，都存在追求经济利益最大化而忽略社会效益和环境效益的风险，必须建立多道防线的监督保护体系，包括：国际组织和国际公约的监督、国家法律法规监督、行政主管部门监督、规划系统监督、社会公众与媒体监督，用经济手段监督和制约。

"四权分离与制衡"，可以明晰各自的职责、权利与义务，不允许任何部门、单位、企业和个人依仗权力或资本而为所欲为，有效地改变到处存在的所有者、管理者、经营者、监督者集于一身的弊端。我当时特别强调，"在实行政企分开、事企分开、管理权与经营权分开的同时，强化保护监督体系，两方面同步推进、缺一不可"。国际有关机构一旦亮"黄牌"，就会立马改正；国内行政部门亮"黄牌"，立即就有人出来打"招呼"高抬贵手。可见，在现有的体制环境下，实行多元监督难之又难。

《大旅游》：不久前，"建立国家公园体制"写进了《中共中央关于全面深化改革若干重大问题的决定》，您认为这个课题该如何破题？

王兴斌： 我认为这个命题有三个关键词：一是"国家"，应具有国家级的价值、国家性的意义；二是"公园"，应面向公众、具有社会公共、公益使命；三是"体制"，应建立起科学规范的"体制"，形成完整的国家公园体系。我最近在杂志上撰文，需要弄清几个问题："国家公园"的主体资源与核心功能是什么？"国家公园"与已有的各类自然生态与文化文物保护区是什么关系？如何处理中央各主管部门之间的关系以及中央与地方的关系？"国家公园"内部建立何种体制机制？这些问题涉及各方既得权益格局的调整，而触及权益比触及灵魂还难，这既需要勇气，敢于打破既得利益的藩篱，还需要智慧，也还要耐心。

创建国家公园体制对旅游业来讲，需要理念创新、机制创新。从理念来讲，要从"创建→提高门票→扩大旅游经济规模"的惯性中解脱出来，不能走"门票经济"的老路。从机制来说，国家公园内部探索休闲与旅游服务经营实行特许经营权制度和资源有偿使用制度，受权开展经营的企业必须接受严格的监管，并缴纳资源使用与保护费。

五、旅游发展中的利益主体

《大旅游》：上面您已经谈到公共旅游资源开发经营中的利益博弈问题，能否再深入地谈谈？

王兴斌： 我提出四权分离与制衡问题时，实际已涉及旅游发展中相关利益主体的关系问题。这个问题的核心是妥善处理政府（管理主体）、企业（经营主体）、居民（社区主体）与游客（消费主体）之间的关系。

湖南凤凰古城是一个很有代表性的案例。十多年中，我曾三次到过凤凰古城，目睹旅游给古镇和地方带来的巨变，也深感其中潜伏的社会与环境问题。作为国家历史文化名城，地方政府把沈从文故居等9个公共文化景点50年经营权转给民营企业。这在当年是文化景区资源经营权改革的大胆之举。凤凰古城旅游从此迅速发展，但各种社会事件也频频发生，如村民抵制搬迁、打伤游客、商贩反对设大门票、居民不满街区拥堵以及嘈杂和物价上升等。无疑，旅游发展使当地政府、大中小投资商和居民都得到了"红利"，但这块"红利"蛋糕切得不够合理而引发了"社会地震"，有的转嫁到游客身上。

我主持的第一个规划项目是三亚旅游，我至今仍是三亚政府的旅游顾问。三亚的发展表明，在社会经济市场化与区域经济一体化的背景下，有些地方可以通过发挥特色资源优势，以现代旅游业为龙头，快速推进城镇化、现代化和国际化。但多次发生的"宰客"事件表明，三亚的旅游发展缺乏工业化的基础，也缺乏城市化的依托，本地民众亦不曾经历过工业化的洗礼、城市化的熏陶，旅游业的快速发展缺乏其他服务业的支撑和配套，出现了十分特殊的多重二元结构现象：原有的城乡二元结构依然存在，出现了新的城市与景区的二元结构，常住人口的二元结构（原住民与外来常居人口），旅游者乐园与原住民家园的反差，控制定价权的客源地组团社与被动接客的地接社之间的利益博弈等。在这些错综复杂的利益关系下，如何统筹兼顾各方的利益关系，使"旅游天堂"与"幸福家园"和谐共荣，就成了三亚旅游发展中无法回避的难解之题，执政者往往处于两难的夹缝之中。

《大旅游》：从这两个案例中，您认为如何应对旅游快速发展中出现的种种社会问题？

王兴斌：凤凰古城和三亚新城是快速发展中的中国旅游业的一个缩影，也是发展中国家、地区在超常规、跨越式发展旅游业中时隐时现的现象。我在写给有关机构的信中曾建议，治理旅游经营中的不正之风，《旅游法》应该从根本上理顺旅游管理者、经营者、服务者、消费者和旅游目的地居住者等相关利益者的关系，矫正被异化的利益链条，才能逐步缩小乃至最终铲除滋生行业潜规则的土壤，而不是"头痛医头、脚痛医脚"。

六、部局合作与局省"协议"

《大旅游》：几年来，国家旅游局与有关部、委、办等中央单位签署了一系列合作协议，您对此有何评论？

王兴斌：自2009年以来，国家旅游局先后与文化、文物、农业、气象、开发银行、中行、农行、邮政、中宣办、林业、扶贫办、海洋、电信等部门和单位签署了各种合作协议，还有多部门联合发布文件、成立专项工作组织协调机构，如关于景区门票、高尔夫球场和主题公园建设、宗教场所燃香等文件。全国假日办则是假日旅游的部际协调机构。

这些局部合作文件收到了一定的效果，改变了旅游部门单打独斗发展旅游的局面。多年来"文化旅游年"不与文化部合办，"海洋旅游年"不与海洋局合办，"城乡旅游年"不与建设部、农业部合办，这种做法应该改变。

《大旅游》：您对改进部际合作有什么建议？

王兴斌：部门合作、产业联动的方式方法要因事制宜、灵活多样，切合实际、讲求实效，不能停留在文件，要落实到行动上。例如，需要海洋与旅游部门合作，出台南极旅游的相关文件、准则和规范，促进极地旅游的健康发展。政府部门合作主要是产业方向、产业政策、产业监管等方面的政府行为，从宏观上推进产业联动、行业融合，不宜涉及应由市场与企业操作的事宜。如根据有关协议，中国农业银行将在未来5年内提供总额为3000亿元人民币的意向性信用额度，重点支持由"国家旅游局向中国农业银行推荐符合贷款条件的重点旅游项目"。我认为这种"合作"跨进了政府不该跨进的市场运行领域。试问：一个政府主管部门怎么能向金融企业推荐"重点旅游项目"的投资？推荐错了你负得了责吗？

部际合作当然越多越好。旅游业的发展无时无刻离不开部门合作、产业联动，并走向产业融合，这是发展旅游业的永恒主题。

《大旅游》：那您对"局省"合作如何看？

王兴斌：从2008年开始国家旅游局先后与安徽、广东、湖北、江苏、云南、重庆、深圳、陕西、宁夏、四川、广西、河南、河北、西藏和内蒙古15个省区市签署了有关旅游合作的"议定书""备忘录""合作协议""框架协议"等。

我认为没有必要。支持、指导各地发展旅游业是国家旅游局的本职工作。发展旅游业是各地政府的本职工作，还需要签协议互相"保证"吗？"局领导与省领导一年碰一次头"，还需要签协议吗？

地方政府为什么希望签这种"协议"？无非是希望得到国家局认可成为某个"先行先试"的"示范区""试验区"，有的希望得到更多的资金"倾斜"、政策"优惠"。笔者曾当面问过一位省局的朋友，他说签不签一个样。别的省都签了，你不签，省领导不干！

由此引申出一个问题：在目前政体下，在旅游行政管理体制方面如何处理中央与地方的关系？国家局与省局的职权如何分工？以31个省区市而言，省情区情市情各异，旅游发展环境、阶段和水平不同，如果每年每个省区与国家旅游局开一次工作会议的话，平均每月开2.6次，国家局有多少人力、精力去研究各省区市的旅游发展问题，能提出多少有真知灼见的指导意见？国家旅游局的官员与其频频出席各地的旅游发展大会、论坛、节庆、展销之类的应景活动，不如集中力量抓好事关全局的大事。如果国家局要指导地方旅游，我认为应该把重点放在各省区市无法解决的跨区域旅游上，如京津冀、环渤海、丝路之旅、运河之旅、长江之旅以及东北亚、东南亚、南亚、中亚等区域性的国内、国际旅游合作上。

从现行国家行政体系角度看，这种"局省"合作也是不合体统的。中央部委与各省区市是上下级的关系，是领导与被领导的关系，怎么成了甲乙双方对等的"合作关系"，甚至用"备忘录""议定书""框架协议"之类的商业文书、外交文书的语言呢？签署这种对双方有什么约束力吗？以此类推，各省旅游局要不要地市级政府签此类文件？地市旅游局要不要与县级政府也签此类文件？可笑的是，在有的省已经这样仿效了，还自认为是"创新"呢。现在倒应该研究旅游系统如何简政放权问题了。

七、"黄金周"与带薪休假

《大旅游》：国内旅游已成为我国旅游的主体，"黄金周"与带薪休假是国内旅游的两大热点。您早在十多年前就关注这两个问题，当时出于什么考虑？

王兴斌：国民旅游包括国内旅游与出国旅游两方面，是国家旅游的基础。谈到国内旅游，不能不提到"黄金周"。自从1999年国庆节实行7天长假后，连续出现了周期性的"假日旅游"潮现象，好像间歇性喷泉。本人曾为之大声喝彩。2000年6月，在国家旅游局假日旅游研讨会上，我说过"假日旅游已成为国内旅游的强劲支柱"，同时又提出"各旅游地普遍出现的节假日人满为患与节后的门庭冷落表明，节假日旅游产品供不应求与平日旅游产品的供过于求同时存在，这一对难解的矛盾制约着我国旅游业整体经济效益的提高。旅游产品生产与消费的同时性、不可储存性的特点，又使解决这一矛盾具有特殊的复杂性、困难性和长期性"。直至今天依然如此。

为了亲自体验"黄金周"旅游，我与太太2001年国庆期间，从北京出发，经黄山、杭州到上海，再从上海回到北京，不找当地旅游局的朋友和旅游院校的朋友，完全自助行，亲身经历了买车船票难、食宿难，感受到了什么是人山人海。同时我搜集了国外和港台国民休假的资料，查阅世界旅游组织关于"建立年度带薪休假和错开休假日期"的文件，在2002年写了万言长文《中国休闲度假旅游的必由之路：从"黄金周"到带薪休假》，直言"黄金周"的五利与五弊，带薪休假制度"利民利国"，认定"黄金周"式的"休假对过去城镇居民没有较为集中的长假期来说，是一个历史性的进步；从长远来看，它是一种过渡形式，是中国国民度假旅游的一种初级形式"。至今我仍持此见。

《大旅游》：您曾提出对国民休假制度要进行顶层设计，不要在如何挪假拼假上年年有变化、无章可循。怎么"顶层设计"？

王兴斌：我认为科学的国民休假制度是培育文明休闲意识、创造健康休闲生活、营造良好休闲环境的关键。国民休假应重在制度建设，研究 13 亿人口大国国民休假制度的整体设计，它应遵循世界国民休假的共同趋势、具有中华民族的民俗传统：

法定节日：坚持法定节日的国家、民族与人文内涵，不要被铺天盖地的商业营销边缘化、庸俗化。大陆是中华共同体的主体，大陆的节日要与港澳台地区相通，与全球华人相融，形成全球华人共同的中华节日体系，在现有春节、清明、端午、中秋之外，增设重阳节。

日常休闲：坚持八小时工作制这条底线，不要搞什么"白＋黑"之类的"创新"，职工加班加点要按《劳动法》规定付酬。

周末休闲：坚持一周五天工作制这条底线，不要搞什么"5+2"之类的"花样"，双休日加班要按《劳动法》加薪。

职工带薪年休假：坚持职工带薪年休假制度这条底线，不要用"国情特殊论"容忍违背《劳动法》、剥夺职工依法休假权利的行为。要制定具体可行的带薪休假实施细则，对特殊行业、农民工等实施切合实情的休假办法。

八、大众旅游与国民结构

《大旅游》：您曾质疑"现在是大众旅游时代"这个流行的说法，理由是什么？

王兴斌：这种说法主要根据是一年之中有二三十亿人次的国内旅游和近 1 亿人次的出境旅游。我认为这些数字只说明目前国民旅游的总体规模，但不能反映 13.5 亿人口中，究竟有多大比例的阶层、群体实际参加了旅游。进入"大众旅游时代"应该是大多数家庭和人口都能参加旅游活动。

判断国民旅游的发展水平，不能离开社会经济总体水平与国民收入结构状态。众所公认，我国国民收入结构是一个"金字塔"。居于塔尖的高收入者只占总人口一成多，但它的数量相当于 1 个日本，或两个英国，或两个法国，或半个美国的人口。正是这个高收入群体，构成了高档休闲度假与奢侈品消费的主力，给外界造成了"中国人太富"的假象。约占三成人口的中等收入者构成了塔身，是目前国内旅游和出境旅游中、低端消费的主力。而构成塔基的低收入者占了六成，尤其是近 2 亿的城乡贫困户基本上游离于旅游之外。全国约有半数以上的人口基本没有条件或很少参加旅游，怎么能说"已进入大众旅游时代"呢？对照一下台湾地区，目前一年中每人每年旅游六七次，人均过夜 1.5 天，有九成以上的人口和家庭在岛内旅游，有四成以上的人出岛旅游。说那里已进入"大众旅游时代"才有说服力。

《大旅游》：您认为大陆什么时候可以说进入"大众旅游时代"呢？

王兴斌：发达国家和地区国民收入结构呈"橄榄形"，中等收入群体占多数，高、低收入群体占少数。那里国民旅游（国内旅游+出境旅游）之所以得以普及，是以占人口大多数的中等收入群体为社会基础的。高收入群体是高端旅游消费的主力，中等收入者是兼具高端与中端消费能力的主体，低收入群体是低端消费者的主体，其中部分人能享受社会福利旅游。国民收入结构的层次性决定了不同层次的旅游消费群。

温家宝总理曾指出，必须改革分配制度，"逐步形成中等收入者占多数的'橄榄形'分配格局"。据中国城市化研究机构预测，到2020年，中等收入群体将达到总人口的四成左右，2030年达到五成左右，社会结构将从"金字塔形"向"橄榄形"转型；同时低收入者的收入水平将大幅提升，贫困人口将基本消除。在我看来，到那个时候国民旅游将拥有广泛而坚实的基础。一句话，全面小康社会建成之日，即"橄榄形"社会结构基本形成、中等收入群体占多数之日，才是大众旅游时代真正到来之时。

《大旅游》：与大众旅游相关的还有一个国内旅游统计问题，您在6年前就提出要以过夜游客为标准，又出于什么考虑？

王兴斌：多年来我有一个好奇心，就是把各省区公布的国内旅游人数加起来与国家旅游局公布的全国数字比较一下，发现各地相加之和要比国家旅游局公布的全国总数高出一两倍，国内旅游收入则高出两三倍，而且差距逐年增大。这种"横向不可比，纵向不可加"在其他行业中也有，但旅游业最拔尖。为什么会是这样的？"数字出政绩、政绩出官位"是根本原因，但国内统计标准不科学、不确定，也是重要原因，为地方数字造假开了方便之门，"拍拍脑袋"数字就出来了，而且你还无法核对。

我查阅了世界旅游组织（UNWTO）对国内旅游的统计口径，搜寻了外国的国内旅游统计标准，对照我国"离开惯常居住地10公里以上，出游时间超过6小时"的标准，认定这种标准"中国独有"，太宽泛、太含糊，把大量的城镇居民当天逛庙会、游公园、郊野玩也算作"旅游者"，既不符合"旅游"是离开惯常居住地、异地观光度假、商务会议、探亲访友、宗教朝拜的本质含义，也与国际标准和大多数国家的统计口径不吻合。

2008年我写了《关于调整三大旅游市场统计框架的探讨》一文，提出取消"一日游游客"的统计，只统计"过夜游客"。令人高兴的是，2011年国家旅游局启动了完善国内旅游接待统计体系试点工作，提出建立以过夜指标为核心的国内旅游评价体系，目前正在试行之中。这件工作虽有难度，关键还在态度。不把造成统计数字中虚胖的水分挤掉，如何谈得上"科学发展"？

九、中华旅游市场与国际旅游市场

《大旅游》：与此相关，您还探讨了出入境旅游的统计框架问题，强调要把国际旅游与两岸四地旅游分别统计，是出于什么考虑？

王兴斌：30多年来，大陆旅游统计口径一直把外国人来华旅游和港澳台同胞来内地/大陆旅游归入"入境旅游"，把大陆居民的出国旅游与赴港澳台旅游统称为"出境旅游"。久而久之，混淆了出入外国之"境"与出入港澳台之"境"的性质与内涵差别。习惯成自然，就是有些官方人士乃至官方机构也时有把大陆与港澳台之间称为"国际旅游"的政治性口误。

大陆、台湾、香港、澳门两岸四地，一个国家两种社会制度、四个关税区，这在世界上是独一无二的。两岸四地的出入境旅游规模究竟有多大？我做了核计，以2012年为例，大陆接待港澳台游客10 521.4万人次，占大陆入境游客总数（13 240.5万人次）的79.5%；赴港澳台游客5378万人次，占大陆出境游客总数（8318万人次）的65%。香港接待内地、澳门和台湾游客3788.3万人次，占入境游客总数（4862万人次）的78%；赴内地、澳门和台湾游客7418.5万人次，占香港出境游客总数（8527.6万人次）的87%。澳门接待内地、香港和台湾游客2505万人次，占入境游客总数（2808万人次）的89%；赴内地、香港和台湾游客2219万人次，占澳门出境游客总数（2392万人次）的74%。台湾接待大陆、香港和澳门游客360万人次，占入境游客总数（731万人次）的49%；赴大陆、香港和澳门游客524万人次，占台湾出境游客总数（1024万人次）的51%。

由此可见，两岸四地之间彼此都已成主体客源地与目的地，形成了约1.7亿人次相互流动的区域性客源市场。同时，两岸四地共接待4465万外国游客（大陆2719万人次、香港1073万人次、澳门302万人次、台湾371万人次），位于法国（8300万人次）、美国（6700万人次）、西班牙（5770万人次）、意大利（4640万人次）之后，居世界第五位。两岸四地向各国输出4721万人次的出国游客（大陆2940万人次、香港1109万人次、澳门172万人次、台湾500万人次），位于德国（7595万人次）、美国（6072万人次）、英国（6000万人次以上）、意大利（5920万人次）、俄罗斯（4871万人次）之后，居世界第六位。两岸四地构成各具特色又浑然一体的区域旅游市场，成为令世界刮目相看的区域性旅游目的地与客源产出地。

用"中华"这两个字来表述两岸四地，是两岸四地官民的共识，也是国际上许多国际组织、商业机构和跨国企业所认可的。2010年7月7日，Visa与亚太旅游协会（PATA）联合开展的"2010年亚太地区旅游意向调查"结果显示，"未来两年亚太地区依然是大中华地区休闲游客的首选目的地，其次是西欧和北美"。越来越多的国家政府和企业把两岸四地看作一个整体，它们派驻管辖两岸四地事务的政府机构和旅游、商务机构常冠以"The Greater China"（"大中国区""中国大区""中华地区""大中华地区"等）之名。

一二十年前，在港澳没有回归、两岸渠道尚未通畅的情况下，把港澳台市场与国际市场统称为出、入境旅游市场，是可以理解的。但时至今日仍这样做早就不合时宜。两岸四地之间同胞的相互旅游是特殊国情下的国内旅游，绝非是国际旅游。我再次呼吁：在旅游统计框架中，把两岸四地称为"中华旅游市场"，使之与"国际旅游市场"明确区分开来，并以此制定不同的出入境旅游政策与市场推广策略。把这两个性质不同的市场混搭在一起或许可以把出入境旅游规模搞大，但无助于大陆出入境旅游国际化水平的提升。

十、国际排位与旅游强国

《大旅游》：刚才您谈到"中华旅游市场"在世界排名第五、六位，这与世界旅游组织与我国官方文件中，目前大陆的入境旅游人数排名第三，入境旅游收入排名第四，出境旅游人数与支出排名第一位不一样。请说说您的理由。

王兴斌：按照UNWTO公布的数据，大陆过夜入境人数在1980年排名第十八，2012年后为第三；大陆入境旅游收入在1980年排名第三十四，2013年排名第四；大陆出境旅游支出1990年排名第四十，2012年跃居第一。旅游世界排位的巨大变化，反映了短短30年中大陆旅游的崛起，旅游国际地位的飙升，的确令人高兴。

但是，我认为对这个排名应该作冷静的分析。在UNWTO统计文献中，出入境游客是指International Tourist Visits，即"国际旅游者"或"国际游客"，是指某国公民去另一国的旅游。在国际旅游界，出、入境旅游与国际旅游是画等号的。但大陆统计体系中的入境游客中约有4/5是港澳台同胞，出境游客中有3/5是去港澳台地区的，显然他们并非是国际游客。因此，大陆统计中的出入境游客数量与UNWTO统计中其他国家的国际游客数量，两者没有可比性。

以2012年为例，大陆入境过夜旅游者5772万人次，剔除港澳台入境游客，接待外国旅游者为2719万人次，位于法国（8300万人次）、美国（6700万人次）、西班牙（5770万人次）、意大利（4640万人次）、土耳其（3570万人次）、德国（3040万人次）、英国（2930万人次）之后，居世界第八位。

大陆入境旅游收入500亿美元，剔除港澳台入境游客的消费，接待外国游客的收入为302亿美元，位于美国（1262亿美元）、西班牙（559亿美元）、法国（537

亿美元)、意大利(412亿美元)、英国(364亿美元)、澳大利亚(315亿美元)之后,排名第七位。

大陆8318万人次出境游客中,赴外国的游客2940万人次。如在大陆出境旅游支出1020亿美元中,剔除赴港澳台地区的支出340亿美元,在外国的旅游支出为680亿美元,位于德国(838亿美元)、美国(837亿美元)之后,排名第三位。

UNWTO还有一种评价指标,即以国家人口为基数评估。2012年全球国际游客与全球人口的比例为15:100。同年大陆接待国际游客与全国人口的比例为2:100。世界人均国际旅游支出为154美元,大陆人均出境旅游支出75美元,都低于世界人均水平,更远低于发达国家的出境旅游人均水平。这个道理与GDP是一样的,按总量算大陆排名世界第二,按人均算大陆则排名在百位上下。

总之,对于当今大陆的出入境旅游,特别是国际出入境旅游在世界上的地位,历史地纵向比较确实在快速、大幅上升,但从多方面横向比较,仍处于"发展中国家"的水平。况且,目前出入境旅游中,两岸四地之间的游客一直占大头,只能说明大陆出入境旅游的国际化程度不高。今后在入境旅游中应重点加强对外国市场的促销力度,提高外国人的入境游客比重,提高入境旅游的国际化水平。

顺便提一下,"国内旅游规模世界第一"也是时常听到的一句话。此话不错,但不要忘记之所以如此,并非我们的人均出游率高,而是人口第一的缘故。如果按人口平均出游测算,2013年人均出游2.4次(不要忘记其中有2/3以上还是一日游游客,而国际上是以过夜游客计算的),是发达国家人均六七次平均水平的1/3。

《大旅游》:近年来,大陆出入境旅游贸易出现逆差,而且逆差额越来越大。您在旅游界首先提出要对旅游贸易逆差进行结构分析,出于什么考虑?

王兴斌:前面已经说过,大陆出入境旅游分为两大部分、四个方面,需要作结构细分。仍以2012年为例。

入境外国人2719.2万人次,在大陆的旅游消费为302亿美元,人均花费1110.7美元;大陆去外国旅游2940万人次,在外国旅游支出总额约为680亿美元,人均花费2312.9美元,国际旅游收支呈逆差状态,达378亿美元。尽管外国来华游客与出国游客的规模相差不多,但贸易收支差额与人均花费差距达1倍之上,其中的原因值得我们深思、深省。

内地与港澳之间出入境旅游大陆呈逆差状态。2012年香港游客在内地花费109亿美元,内地居民赴港花费230亿美元,逆差121亿美元。澳门游客在内地花费28亿美元,内地居民在澳门总花费81亿美元,逆差53亿美元。内地人口远远多于港澳人口,内地游客在港澳的花费大于港澳游客在内地的花费应是正常现象。

大陆与台湾之间出入境旅游大陆一直为顺差。2012年大陆旅客赴台197万人次,花费29亿美元。同期,台湾赴大陆534万人次,花费61亿美元,大陆为顺差,达

32亿美元。大陆人口是台湾人口的59倍，但台湾游客在大陆的花费却大于大陆游客在台湾的花费，说明两岸之间双向旅游尚未达到常态水平，大陆赴台旅游仍处在起步阶段，具有巨大的发展余地。

可见，目前大陆出入境旅游的贸易逆差主要出现在国际出入境旅游方面，属于真正的国际服务贸易逆差，是国家与国家之间的贸易逆差，是国家外汇从一国向他国的流失。

两岸四地之间的旅游贸易逆差是一个国家内部的四个不同关税区或经济体之间的收支不平衡，无论是逆差还是顺差，都是社会财富在中国内部不同地区之间的流动，不同于国家外汇从一国向他国的流失。占全国人口绝大多数的大陆向港澳台地区输出客源、支付消费，应是题中应有之义。

中国旅游贸易由顺差转为逆差，表明大陆已从改革开放初期主要是入境旅游目的地转变为入境旅游目的地与出境旅游客源地双重旅游大国。从国际经验看，这种转变是国家强盛、民众富裕、旅游走向成熟的表现。但是，近年来外国游客来访逐年减少，与出国旅游的快速增长形成剪刀差，倒是值得深思的。提高国际来华游客的规模、扩大国际游客的份额，提升大陆出入境旅游的国际性，是大陆发展入境旅游的重中之重。

《大旅游》：与世界排名有关的是建设世界旅游强国的问题，甚至有学者说中国已经是世界旅游强国，"现在不是中国走向世界的时候，而是世界离不开中国的时候"。对此您有哪些思考？

王兴斌：2000年初，国家旅游局首次提出建设世界旅游强国，当时我很振奋，在报纸上撰文提出了旅游强国的十条标准：①国际旅游接待人数和创汇水平名列世界前茅；②国内旅游的人次、出游率和消费居世界先进行列；③出境旅游的规模居世界前列；④旅游经济总量在国民经济中的比重接近世界平均水平；⑤培育一批享誉世界的旅游名品、精品和绝品；⑥拥有一批具有国际竞争实力的骨干旅游企业集团；⑦造就一支宏大的高素质的产业队伍；⑧建立现代科技教育支撑体系；⑨形成与国际接轨的旅游经营管理机制；⑩建立经济效益、社会效益和环境效益互相促进的旅游可持续发展体系。当然我就说，"只有经过几代人的持续奋力拼搏，到中华人民共和国成立一百周年时，中国将成为世界一流的旅游强国"。

《大旅游》：现在国家提出到2020年中国将基本建成世界旅游强国，对此您怎么看？

王兴斌：国发〔2009〕41号文件提出"力争到2020年我国旅游业产业规模、质量、效益基本达到世界旅游强国水平"。作为发展目标，"力争""基本达到"是可以的，但能否真正达到、如何达到，仍是需要探讨的。

首先得弄明白什么是"大国"，什么是"强国"。下一个众所公认的科学定义很难，但举几个例子很容易说明问题。从数量、规模与速度上讲，我们已是经济大国、贸易大国、金融大国、民航大国、体育大国、教育大国、文化大国、钢铁大国、汽车大国等，但从质量、效益与品牌上讲，哪个方面都谈不上是"强国"。"大"不等于"强"。"大"是指数量、规模与速度，"强"是指质量、效益与品牌。"大国"是一个胖子，可以是虚胖，也可以是健壮。"强国"不仅要"胖"，更要"壮"。

《大旅游》：您认为中国旅游在世界上目前处于什么水平？

王兴斌：大陆旅游业从产品规模和接待规模来讲处于世界前列，这主要得益于老祖宗和老天爷留下的资源，得益于国土辽阔，得益于人口众多，也得益于改革开放的国策；从质量、效益和国民人均旅游花费来讲，处于世界中间水平；从国民人均出游人次、人均接待人次、人均旅游收入与花费来讲，远低于世界平均水平，处于世界后位。

请冷静想一想，"世界旅游强国"之"强"，主要"强"在何处？在这群雄并起、强手如林的世界旅坛上，你能否成为强者，关键是你的竞争力是否强。据世界经济论坛《2013年度全球旅游业竞争力报告》，在全球130个国家与地区中，中国大陆排名第四十五位，我认为这个排位相当客观。这个"全球旅游竞争力指数"不以接待人数与旅游收入多少论英雄，而是以"旅游监管架构""旅游商业环境和基础设施""旅游人力、文化、自然资源"等硬实力与软实力为综合系数来排位的。瑞士、德国、法国、奥地利、瑞典、美国、英国、西班牙、加拿大和新加坡等国长期稳居前十名。

2007年5月，我在报纸上发表的《关于现代旅游业若干特征的探讨》一文中提出："建设世界旅游强国的实质是，实现中国旅游的现代化、国际化和特色化。旅游业的综合性决定了旅游产业的现代化，离不开国家社会经济文化的现代化。提前到2015年左右，我国可以成为世界第一接待国；到2020年左右，我们可以初步建成世界旅游强国，但要建成比较成熟的世界旅游强国，则还要经过二三十年的长期努力。到21世纪中叶，中国基本实现现代化之日，才是中国旅游业现代化的完成之时，也是完整意义上的世界旅游强国建成之时"。至今我仍持这个观点。

旅游是个综合性、关联性、依托性极强的社会化产业。一个国家、一个地区的旅游业在发展速度上可以适度超前，在国民经济中可以占较大的份额，但旅游服务的软硬环境不可能超越整个社会的总体水平。正如鲁迅说的，你不可能拔着自己的头发离开地球。

在建设世界旅游强国的问题上，其难度与其想得少一些不如多一些，时间与其想得短一些不如长一些，这样来评估我国旅游业的现状、部署目前和今后的工作，可以少一些浮躁、少一些虚夸、少一些陶醉，变得更冷静一些、扎实一些、可靠一些。

《大旅游》：谢谢您如此坦诚地讲了这么多很有启发的心得。在结束访谈之时，您还想对《大旅游》的读者讲点什么？

王兴斌：我一直以大学问家陈寅恪先生的"独立之精神，自由之思想"十个字自察和自勉。期望《大旅游》不唯上、不跟风、不浮躁，以博大的胸怀、远大的视野多刊载些不同视角、不同见解的言论，"广纳百川，方成其大"。谢谢您的采访，谢谢读者朋友！欢迎读者与我交流。

旅游产业融合与创新发展[①]

一、旅游业是产业融合的产物

旅游业的内涵与外延是旅游业界一直关心的问题。2000年，本人应国家旅游局之邀，为编制全国"十五"旅游发展规划提交的《中国旅游产业发展研究报告》提出，旅游行业是以行、游、住、食、购、娱为主要环节的行业链。旅游产业是指旅游和为旅游直接提供物质、文化、信息、人力和智力服务和支撑的行业和部门的总和。旅游产业不仅包括为旅游提供商业、信息、咨询、气象、人才、管理等第三产业的众多行业和部门，还包括为旅游提供物资供应和支撑的第一产业和第二产业的众多行业和部门。其中属于一产的农、林、畜牧和渔业的相关部分共5个；属于二产的食品饮料加工制造、服装制造、家具制造、文体用品制造、工艺美术品制造、土木工程建筑、装修装饰、煤气电力自来水供应制造、交通运输设备制造、电器设备制造、电子通信器材制造等行业的相关部分共30个；属于三产的航空、铁路、公路及水上运输、邮电通信、公共服务、居民服务、娱乐、饮食、零售、商业经纪与代理、批发、租赁、金融、保险、信息咨询、管理、卫生、体育、教育、文化艺术、广播电影电视和气象、工程设计及环境保护等综合技术服务业的相关部分，以及政府机关的相关部门，如工商、公安、海关、边检等共41个，它们与旅游业互相配合、互相依托、互相促进、共同发展。旅游产业是由旅游业和与旅游相关的众多行业和部门组成的产业群。[②]

新近国家统计局发布的《国家旅游以及相关产业统计分类（2015）》标准，把旅游产业分为"旅游业"和"旅游相关产业"两大部分。"旅游业是指直接为游客提供出行、住宿、餐饮、游览、购物、娱乐等服务活动的集合；旅游相关产业是指为游客出行提供旅游辅助服务和政府旅游管理服务等活动的集合"，与《国民经济

[①] 2015年11月30日博客。
[②] 全文刊载于《中国旅游业发展十五计划和2015、2020年远景目标纲要（专题篇）》，中国旅游出版社2001年版，第39~45页。

行业分类》的行业代码一一相对应，逐层细化为第一层 11 个大类、第二层 27 个中类、第三层共 67 个小类。不妨把这个国家标准看作是对旅游产业综合性的规范解读，从中看出旅游之"河"源自何处、流向何处。

世界旅游发展史告诉我们，19 世纪蒸汽机的发明与运用，诞生了火车与轮船，欧洲才出现了第一个组织旅客长途旅行的旅行社，其后又出现了跨洋过海的赴美洲的旅游团，近代旅游业由此诞生。20 世纪中叶，喷气式飞机的出现与运用，跨国旅游、洲际旅游才得以快速发展。汽车的普及使自驾游流行起来，飞机的普及产生了低空旅游、低成本航空旅游。自行车、汽车、轮船、铁路、飞机等交通工具不是专为旅游创造发明的，它们的出现推动了旅游发展，同时旅游需求又促进了它们的发展。交通的发展水平决定了旅游的地理空间、旅行速度，决定旅客的规模和旅游的质量。反过来，旅游的需要也推动了交通的发展与改进，游客市场成为交通运输业的第一市场，并推动了旅游列车、邮轮、汽车和飞机的生产，可以说是交通与旅游的互动。

旅游与信息也密切相关。旅游是人群的异地流动，旅游离不开信息的联通。19 世纪电报、电话的发明和使用是世界第一代旅游的信息联络工具；20 世纪传真的发明和使用是第二代旅游信息联络工具。改革开放后涌现的旅行社往往是靠一部电话机、传真机起家的。时至今日，互联网的发明和推广更便捷、更广泛、更多的方面改变了旅游信息的传播与运用。信息已成为旅游业的第一要素。

旅游服务的七大基本要素如下：

- 信息：电报、电话、WWW →联络工具；
- 行：火车、汽车、轮船、飞机→交通工具；
- 游：景物、城市、乡村等→旅游吸引物；
- 住：房产与物业→旅途住宿；
- 食：餐饮业→旅途食品；
- 娱：文化艺术体育业等→娱乐；
- 购：工业、商贸→旅途购物。

上述构成旅游七要素。

旅行团：旅行商（传统旅行社与新型在线旅游服务商）串联成完整的旅游服务链。

自由行：旅游者自己组合上述环节。

从邓小平指出的旅游是个"综合性行业"，到习总书记总结的"旅游是个综合性产业"，这一点已经成为共识。对"综合性产业"应作两方面理解。一方面，要充分肯定旅游业对众多相关行业、产业的拉动、融合、催化、集成作用，有个通俗的说法"旅游兴、百业旺"，可以用"旅游+"来表述。另一方面，必须承认旅游业对众多相关行业、产业的依托、依存和依赖性，旅游业的发展、升级离不开各行各业的支撑、推动与配合，也可以说"百业兴、旅游旺"，可以用"+旅游"来表述。只强调一个方面，而忽视另一个方面，都不能在实际工作中正确认识和处理旅游业与相关行业产业的关系、旅游部门与相关部门的关系。

二、产业融合是旅游创新的主要内容

"十三五"期间，旅游产业主要在两个方面创新。

第一，广泛、深入地推进"互联网+旅游"。

在"互联网+"的时代大潮下，旅游业经历着一场前所未有的革命性的变革，正在走向数字化、信息化、智能化。

旅游消费：从信息搜索、产品订购到网上支付，从旅途导航、导游、导玩、导吃到导购，从反馈、评论、投诉到旅友交流等，都可以通过一部手机搞定，实现旅游生活智能化。

旅游经营：从市场调研、设计产品到市场营销，从接待服务、行程调控到安全监控，从客户管理、财物管理、人力管理到绩效管理，实现旅游商务经营数字化。

旅游管理：从政务发布、行业管理到市场监管，从宣传推广、调查统计到客流监测，都可以通过网络完成，实现政务治理信息化。

在"互联网+旅游"时代下，旅游的服务、经营和管理的方式与形态会巨变，但旅游的本质不会变：人在异地的流动体验，而体验的核心是文化。信息技术使旅行便捷，但不会给人以智慧，智慧要靠人在旅途中心游、神游。"互联网+旅游"不会改变旅游的核心环节：通过旅途中人与人、面对面的服务与交流，进而实现文化的体验、沟通与交流。

"十三五"期间，线上服务与线下服务的融合是必然的趋势。线上企业与线下企业的合作、摩擦、兼并、融合将会更加激烈，也更加精彩。时下是春秋风云、战国烽火，酒店旅行社大佬、电商大鳄们合纵连横、纵横捭阖，时友时敌、惨烈厮杀，但他们的兴衰存亡最终不取决于资本与计谋，而取决于如何解决线上与线下服务的一体化、游人体验的优质化。

信息化时代旅游产业形态无论在速度、广度和深度上都在深刻蜕变中。"手机在手，说走就走"不再是商家的广告，而是生活的现实。传统服务与现代科技有机对接，智能化与人工化合而为一，必将开创"互联网+旅游"的新境界、新天地。

第二，广泛、深入地推进旅游与其他产业融合。

传统的旅游资源观主要指自然生态资源和历史文化资源，笔者认为还有一种社会旅游资源是指现代社会生活中存在并不断创新的各种社会事件、活动和现象，如民风民俗、都市文化、工业农业、科技成就、节日庆典、重大事件和主题公园等人工吸引物等。社会旅游资源以现代社会、经济、文化、科技、军事成果等为旅游吸引物。随着现代化进程的推进，将不断创造和涌现出无穷无尽的新的旅游资源，可挖掘、加工、设计成新颖旅游产品。社会旅游资源的主体是人，人的生活、人的风情、人的创造。

社会旅游资源是无限的、可不断挖掘和新生的。对于有限的、不可再生的资源（如历史文化资源、珍稀生态资源），要倍加珍惜、严格保护、合理利用、适度开发；对无限的、不断新生的资源，要善于发现、广泛挖掘、充分利用、综合开发。两者的结合，为旅游的可持续发展开辟了无限广阔的前景。产业融合主要是把各类社会资源开发成旅游产品。

产业融合不断衍生旅游新业态：

- 文化＋旅游→文化旅游
- 民族文化＋旅游→民俗旅游
- 乡村＋旅游→乡村旅游、休闲农业
- 森林＋旅游→森林旅游
- 草原＋旅游→草原旅游
- 沙漠＋旅游→沙漠旅游
- 工业＋旅游→工业旅游
- 教育＋旅游→研学旅游
- 商务＋旅游→商务会展旅游
- 工商业＋旅游→购物旅游、传统工艺品、旅游装备工业
- 体育＋旅游→体育健身游、体育观摩游
- 医疗＋旅游→康体旅游、医疗旅游

要具体分析旅游对于相关产业的拉动作用。旅游对交通产业的贡献率最高，对商业（餐饮、购物）和文化产业的贡献也较显著，但对农业、林业、工业、水利、医疗等产业的贡献要作具体分析。

发展乡村旅游能促进农村城镇化、现代化，推动农业从一产向三产延伸，推动农民就地就业增收，提高农民的市场意识、文明意识，改善生活环境和生活习惯，成为亦农亦旅的新一代职业农民。乡村旅游对发达地区是锦上添花，对欠发达和贫困乡村是雪中送炭。同时发展乡村旅游增加城市居民对"三农"的了解，密切城乡、工农关系，促进城乡公共服务均等化，综合功能不可低估。但以经济价值而言，乡村旅游的经营收入只占整个农业总产值的一小部分。

各地农村是否有条件开发、何时开发和如何发展乡村旅游，必须因地制宜、逐步推进，不能下指标、赶进度，不能"村村点火，处处冒烟"；必须充分尊重农民的意愿，让农民自主选择最适合自己和家庭的脱贫致富方式。如果贫困地区推行旅

游开发一哄而上、遍地开花，结果会劳民伤财。旅游扶贫这种方式只适用于部分地区、部分农村、部分农民。今天即使在乡村旅游比较发达的地区，也不是家家户户都从事旅游接待。

开展森林旅游是林业产业转变生产方式，从一、二产业向三产拓展的一个战略性举措。林业工人既植树护林又开展旅游服务、拓宽就业致富渠道，既保育了生态环境又扩大了生态知识的宣传。国家林业局公布的数据，2014年全国森林旅游客9.1亿人次，占国内旅游人数的25%；创造社会综合产值6500亿元，占国内旅游消费的21%，对旅游业的贡献突出。同年全国林业产业总产值超5万亿元，森林旅游社会综合产值约相当于林业总产值的13%，成为林业的强劲增长点，发展潜力无限，但实际份额不高。

在宏观层面充分肯定旅游促进城镇要素发育、推动城镇化发展的同时，也要准确地估量不同地区的实际贡献。在三亚、丽江等旅游资源独特，一、二产业薄弱，本地人口不多的城市，旅游能成为主导产业，旅游及相关产业对GDP的贡献率会达到两位数。旅游业能否成为某一地区的先导产业、支柱产业要具体分析，不能一概而论。

旅游业并非是"无烟工业"和天生的"和谐产业"。在自然风景和生态资源开发中，如盲目或过度开发会导致生态环境与资源的破坏；在文化、民俗和宗教旅游发展中，如过度商业化、庸俗化会损害、污染社会环境；在旅游项目开发中，如不能正确地把握市场供求关系，受政绩或利益冲动盲目建设，会导致经济损失、资源毁坏；在旅游发展全过程中，如不能兼顾政府、企业、居民、服务者和游客等相关利益主体之间的关系，会伤害部分群体的感情和利益，引发社会问题；在出境旅游中，如不遵守目的地的法规礼仪、不尊重目的地的良序民俗，会损害国家形象，对民间外交产生负面影响。上述现象虽非主流，但也非个案，不能掉以轻心。

国内外无数事例表明，旅游产业的综合性、依托性决定了其高度的敏感性。国内外宏观大局好，旅游发展就顺利；宏观环境遇到变故或突发事件，旅游就会出现波折。2003年SARS肆虐，2008年国际金融危机，都导致当年入境旅游急剧下滑。泰国、韩国、埃及等国的经历也反复表明，对某个国家、地区和城市而言，任何重大的天灾、人祸都有可能导致旅游业的重挫；对以旅游为主导产业、支柱产业的地区风险更大。在一、二产业比较薄弱、旅游资源相当丰富的地区，在全力发展旅游业的时候，更要高度重视旅游业的波动性，充分估量突发因素引发的严重后果，并准备充分的灾害防范和预案机制。

三、旅游产业融合发展的体制创新

旅游行政管理体制如何适应旅游业综合性、跨界性和敏感性的特点，是一个世界性的课题，各国都在探索。纵观世界各国，大致有以下两个方面。

一是重视顶层安排。在中央政府（内阁）中设置高层级的由多部门组成的旅游统筹协调机构，如日本的内阁观光政策审议会、韩国的政府旅游政策审议委员会、泰国总理府下设的旅游发展委员会、马来西亚由一位副总理主持的旅游委员会、美国的全国旅游政策委员会、德国联邦议会经济委员会下设的旅游委员会、巴西的国家旅游委员会、墨西哥的部际旅游执行委员会等，大多由一名副总理级的官员出面决策、协调各部门工作。

二是因国制宜设立旅游行政管理机构。从旅游行政部门的构成上促进部门合作、产业联动。据2008年笔者搜索，在全球191个国家与地区中，旅游与工商部门结合的有58个（大多在欧洲、北美洲和大洋洲），单设旅游行政机构的有56个（大多在亚洲、非洲和拉丁美洲），旅游与文化部门结合的有44个（大多在亚洲、非洲和欧洲），旅游与交通部门结合的有15个（大多为太平洋岛国），旅游与环保部门结合的有17个（大多在非洲），旅游设在外交部门内的有1个（瑞典）。各国旅游管理体制的形成、变迁是由多种因素决定的：自然环境、地理区位、资源特点、人文传承、国家政体、经济结构和发展模式等，既取决于国情，又取决于国家高层对旅游业的认知程度。①

我国的高层旅游综合协调机构历经多次变迁，先后有中央旅游工作领导小组（1978年），国务院旅游协调领导小组（1986年），国务院假日旅游部际协调会议（1999年），国务院旅游工作部际联席会议（2014年）。2010年7月国务院办公厅发布《贯彻落实国务院关于加快发展旅游业意见重点工作分工方案》，把发展旅游业的17个方面、79项工作，分解到党中央、国务院50个部门，是部际旅游协调的一种新方式、推进产业融合的重要组织形式。

自2009年以来，国家旅游局先后与文化部、文物局、农业部、林业局、气象局、扶贫办、中央外宣办、国务院新闻办等部门，以及中国农业银行、国家开发银行、中国银行、中国银联、中国邮政集团公司等央企签署了合作协议，或由多部门联合发布文件（如规范寺庙燃香、整治景区门票价格等），或成立专项工作协调机构，也是部门合作的方式之一。农业部、国家林业局、水利局等部门还设置兼管旅游的相关机构。

笔者建议各级旅游行政部门可增设产业协调司（处、科），或在现有的司（处、科）中增加产业协调职能，充分发挥旅游部门在市场推广、经营服务上的长处，与相关管理部门的专长相结合，共同开展工作。2011年，农业部和国家旅游局联合组织召开全国休闲农业与乡村旅游经验交流会；同年，国家旅游局与国家林业局首次

---

① 《各国旅游管理体制评述》，参见《旅游忧思录》上卷，第81~104页。

共同召开了全国森林旅游工作会议,举办全国森林旅游博览会,启动了联合编制全国森林旅游发展规划的工作,都是部际合作的有益探索。

部门合作、产业联动、业态融合是旅游业发展的永恒主题。旅游产业的综合性、依托性的特点,决定了无论是旅游资源与产品的开发,或是旅游目的地的建设完善,还是旅游服务的经营运行,一时一刻也离不开相关行业、部门的共同参与。在某种意义上,旅游业并不是一个独立存在的产业,而是一、二、三产业和相关部门共同组成的综合体。开发与各部门相关的特种或专项旅游产品,应同时遵循相关行业的发展规律与旅游发展的规律,这方面旅游部门与相关部门彼此各有所长,也各有所短。旅游部门的长处是了解旅游市场的动态需求、旅游服务的规律特点和旅游营销推广,但在生物生态、海洋地质、农林牧渔、工商科技、文教体育、健康医疗等方面则是相关部门的专长。部门合作取长补短、互相学习、优势互补、共同提高。旅游部门"不要有'小马拉大车'的怨妇心态"(今年1月南昌全国旅游工作会议报告),要摒弃大包大揽、越界操作的工作方式。旅游部门与相关部门要相互充分尊重各自的职权与特长,各类旅游新业态、新产品应由相关主管部门筹划、旅游部门协助配合,产业联动、业态融合的路子才会越走越坚实、越来越宽广。

在国家层面加强顶层统筹,制定国务院旅游工作部际联席会议工作规则,使顶层协调制度化;旅游部门主动协调,凡是与相关部门有关之事,事前通气、事中联络、事后通报,使部门协调常态化、制度化、权威化。

各地都已建立由地方主要领导负责的旅游决策协调机构,虽不是常设机构,但仍然发挥了对地区旅游业统筹协调的作用,应该坚持和完善这种组织形式,做到既不增加机构编制又实行统筹协调。

各地情况千差万别,地方尤其是县市旅游管理的体制,应倡导由各地自主探索,不宜"一刀切",不宜普遍推广"旅游发展委员会"。浙江许多县市建立风景旅游局,陕西省不少县市建立文化(文物)旅游局,有些地方建立文体旅游局、森林旅游局等都是因地制宜推进旅游与相关行业协调发展的一种管理方式。

今年1月全国旅游工作会议提出,"旅游业作为综合性产业和规模日益扩大的市场,在客观上越来越要求政府提供综合协调、综合治理的体制机制"。加强国务院和地方各级党政领导的决策协调,是破解这些难题的关键;旅游主管部门摆正心态、放下架子,主动与相关部门协调、为相关行业服务,是实现部门合作、产业融合的条件。旅游管理部门单方面扩编、增权,不符合中央关于行政机构瘦身放权、转变职能的方针,也非加强统筹协调、部门合作的良策。旅游产业无边界、产业融合无止境,如果旅游主管部门都要去伸手,既不可取也不可能。

试论我国旅游业发展中的八个"不平衡不充分"[①]

十九大报告指出:"我国社会生产力水平总体上显著提高,社会生产能力在很多方面进入世界前列,更加突出的问题是发展不平衡不充分,这已经成为满足人民日益增长的美好生活需要的主要制约因素。""我国社会主要矛盾已经转化为人民日益增长的美好生活需要和不平衡不充分的发展之间的矛盾。"

"人民日益增长的美好生活需要和不平衡不充分的发展之间的矛盾",这个论断具有普世性,适用于人类社会的过去、现在和将来,也适用于不同国家,只不过不同国家、不同发展阶段的民众对"美好生活需要"的内容、形式不同,"不平衡不充分的发展"的状态、水平也不同。古今中外莫不如此,一部人类发展史就是为"美好生活需要"而奋斗的历史,这种奋斗在不同发展阶段的内容、方式也不同。看看中外远古时代遗留下来的岩画,石器时代的贝壳、玉石、鱼骨制作的女性饰物,可以想象他们当时对"美好生活"的向往。所以要具体研究对"美好生活需要"与"不平衡不充分的发展"的具体特点,才能找到解决这个矛盾的有效方向、途径与方式。

十九大报告的这个论断可以指导与民生相关的产业、行业和部门今后的发展方向与政策。本文用这个论断来观察我国的旅游业,可否作这样的表述:"我国的旅游业在很多方面进入世界前列,更加突出的问题是发展不平衡不充分,已经成为满足人民日益增长的美好旅游生活需要的主要制约因素。"

笔者认为,目前,旅游业的"发展不平衡不充分"表现在以下几个方面:

一、国民旅游两元结构式的"不平衡不充分"

全体国民收入不平衡的程度严重到什么程度?根据《中华人民共和国 2016 年国民经济和社会发展统计公报》数据,全国人口 13.38 亿,"按全国居民五等份收入分组",占人口 1/5 的高收入人群人均可支配收入 59 259 元(月均 4938 元),1/5 的

[①] 全文刊载于北京旅游学会会刊《北京旅游研究与信息》2017 年第 6 期;收录于王兴斌、任国才主编《旅游百人谈》,中国旅游出版社 2021 年版,第 2~10 页。

中等偏上收入人群人均可支配收入31 990元（月均2666元），占人口1/5的中等收入人群人均可支配收入20 924元（月均1744元），占人口1/5的中等偏下收入人群人均可支配收入12 899元（月均1075元），占人口1/5的低收入人群人均可支配收入5529元（月均461元），贫困地区农村居民人均可支配收入8452元（月均702元）。在人均可支配收入方面，高收入人群与低收入人群的人均年可支配收入相差10倍以上。其实真实情况比这更严酷。约占人口1/10的富豪群体的年人均可支配收入何止5万元？

"全国居民人均年可支配收入23 821元"（月均1985元），这样一种收入的情况下，所谓人均出游3次这个数字实际掩盖了国民出游严重不平衡的实际状况。笔者据此推测，1亿多的富豪群体是国内旅游和出境旅游中高端消费的主力，约2亿的高收入群体是国内旅游和出境旅游中端消费的主体，近3亿的中等收入群体主要是参加国内的低价旅游，而占城乡人口一半左右的中等收入和低收入群体实际上没有条件参加旅游。十九大报告中多次提到提高中等收入群体的比重，说明目前中国中等收入群体人口比例小。国民贫富两元结构决定了旅游市场消费的两元结构式的"不平衡不充分"。

二、城乡居民旅游两元结构式的"不平衡不充分"

根据《中华人民共和国2016年国民经济和社会发展统计公报》数据，按常住地分，城镇居民人均可支配收入33 616元（月均2801元），农村居民人均可支配收入12 363元（月均1030元），城镇居民与农村居民相差近3倍。其实真实情况比这更严重。

2016年国内旅游44.4亿人次（这个数据是以离开惯常环境10公里以上、6小时以上标准测定的），其中城镇居民出游31.95亿人次（城镇户籍人口5.6亿），人均出游5.7次；农村居民出游12.4亿人次（户籍农村人口8.2亿），人均出游1.5次。国内旅游收入3.94万亿元，其中城镇居民花费3.22万亿元，人均花费1007.8元；农村居民花费0.71万亿元，人均花费572.6元。以此测算，城乡居民之间的人均旅游次数相差近3倍多，人均消费水平相差近2倍。由此可见，城乡居民收入结构不平衡决定了国民出游率和消费水平的"不平衡不充分"。

三、入出境旅游市场发展"不平衡不充分"

入境旅游"不平衡不充分"。1980年入境旅游570.3万人次，其中港澳台同胞517.3万人次、占九成，外国游客52.9万人次、占一成。2010年入境旅游13 376.2

万人次,其中港澳台同胞 10 763.5 万人次、占八成,外国游客 2612.7 万人次、占两成,自此以后一直是这种结构。2016 年入境旅游 13 844.38 万人次,其中港澳台同胞 1.1 亿人次、占八成,外国游客 2815.12 人次、占两成。入境游客中同属一个中国但属于 3 个不同关税区的港澳台游客为主体、外国游客为辅助,而且外国游客自 2007 年以来一直在 2600 万人次上下徘徊。2016 年接待外国游客 2815.12 万人次,排在法国、美国、西班牙、意大利、土耳其、德国、英国、墨西哥和俄罗斯之后,居世界第十位,与我国国土辽阔、历史悠久、资源丰富、国际大国的地位很不匹配,足以证明入境旅游市场的客源结构不平衡、国际化程度发展不充分。

出境旅游"不平衡不充分"。2016 年出境旅游 1.22 亿人次,其中去外国旅游 3812.67 万人次、占 31%,赴港澳台旅游 8390.13 万人次、占 69%(《中国出境旅游发展年度报告 2017》)。全国目前只有 1 亿人有出境旅游证件、约占总人口的 7%~8%;只有 6000 万人有护照、约占总人口的 4%。2016 年出境旅游只占总人口的 8.8%;出国旅游只占总人口的 2.7%。出游目的以观光与购物为主,休闲度假、文化体验和娱乐花费低;按全体人口为基准,国民出游率低、人均花费低;能出境、出国旅游的基本上是占人口 1/5 的高收入人群,占人口九成的民众尚未参与其中,出境旅游尤其是出国旅游仍是少数人的专利。大陆居民出境旅游的主要目的地是我国的港澳台地区,出境旅游的国际化程度低,说明出境旅游发展相当"不平衡",出国旅游发展更加"不充分"。

入出境旅游发展"不平衡"。我国旅游从入境旅游起步,1979 年到 2000 年入境旅游一直以两位数的年增率高速增长,出境旅游 1997 年以前发展缓慢,20 年间入境与出境旅游发展不平衡。从 1998 年后出境旅游一直以两位数的年增率快速增长,但 2004 年以后入境旅游停滞不前、时起时伏,出现了入出境旅游发展新的不平衡。其主要原因是国内经济发展、富裕阶层增长、购物需求旺盛,同时国内旅游供给的状况既不能满足高收入群体的需求又不能满足外国游客的需求,一定程度上折射出国内旅游供给"发展不充分",导致出入境旅游新的不平衡。

四、国民休假时间"不平衡不充分"

休假是休闲与旅游的时间前提。当代文明社会公认休闲权与劳动权、教育权、医疗权、居住权一样成为人权的不可缺少的一部分。目前我国已经形成了每天 8 小时工作、每周 5 天工作、一年 11 个公共节日和 7 至 15 天的职工年带薪休假组成的国民休假制度,符合我国的社会人文特点、适应当前经济发展水平。在国民休假制度的四个方面,前三个方面已大体到位、基本上与国际接轨,第四方面只占应享带薪休假职员的一半左右。从 1999 年以来实施的拼假式休假导致国民旅游(包括国内旅游和出境旅游）时段过分集中。《中国国内旅游发展年度报告2017》指出："2016年全国七个节假日共接待游客达14亿人次，约占全国国内旅游市场的32%""旅游收入达到15 757亿元人民币，约占全年旅游收入的40%左右"。今年国庆中秋期间国内游7亿人次，约占全年的1/7。

全国七个节假日共计29天，占全年休息时间的8%，但国内游人数占全年的32%，旅游收入占全年旅游收入的40%左右。旅游市场的季节性波动是世界现象，也可以说是旅游市场的规律之一。"全年候旅游"只有少数地区存在，绝大多数地区不可能。但是国内旅游消费高峰期如此集中导致全年旅游客流运行的大起大落、高度失衡，其中主要原因是带薪休假制度落实不充分、国民的自主休假权利保障不充分，同时国民休闲设施供给不充分也是重要原因之一。

五、旅游区域发展"不平衡不充分"

按照《中国国内旅游发展年度报告2017》的判断，"2016年，我国国内旅游产业发展仍然呈现区域发展不均衡的局面，总的来说，东强西弱，南强北弱"。"旅游发展指数"从东向西、从南向北递减，东、中、东北、西部四大区域之间表现为0.56∶0.47∶0.28∶0.23。

全国游客接待量比例：东部地区占37%，中部地区占27%，西部地区占29%，东北地区占7%。全国旅游总收入比例：东部地区占45%，中部地区占22%，西部地区占26%，东北地区占7%。

旅游目的地的接待能力从东向西递减，在东、中、西三大区域"旅游产业综合发展水平"表现为5∶3∶2的三级阶梯状分布。

全国10 550家星级饭店中，东部地区占46%，中部地区占21%，西部地区占33%。高星级饭店数量总体呈现东多西少的格局：东部地区所占比重最大，西部次之，中部最小。各地区星级饭店平均房价高于全国平均水平的有8个省（区、市），位居全国前六位的为上海、北京、海南、广东、天津和浙江。

全国27 621家旅行社中，东部地区占50%，中部地区占20%，西部地区占21%，东北地区占9%。东部地区的旅行社数量最多，占全国一半，东北地区的旅行社个数分布最少。

区域发展不平衡也体现在东部沿海地区基本与国际接轨的旅游服务设施与水平（主要体现在旅行社、饭店上），与中西部大部分地区粗放式经营与接待的差别上。

区域发展不平衡体现了旅游目的地与客源产出地之间的不平衡。东、中、西三大区域之间"客源地潜在出游力"为7∶2∶1的"三级阶梯状分布"。东部地区既是主要的旅游目的地，也是主要的客源产出地，中、西部地区偏重于旅游目的地。尤其在东部与西部之间，东部是西部的主要客源地，西部是东部的重要目的地，两者处于不对等的状态，类似欧洲与非洲的客源地与目的地之间的关系。

世界上旅游发达国家和地区都是目的地与客源产出地的统一，两者兼而有之、大体平衡，既有较强的出游消费能力，也有较强的接待服务和创收能力。在区域经济不平衡和城乡二元结构的大背景下，我国客源地主要在东部特大城市群和中西部的大城市，广大中西部的中小城市和乡村地区出游的少，区域之间的由经济发展不平衡而导致的旅游不平衡相当突出。

六、旅游发展数量与质量、规模与效益的"不平衡不充分"

旅游接待总体规模迅速扩大与旅游企业经济效益普遍低下的状况并存。20多年来，旅游企业员工的人均劳动生产率、人均利润和人均利税额长期徘徊，甚至呈现下降势头。旅游业三大支柱行业增速快、数量多，但旅行社业和酒店业总体微利、景区多数不景气的局面持续多年。以星级饭店为例，2016年全国 11 685 家饭店的利润总额仅 4.7 亿元，实现税金 134.4 亿元，人均利润仅 390 元，人均实现利税仅 1.1 万元，客房出租率为 54.7%，足以说明旅游企业经营的窘迫状态。正是由于"宏观形势大好"与"微观日子难熬"并存，才出现了时下旅游高层管理部门与旅游官方媒体讲的，与多数基层旅游部门、旅游企业经营者的感受大不相同的现象。

2016年，云南省国内旅游收入年增率44%、接待国内游客年增率34%，分别居全国第一、第二位，但同年"旅游服务质量指数"为7.0，位于全国末位，这个例子足以说明数量增长与质量提升的"不平衡"。

七、旅游综合竞争力要素发展"不平衡不充分"

世界经济论坛（WEF）发布的《2017年全球旅游业竞争力报告》，对中国（大陆地区）的全球旅游竞争力指标因子的排序分别如下（括号内为序位数）：

第一板块"有利环境"：商业环境（92）、安全防范安全保障（95）、健康与卫生（67）、人力资源与劳动力市场（25）、信息技术与通信技术的准备（64）、行业的价格竞争力（38）。

第二板块"旅行与旅游政策和有利条件"：旅游业的优先程度（50）、国际开放度（72）、行业的价格竞争力（38）、环境的可持续发展（132）。

第三板块"基础设施"：航空运输基础设施（24）、地面和港口基础设施（44）、旅游服务基础设施（92）。

第四板块"自然与文化资源"：自然景观（5）、文化资源与商务旅游文化资源（1）。

近几年来，中国大陆的竞争力排名从四十多位、三十多位提升到 2016 年的第十五位，可以认为世界经济论坛的这个排名总体上是客观的。在分项评估中，文化资源（1）、自然景观（5）、航空运输基础设施（24）、人力资源与劳动力市场（25），说明我国旅游竞争力的强项主要在自然与文化资源方面，其次是人口众多的人力市场及航空能力；我国旅游竞争力的弱项主要在健康与卫生（67）、国际开放度（72 位）、商业环境（92）、安全防范安全保障（95）、旅游服务基础设施（92）、环境的可持续发展（132）等方面。

2014 年，中国旅游舆情智库发布的《来华旅游舆情报告》表明，影响外国人不愿来中国旅游的主要因素是"空气污染""食品安全问题""治安不好""签证不便""语言不通""价格偏高""服务不好"，与《2017 年全球旅游业竞争力报告》的评估大体吻合，表明中国旅游的国际综合竞争力在资源与环境、硬件与软件、安全与开放度等方面突出存在的"发展不平衡不充分"。

八、规模总量与国民人均之间的"不平衡不充分"

世界旅游组织年度报告还有一种测算一个国家国民出境旅游消费水平的方法，即以该国总人口为分母、出国旅游总消费额为分子，测算该国全体国民人均出境旅游的花费水平。以 UNWTO 的《2016 年全球旅游报告》为例，该报告第 13 页刊载下表：

2015 年十大顶级旅游支出国

序 号	国 家	出境旅游支出（亿美元）	人口（亿人）	人均出境旅游支出（美元）
1	中国大陆	2922	13.75	213
2	美 国	1129	3.22	351
3	德 国	775	0.82	946
4	英 国	633	0.65	972
5	俄罗斯	384	1.46	598
6	法 国	349	0.64	239
7	加拿大	294	0.36	820
8	韩 国	250	0.51	493
9	意大利	244	0.61	402
10	澳大利亚	244	0.24	978

资料来源：《世界旅游组织：2016 年全球旅游报告》，2017 年 1 月 29 日。

由此可见，如果以出境旅游支出总量排名，中国大陆为第一；如果以总人口为基数的人均出境旅游支出排名，中国大陆213美元，排在澳大利亚（978）、德国（946）、英国（972）、加拿大（820）、俄罗斯（598）、韩国（493）、意大利（402）、美国（351）和法国（239）之后，居第十位。这与GDP排名一样，以总量排中国大陆为世界第二，以人均GDP排中国大陆在一百位左右。以GDP总量排，是世界经济大国；以人均GDP排，是中等发展中国家。两者一起看才是中国大陆经济及旅游业的全貌，这样才不至于过低或过高评价自己。

如果用中国大陆3800万的出国旅游人次与各国出国旅游的人次比较，中国大陆排在美国、德国、英国和俄罗斯之后，为第五位。笔者认为，如设立出国旅游人数与国民总人口相比的"国民出国旅游率"概念，2016年中国是2.7%，而日本为14%、韩国为26%、澳大利亚23%、德国为88%、英国为95%、意大利为40%、美国为20%、加拿大为88%。在金砖五国中，俄罗斯为34%、印度为10%、南非为10%、巴西为4%。如以这个"国民出国旅游率"比较，中国也低于俄罗斯、印度、南非和巴西。

总之，如果从总体上判断，中国旅游业发展的不平衡不充分性表现为：①从资源品质和游客规模上，处于世界上等水平，这主要得益于国土辽阔、历史悠久和人口众多，也得益于改革开放的国策；②从产品质量和产业效益上，处于世界中等水平；③从国民人均接待人次、人均旅游收入与花费、人均出游人次与人均花费来讲，低于世界平均水平，处于偏下水平。

我国旅游业发展的这种不平衡不充分，从根本上说就是习近平总书记所指出的："我国仍处于并将长期处于社会主义初级阶段的基本国情没有变，我国是世界最大发展中国家的国际地位没有变。"可以说，当今中国旅游业仍是"世界最大发展中国家的""社会主义初级阶段的"旅游业。如果说已进入了"大众旅游时代"，那也是社会主义初级阶段的"大众旅游时代"。旅游业的综合性特征决定了永远不能超越社会发展的阶段，而且总体上受社会发展的阶段的制约，正如一个人不能揪着自己的头发离开地球一样。

同时，有些不平衡的问题长期存在也与旅游指导思想上的偏差，如重速度、轻效益，重数量、轻质量，重规模、轻品牌，重形式、轻实绩，重整齐划一、轻因地制宜，重行政推动力、轻市场原动力，以及报喜不报忧、好大喜功的工作心态有关，与近年来对中央提出的稳中求进、稳中求好的工作方针贯彻不力有关。

从根本上解决旅游业发展的这种"不平衡不充分"状态，归根到底是实现社会主义现代化。当前最重要的是切实转变旅游业发展的指导思想、发展模式和管理体制，从上而下尤其是上层把思想统一到十九大的方向上："我国经济已由高速增长阶段转向高质量发展阶段，正处在转变发展方式、优化经济结构、转换增长动力的攻关期。"

旅游占 GDP 份额越高越好吗？①

旅游产业占国内生产总值（GDP）的份额是旅游界关心的一个话题。先看几个外国的数字：马尔代夫 30%，西班牙 12%，英国 9%，德国 9.7%，瑞士 8%，法国 7.3%。西班牙等国的数据远低于马尔代夫，能说明它们的旅游业不如马尔代夫吗？英国、德国、瑞士、法国的数据低于西班牙，能说明它们的旅游业不如西班牙吗？

热带海洋岛国马尔代夫人口 34.1 万、人均 GDP 为 8571 美元。2014 年接待外国游客 123.4 万人次，为本国人口的 3 倍多，人均停留时间 5.7 天、全部是度假游客。旅游业、船运业和渔业是国民经济的三大支柱。旅游业占 GDP 的 30.2%、占外汇收入的六成。马尔代夫几乎没有工业、没有发达的商贸金融业，国民经济依赖海洋产业，因此旅游业能占到 GDP 的 1/3。从全球看，马尔代夫这种例子在世界找不到几个，是个例，不是惯例；只有特殊性，没有普遍性。

英国、德国和法国是世界的经济强国，工业、农业和商贸金融业高度发达，人均 GDP 均在 3 万欧元以上，旅游业尽管十分发达，但是对 GDP 的贡献都没有超过 10%。西班牙是欧洲的次发达国家，工业和商贸金融业比较一般，人均 GDP 为 2.2 万欧元，发达的旅游业成为该国的重要支柱产业，对 GDP 的贡献达到 12%。显然，旅游业对 GDP 的贡献率与一国的经济结构有很大关联。

再看看 2015 年国内几个省市自己公布的数据：上海市 6.35%，北京市 7.5%，四川省 15.1%，张家界市 50% 以上。北京、上海的高科技产业、高端制造业、商贸金融和信息交通产业十分发达，旅游业能占到 GDP 的百分之六七并不算低。张家界是一个以山区为主、农业为主的城市，GDP 总量有限，于是旅游业能一枝独秀。当然，对"50%"这个数字本身尚待探讨。

旅游业占地区 GDP 的份额，是衡量旅游业在国民经济中的地位和作用的重要标志，但不是衡量旅游业发展水平高低的主要标志，更不是衡量国民经济发展水平高低的标志。旅游业占地区 GDP 的份额受区位、交通、自然、历史和人文等多种因素

---

① 刊登于《中国生态旅游》杂志"视野·新论"专栏 2017 年第 1 期。

的影响，特别是受一个国家或地区的产业结构的影响。一般情况下，在一、二、三产业十分发达的国家与地区，旅游业占 GDP 的比例不可能很高。如果一、二、三产业都不发达，旅游业占地区 GDP 比例很高，说明该国该地的经济基础不大厚重、比较脆弱，在这个基础上扶植起来的旅游业也不稳固。

应该让各级官员懂得，在任何时候都应把一、二产业（当然是适合本地情况的一、二产业）当作基础产业来抓，第三产业如果没有发达的第二、三产业实体经济为基础就不牢靠，就像虚拟经济没有实体经济为基础就是空中楼阁一样。世界发达国家和地区的第三产业占六七成以上是以工业化、城市化、农业现代化为前提的。抓农业很慢、抓工业很难，以为抓旅游能在任期内立竿见影，正是这种急功近利的政绩观，加上从上到下忽悠，形成了目前全国各地、各级官员抓旅游的热闹局面。

认为"旅游 GDP"越高，旅游业水平就越高，地区经济发展就越好，地区形象越好，这是一种认识误区。各地省情、市情、县情不同，发展旅游业的环境、条件和基础千差万别，旅游产业的地位与作用不可能相同。时下几乎所有省区直辖市、85% 的市、80% 的县都把旅游业定为支柱产业，既表明对旅游业的看重与期望，也说明一些地方决策者的冲动与盲目，不符合国民经济与旅游产业发展的常规与常态。至于把旅游增加值占 GDP15% 以上作为评定标准，实质上背离创建"全域旅游示范区"的初衷。

由"6亿人每月收入1000元"看"大众旅游"处于什么阶段[①]

近日,国家统计局发言人回答记者问:最近社会热议"有6亿人每个月的收入也就1000元",这个说法符合实际吗?对此您怎么看?

答:关于6亿人每个月人均收入1000元,可以从全国住户收支与生活状况调查数据得到印证。按照住户收支调查,全国家庭户样本可以分为五个等份,分别是低收入组、中间偏下收入组、中间收入组、中间偏上收入组、高收入组,每等份各占20%。其中,低收入组和中间偏下收入组户数占全部户数比重为40%。根据2019年相关数据,低收入组和中间偏下收入组共40%家庭户对应的人口为6.1亿人,年人均收入为11 485元,月人均收入近1000元。其中,低收入组户月人均收入低于1000元,中间偏下收入组户月人均收入高于1000元。

为此,本人查阅了国家统计局2020年2月28日发布的《2019年国民经济和社会发展统计公报》,公报显示:全年全国居民人均消费支出21 559元(1797元/月)。按常住地分,城镇居民人均年消费支出28 063元(2339元/月);农村居民人均年消费支出13 328元(1111元/月)。按五组排列收入如下:

2019年中国居民收入状况

收入分组	人均年可支配收入(元)	人均月可支配收入(元)
低收入组	7380	615
中间偏下收入组	15 777	1315
中间收入组	25 035	2086
中间偏上收入组	39 230	3269
高收入组	76 401	6368

[①] 2020年6月16日博客。

《旅游统计公报》载，2019年全年国内游客60.1亿人次，国内旅游收入57 251亿元。按此，人均花费一次952.6元，是全国居民人均月消费支出1797元的53%，城镇居民人均月消费支出2339元的41%，农村居民人均月消费支出1111元的86%。

国内旅游人均一次花费952.6元，是低收入组人均月可支配收入的155%，是中间偏下收入组人均月可支配收入的72%，是中间收入组人均月可支配收入的47%，是中间偏上收入组人均月可支配收入的28%，是高收入组人均月可支配收入8%。

从出境旅游看，2019年3月，中国旅游研究院、携程旅游大数据联合实验室联合发布的《2018年中国游客出境游大数据报告》数据显示：中国公民出境旅游人数14 972万人次。"从旅游花费来看，中国旅游研究院预计2018年将达1200亿美元的境外消费，人均单次境外旅游消费将达到约800美元（约5400元人民币），通过携程旅游平台报名出境跟团游、自由行、定制游的人均花费为5500元"。

这个出境旅游"人均花费5500元"是个什么概念呢？相当于一个月的人均国民收入（2019年年人均国民收入70 604元、月人均5884元），是全国居民人均月消费支出1797元的3倍，是城镇居民人均月消费支出2339元的2.4倍，是农村居民人均月消费支出1111元的5倍；是低收入组人均月可支配收入615元的9倍多，是中间偏下收入组月均可支配收入1315元的4倍多，是中间收入组月均可支配收入2086元的2.6倍，是中间偏上收入组月均可支配收入3269元的1.7倍，是高收入组月均可支配收入6368元的86%。可谓富人一次游，穷人几月薪！

据《大数据报告》说，"2002年到2017年，中国公民普通护照签发量达1.73亿本。持有护照的人口超过全国人口的10%。除去前往港澳台的内地游客，2018年约有7125万人次去海外国家旅游，这意味着100个内地居民中，不到5个出国旅游，海外旅游市场的潜力依然很大"。"潜力很大"不错，但能出国旅游的人很少也是事实。从出境、出国旅游看，离"大众旅游"就更远了。

又据《2019年国民经济和社会发展统计公报》，2019年末全国大陆总人口140 005万人，人均国内生产总值70 892元（约合1万美元），国内游客60.1亿人次，居民出境16 921万人次，其中赴港澳台10 237万人次（占60.5%），赴外国6684万人次（占39.5%）。也就是说，只有12%的居民能出境（其中大多数是游客），其中出国的不到5%。从旅游的角度看，这12%的出境居民、5%的出国居民主要是占人口总数20%的高收入组人群。

在我看来，60亿国内旅游的人中基本上不包括月收入1000元的6亿人口；16 921万人次出境者只占全国人口的12%，6684万人次出国旅游的不超过全国人口的5%。国内旅游仍是"半众旅游"，出境旅游、出国旅游的更是"小众旅游"。总之，无论是国内旅游还是出境、出国旅游仍然处于"初级阶段"！

对于一个14亿人口的大国而言，人均GDP达到1万美元，确实是一个了不起的事情。40多年前，我国9.56亿人，GDP 2138.8亿美元，人均GDP 224美元（1978年）。如今，人口增长了0.46倍，GDP增长了66.8倍，人均GDP增长了44.6倍，从"一穷二白"的低收入国家发展成中等偏上国家。从自身纵向比，值得自豪。

但如果从另一个角度，即人均GDP与其他国家与地区比，就值得深思了。

比如，以人均GDP看，2019年世界人均GDP 11 355美元，同年中国人均GDP 10 098美元，虽属于世界人均中等偏高水平，但仍低于世界平均水平，排在世界第六十五位，低于俄罗斯（11 162美元，第六十一位）、马来西亚（11 136美元，第六十二位）。

再如，如果大陆与我国的澳门、香港和台湾地区比，2019年大陆是1万美元。澳门81 151美元，居世界第二位；香港49 334美元，居世界第十三位；台湾24 827美元，居世界第三十五位。

2019年中国大陆人均GDP达到1万美元，按通行的国际水准，进入世界中等偏高水平，其中北京、上海、广州、深圳达到2万美元，率先进入"上中等发达"水平。这是当今中国的一面。

另一面，从人均可支配收入而言，大陆居民中，"高等以上收入"是"低收入"群体收入的11倍，是"中间偏下收入组"群体收入的5倍，是"中间收入"群体收入的3倍，是"中间偏上收入"群体收入的2倍。各类群体之间收入的差距之大难道不值得深思吗？

从旅游的角度研究，中国目前居民的收入状况有多少人可以享受旅游消费？《中国旅游统计便览2019》数据显示，"2018年国内旅游基本情况"中，全国人均旅游花费925.8元，其中城镇居民人均旅游花费1034.0元，农村居民人均旅游花费611.9元。把此数据与全国居民五等份收入分组数据相对照，可以看出，占人口2/5的低收入组和中间偏下收入组民众要付出1个月的人均可支配收入才有可能参加1次旅游，显然对他们而言"旅游"，尤其是离开常住地的过夜旅游仍然是可望而不可即的"奢侈品"。由此大致可以推测，当今占全国一半左右的城乡低收入和中间偏下收入组的居民基本上尚未参与到"离开惯常居住地"的真正的旅游之中，他们的"一日游"实际上是在居住地的休闲活动。全国而言，目前能外出过夜游的国内游客是占人口总数2/5的城乡中间偏上收入组和高收入组的群体，大约6亿人；能出境旅游的1.5亿人次，只占全国总人口的10.7%；其中去外国旅游的约0.7亿人次，只占全国总人口的5%。

正如国家统计局发言人所说，这些数据反映了党的十九大所指出的我国的基本国情：社会主要矛盾是人民日益增长的美好生活需要和不平衡不充分发展之间的矛盾。我国仍然是世界上最大的发展中国家。从旅游的角度看，离十分美好的"全民旅游"还有相当长的路程要走。

2018年：亦喜亦忧的旅游业[①]

年末岁初，有媒体朋友问我对2018年有何期待？

回答是：亦喜亦忧。

喜从何来？本月初，发改委、国土、环保、住建四个实权部委联合发文，对特色小镇和小城镇建设中的"盲目发展、一哄而上""政绩工程、形象工程""政府大包大揽、加剧债务风险""千镇一面、房地产化""过度追求数量目标和投资规模"等，及时亮出了"红灯"。其措辞之严厉、指向之明确前所少有。

本月末，国家旅游局发出通知，提出"厕所革命"要"提倡实用、避免奢华"，要"因地制宜、注重实用、反对奢侈浪费"，要"务实推进"、反对"不切实际的大而全"。原来我预料年底会公布第一批"全域旅游示范区"名单，结果在元旦来临之际匆匆发了这么一个迟到的"通知"。可以猜测，近一年"厕所革命"中的奢侈浪费、攀比之风盛行，大概引起了高层的关注。

这两个文件之所以如此引人注目，可以想见特色小镇建设与"厕所革命"的浮躁、浮夸和浮华之风多么严重，与中央三令五申的"稳中求进""稳中向好"的总基调相背而行。这两个文件表明，全国各地的从下到上的呼声，终于引起了高层的注意，此为"喜"。

"忧"从何来？

党的十九大和中央经济工作会议确定推动国民经济从"高速增长转向高质发展新阶段"。按惯例在新年1月举行的2018年全国旅游工作会议的基调和主题能否与中央相向而行，坚持旅游业从高速增长向高质发展转变，引导旅游业进入稳中求进、向好的新阶段？

能否按中央经济工作会议的要求，提出加快推动旅游业"高质量发展的指标体系、政策体系、标准体系、统计体系、绩效评价体系、政绩考核体系"的任务和举措，还是继续"如火如荼""方兴未艾"？

[①] 2017年12月30日博客。

是修改还是继续坚持"全域旅游示范区"的旅游业增加值占本地 GDP 比重 15% 以上、旅游从业人数占本地就业总数的比重 20% 以上、年游客接待人次达到本地常住人口数量的 10 倍以上、当地农民年纯收入 20% 以上来源于旅游收入、旅游税收占地方财政税收 10% 左右等超常态的高数量指标？

是调整还是继续对 505 个省、市、县"全域旅游示范区"进行"评定"？

是否应该参照四部委的文件，发一个"规范示范区创建的若干意见"，纠正"创建"中的"概念化标签化""表面化形式化""空心化空泛化""同质化低端化""行政化运动化"等现象，提出有针对性的措施大力消除八个"忧虑"？

行将举行的 2018 年全国旅游工作会议如何说，不妨拭目以待。

新年钟声即将敲响，旅游人当用坚定的决心、坚实的行动，去迎接旅游质量提升的新一年！

2019年：旅游人也要准备过紧日子与苦日子[①]

冬去春来，又到辞旧迎新时。按照国人的习俗，在春节来临之际总是要讲些"恭喜发财、猪年大吉"之类的吉利话，为什么却说"紧日子与苦日子"之类的扫兴话？

这就涉及对2019年大势的判断。1月21日晚间，CCTV新闻联播发布重大新闻，整整3天的《省部级主要领导干部坚持底线思维着力防范化解重大风险专题研讨班》在中央党校开班。会议一口气说了政治、意识形态、经济、科技、社会、外部环境和党的建设七大风险，坦言经济形势从"稳中有变"到"变中有忧"。措辞之严厉为前所未有。笔者的理解，"七大风险"实质是"七大危机"。刚刚结束的北京两会也发出信号：政府要"树立过紧日子的思想，一般性支出压缩幅度不低于5%"。首都发出此类信号也极为少见。

旅游业是综合性、依托性和敏感性产业。多少年来我们惯于说旅游业对五大"建设"和外交的重大推动和贡献，但很少讲对社会、经济、政治、思想、生态和外交的高度依赖和敏感。观察猪年旅游业的走势，不能不从"经济下行"这个大背景入手。

客源市场：消费缓减、层圈分流

猪年旅游业会怎么样，从根本上取决于消费市场，取决于消费市场的主体——客源市场。

入境市场会延续2008年以来的态势依然疲软、略有增长，但不会有多大增长。占八成的港澳台游客常来常往，早已进入常态，其中大多是旅客而非游客。外国客人不可能为宣传"中国梦""美丽中国""全域旅游""不一样的中国"之类的口号而来，何况美欧若干主要客源国与我国磕磕碰碰、内部动荡不已，"一带一路"的

[①] 2019年2月11日应"新旅界"之约而作。

客源"远水救不了近火"。能称为国际游客的外国人市场依然是不冷不热的温吞水。近日官方智库预测，2019年入境旅游仅增长1%，为历年最低预测指标。严格区分外国人市场与港澳台市场，把开发国际市场作为战略重点，进一步放开和便利外国游客来华签证、过境，增设离境、过境免税购物，改善语言交流环境，提高生态和社会环境安全，推介适合外国游客的旅游产品，提升国际旅游服务水平，改革政治宣传式的旅游传播推广方式，着力扭转国际旅游市场低迷十年局面刻不容缓。

由出境与国内旅游构成的国民旅游如何，主要取决于百姓的钱袋子。国家统计局对20 226户、48 580人抽样调查后出炉的《2018年全国时间利用调查公报》显示，月收入在2000元以下的占38%，2000~5000元的占46%，5000元~1万元的占13%，1万元以上的占3%。这也是国民旅游群体金字塔结构的写照，是市场预判和分析的基础。这种基本结构三五年内不会有多大改变。不要听信中国人均GDP将进入1万美元高收入俱乐部之类的宣传，这与老百姓可自由支配的实际收入没有多大关系。

可以推断，目前每年占全国人口十分之一的1.4亿出境旅游的主体是月收入5000元~1万元的较高收入群体和1万元以上高收入群体，月收入四五千元的中间收入群体主要在国内旅游和周边出境旅游。约占人口半数以上的千把元和两三千元的低收入群体依然在温饱线上挣扎，旅游对他们是奢侈品，不敢想更不能为。且不说"国内旅游50亿人次"这个数据的标准是什么，它也不表示一年之中每个人都出去旅游了三四次。说旅游已成为民众生活的"刚需"过于理想化，反复宣传的"全民旅游时代"还是一个愿景之梦。

较高和高收入群体依然保持已成习惯的国内外旅游，其中一部分会向奢华游试水，也有一部分受经济下行的影响会从高花费的豪华游转向可承受的中档游。中、低收入的会更趋向经济实惠的中低档消费。经济下行的现实压力或潜在压力会使人们在做旅游预算时更加慎重，中高档的消费会收紧，大众经济型的休闲娱乐、在本地和周边的观光游憩更受欢迎。国民旅游二元结构的"剪刀差"更加扩大，高、中、低档消费的层圈更加分明。

经济风险有一个从隐性到显露的渐进过程，经济下行的压力现在主要在党政要员身上，"省部级主要领导干部着力防范化解重大风险专题研讨班"即是铁证。经济下行的影响传导到黎民百姓身上有一个时间差，去年第四季度初露端倪，估计今年下半年更加显露。总体上国内旅游的规模依然有所增长，官方最新发布的预测是年增9%，为历年最低预测指标；出境旅游仍会保持远高于入境旅游增长的势头，但在消费总量的增长上会有所回落，近几年官方高调肯定的旅游贸易"顺差论"不攻自破。经济下滑的预期会自觉不自觉地引导人们精打细算地过日子，首先保证衣食住学医等刚性需求，然后安排旅游休闲等弹性软需求，即使安排旅游也会量入为出、精打细算。

春节前夕,中国旅游数据中心在"2018旅游经济运行盘点"系列报告之十《2018年旅游经济运行分析与2019年发展预测》中提出,"居民负债和杠杆率高企挤出旅游消费。至2018年9月,我国住户贷款占存款的比例达到了65.8%,同比提高5个百分点。居民债务负担对社会消费造成挤出""财富效应和收入效应抑制旅游消费预期。2018年上证综指、深证成指、中小板指和创业板指分别累计大幅下跌,在全球主要指数中处于垫底位置。中国家庭住房资产在家庭总资产中占比77.7%,不但吸收了家庭的流动性并挤压家庭的旅游消费,且多数城市房价跑输CPI甚至出现下跌,导致居民感受到的财富实际余额下降,进一步抑制旅游消费。预计2019年这一财富实际余额缓增甚至继续下降的趋势难以逆转,势必影响居民旅游消费热情"。

如前所述,高收入和较高收入群体是现阶段国民旅游的主力。这个层圈的收入状态与消费意愿决定旅游消费的走向。官方智库的这个最新提法,可作为本人观察的一个佐证。

旅游企业:优存劣汰、加速洗牌

企业是旅游经济的细胞、旅游市场的主体、旅游行业的前沿,旅游企业家对市场形势的感受比官方人士更为敏感。观察猪年旅游业走势也离不开企业的动向。

据中国旅游研究院的数据,2018年各季度企业家的信心指数分别为125.5、120.0、121.4和120.35,呈下降态势;与2017年同期相比也有所下降。中关村智慧旅游创新协会与北京第二外国语学院旅游科学学院发布的《2018年中国旅游企业创业创新信心指数报告》显示,我国旅游双创(创业创新)信心指数2018年为76.06,2019年为69.58,同比下降了6.48。"整体来看,三年(2016、2017、2018)的信心指数呈下降趋势,反映出旅游双创正在逐步滑向'波谷','寒冬期'可能真的逼近了"。

传统文化景区:少数资源垄断性著名景区"皇帝女儿不嫁愁",但"国有重点景区降门票"的压力会让它们的日子过得更紧。大部分景区平日吃不饱、节假日撑几顿还能勉强活下去,降低门票的压力让它们的日子更艰难。国有景区无力增加改善性投入,民企经营的国有资源景区或无力投资或不敢投资,走一步看一步。还有一部分景区本来就勉强活着,再要叫它们降低门票就有可能活不下去。不分青红皂白要求告别"门票经济"是强人所难、雪上加霜。本来景点游览花费只占游客总花费的5%左右,门票收入只占景区营业总收入的20%,景区营业收入只占全国旅游总收入的10%,总体上还能降多少?地方政府既要国有景区降低门票,又不对景区增加财政补助、减少税赋和收入上交负担，只能使大多数景区"紧"上加"苦"。大力推介的西湖模式、故宫模式不适用大多数景区。景区多元经营、多种收入岂是一朝一夕之功，远水救不了近火。

主题公园类景区：此类景区的情况也好不了多少。除迪士尼、长隆、欢乐谷、海昌等几家外，多数的日子并不好过。近几年中外资本投建主题公园一浪高过一浪，可以想见，新建与原有、本土与外来、大型与中小型主题公园之间的竞争将更加激烈，洗牌迟早会来。"寒江水冷鸭先知"，外国邮轮从竞相进入到纷纷撤离，沿海港口争建邮轮母港的热浪正在退潮，邮轮旅游新业态率先进入调整期。

游乐园：面向本地居民的大小游乐园依然是平日冷冷清清、节假日热热闹闹，经营好的小富即安，经营差的惨淡经营。经济下行对它们的影响不大，因为三五十元的消费大多数人还会继续，家庭式的亲子游乐不会停止。面向本地居民的中低档休闲娱乐消费，包括中低消费的乡村旅游点不会有多大冲击，为了"扶贫"靠财政输血而开发的乡村旅游点可以维持一阵，但难以持久。

实景演出：对游客而言观看这类演出是旅游中的锦上添花，能不能活下来全靠演艺水平。主要靠旅行社给回扣拉客的日子越发艰难，优胜劣汰的法则在经济不景气时更加发力，旅游演艺界的洗牌大战将十分惨烈。

星级酒店业：总体过剩的状况更加突出，一批单体经营酒店难以维持，或转型写字楼公寓楼，或转让产权，或歇业待毙；全行业低出租率、低盈利的状况依旧。酒店集团之间的"百团大战"继续演绎，兼并重组依然不停，但会谨慎行事、少些冲动。数字管理、连锁加盟、网络销售能改进营销与服务，能分流房客、重组客户，但无法在总体上改变中高档住宿业"店多客少"的窘境。

民宿业：风风火火的势头会降温，少数区位、环境、创意、服务好的精品民宿能继续存在，一批高投入、同质化或两三千元一晚的高端"民宿"将与酒店一样陷入困顿。大批乡村民宿在竞争中分化，城市民宿在市场与管理的双向夹击下踟蹰而行。民宿连锁巨头间的逐鹿大战会继续下去。

传统旅行社：继续在生存线上浮沉，具有经营出境游资格的旅行社继续依赖出境服务为生，一般旅行社仍在低利中求生，或加盟旅游 OTA 承接线下服务，或向特种、定制、定向服务转型，但非一日之功。猪年里传统旅行社业的分化重组在经济下行背景下会加速推进。

线上旅行服务商：巨头们继续争霸的同时，还会面临其他行业 OTA 巨头进入的挑战。网商大战会强力推进交通、游览、住宿、饮食、商购、娱乐、修学、康养等多行业联姻，加速与线下服务商的结合，加速出境与入境旅行服务的对接，孕育数字旅游新业态。OTA 仍将是旅游业创新的领头羊，但这是巨无霸之间的对决，中小 OTA 旅游服务商难有一席之地，除非向小而奇、特、优的定制旅游品种方向转变。

旅游集团：以20强为代表的25家企业集团中，国有与民企各行其道，难以"混合"。国企不愿招"白衣女婿"，民企也不想入"赘"，旅游业的PPP难成气候。旅游央企重组虽已完成，但全面整合路还长。央企与省企各有所谋，央、省联姻会继续，但成效难说。国企集团的官企基因继续发酵，做大不难做强难，去行政化依然路漫漫。民企集团逆势而上的势头不减，但难度加大。旅游集团多元经营是大势，做大规模不易，做强主业更难。大有大的好处，也有难处。经济下行对集团发展是一场大考。

旅游投资：供大求小、泡沫破裂

近几年来，以房地产商为主的各路资本，包括旅游业的国企、民资巨头，从北到南、从东到西，尤其去海南、云南、东北、西南，在建设旅游小镇、主题公园、综合体及旅游扶贫的旗号下攻城夺地、展开的投资大赛，百亿、千亿的大项目令人眼花缭乱。

旅游官媒高调报道，2016、2017年连续举办中国旅游投融资促进大会，用马踏飞燕杯奖励投资百亿元的企业家，旅游投资的数字火箭式攀升：2015年1万亿元，年增42%；2016年1.3万亿元，年增29%；2017年1.5万亿元，年增20%；2018年1.8万亿元，增长20%。投资的年增率远远高出游客规模的年增率。旅游投资超前超量为前三十年少未有。这些数字很可疑。或者数字是假的，投资者骗官员，官员一级骗一级，属于统计泡沫；或者投资数字是真的，那是供大于求的过热投资，也是一种泡沫，必将导致旅游供给更加过剩。

总体而言，旅游业供大于需，景区与住宿业尤甚，"综合体"是住宅房产＋商业房产，遍地开花的旅游小镇更是房地产为本，真伪不分、优劣混杂。度假、康养、邮轮、滑雪等新业态尚处在市场培育阶段。供给侧改革的重点在结构、质量与环境上，需要改变节假日时段的需求超常集中与供给不足、平日供给有余而需求不足的供求不平衡、不匹配的矛盾，着力改善、转型、优化提升存量供给，适度新建增量供给，而不是盲目新建"小镇""综合体"主题公园等"大手笔、大投资、大项目"。

节假日的旅游热潮掩盖了平日的人气冷清，游客统计数字的泡沫与主政者的好大喜功误导了投资。"假旅游、真地产"下的旅游投资和统计数据膨胀（如各省区市的旅游人次与收入之和是全国数据的两三倍）的泡沫迟早破灭，猪年将是破灭的开始，但不是终点。人们将会看到一个又一个不良企业倒闭、僵尸小镇凋零、庸劣主题公园停摆和烂尾工程四起。

几年前本人曾预言，以旅游为名的房地产业将是下一轮去产能过剩的重点领域。看来这个时刻正在临近。

文旅融合：尊重规律、稳中求进

当然猪年也有令人振奋之声。元旦即过，文旅部组建后第一次全国文化和旅游厅局长会议在京召开，旅游界关心的文旅融合怎么搞，会议给出了答案：

要尊重规律，坚持"宜融则融、能融尽融"的原则，坚决避免片面强调特殊性和完全忽视特殊性两种倾向；

要坚持实事求是、一切从实际出发，要依据资源禀赋、立足区位特点，走特色化发展、差异化发展道路，不搞"一刀切"，不能"一窝蜂"，防止照搬照抄、简单模仿；

要稳中求进，文化和旅游融合发展需要奋力推进，但也不是一蹴而就的，融合到什么程度、产生怎样的效果，需要时间来检验。既要反对保守、不作为，又要防止冒进、乱作为，要稳扎稳打、步步为营、久久为功。

要鼓励创新。要解放思想、大胆创新，特别是基层一线文化和旅游部门的同志要积极探索，敢于摸着石头过河，从实践中找到文化和旅游融合发展的有效路径。

这四个"要"是对中央"稳中求进"工作总思路的回应，是对前几年旅游指导方针的反思，也是在严峻之年如何推进文旅融合发展的沉思。坚持这四个"要"，旅游界就能从自我陶醉中清醒过来，从自我膨胀中冷静下来，从云里雾里回到地上。

猪年是紧日子、苦日子的开始，会延续多久？一看国际环境，尤其是中美关系可否转险为安，多久能回到互利竞合的状态；二看经济下行的态势能否走出低谷、稳步上扬；三看国内社会生态、经济结构调整是否到位，国民经济下行态势是否有所改变；四看文旅融合是否稳步推进、旅游业自身是否真正走上转型提质之路。

至于远眺中国旅游业的前景辉煌，当然毫无疑问。占全球人口七分之一的14亿人是世界最有潜力的客源市场，如能有七八成人口参加国内旅游，有三四成人口参加出国旅游（当然不包括去港澳台旅游，港澳台市场本质上是国内市场），旅游业成为幸福产业之首当仁不让，世界第一旅游大国非我国莫属。一二十年后，我心目中的大多数家庭有钱有暇能享受旅游之乐的大众旅游时代必定会到来。

回到当下。过紧日子主要是政府，过苦日子主要是企业。优胜劣汰是市场的铁律，几家欢乐几家愁是企业的常态。在宏观经济上行期，企业欢多愁少，日子比较好过；在宏观经济下行期，则愁多欢少，日子比较难熬。对企业而言，苦日子与其想得轻微一点，不如想得严重一点；与其想得短一些，不如想得长一些。未雨绸缪未必一定如愿，有备无患是化险为夷的良方。

准备过紧日子、苦日子，这是总体而言的，一部分创新有方的企业肯定会继续辉煌，但这是少数。艰难困苦，玉汝于成。谁能危中觅机、险中求生，就会苦尽甘来。挺过去的企业与企业家会成为旅游新业态的领军者。一场残酷的洗牌之后，站得住脚的企业必定是行业的精英、产业的标杆。说了多年的旅游供给侧改革、产业转型升级蹒跚而行，也许在苦日子中会加速推进。

从这个意义上说，紧日子、苦日子也是倒逼改革转型、创优创新之机。

2020年：旅游业者要继续准备过紧日子与苦日子[①]

又到辞旧迎新时，《新旅界》又约我写一篇新年感言。

去年此刻，本人应邀写了一篇《旅游人也要准备过紧日子与苦日子》，今年仍是如此，对政府而言可能更"紧"一些，对企业而言可能更"苦"一些。

对2019年的回望

去年此刻，说了本人对2019年旅游业形势的看法，其中写道："猪年旅游业会怎么样，从根本上取决于消费市场，取决于消费市场的主体——客源市场。"

时至今天，旅游主管部门尚未公布2019年的客源市场数据，但我更相信国家移民管理局的数据。该数据中，九成以上为观光休闲者和商务事务者，是出入境游客的基础，从中可以看出旅游客源市场的走势。

1月4日该局公布，2019年全国边检机关检查出入境人员6.7亿人次，同比增长3.8%。把这个数据与该局2019年初公布的2018年的6.5亿人次相比，2019年出入境人员增加了0.2亿人次，同比增长率从2018年的9.9%下降为2019年的3.8%。

2019年内地居民出入境3.5亿人次，2018年为3.4亿人次，同比增长率从2018年的6.7%下降为2.9%。

[①] 此文刊载于2020年1月27日"新旅界"，刊载时文前加了一段话：此文写于岁末年初。今天是鼠年初一，还想就此文写后发生的两件事再说几句。一则是1月16日中美签订第一阶段经贸协议，从近期看食品和农产品的贸易将迅速恢复，贸易摩擦暂时休战；从长远看，知识产权、技术转让、金融服务、汇率和透明度等问题不会停止争论，将会继续讨价还价，开展"拉锯战"。总体上这场争执会推动中国继续扩大开放，对我国/国际旅游交流有益无害，近期对恢复中美旅游有利，但不会整体上对中国旅游有多大影响。另一则是中国国内发生新型冠状病毒肺炎疫情，不仅使全国春节旅游戛然而止，而且直接会危及春夏旅游的兴起，对全年旅游影响如何尚难以预料。这件事对唤醒旅界的忧患意识大有好处。总之，这两件事非但不会改变"旅游业者要继续准备过紧日子与苦日子"的判断，而且为今年的"紧日子与苦日子"增添了新的因素。

2019年香港、澳门、台湾居民来往内地（大陆）分别为1.6亿人次、5358.7万人次、1227.8万人次，2018年香港、澳门、台湾居民来往内地（大陆）分别为1.6亿人次、5031.1万人次、1225.4万人次。可见，香港居民来往内地无升降，澳门居民来往内地增长6.5%，台湾来往大陆略微增长0.2%。由于众所周知的原因，香港、台湾出入境内地的人数持平。

2019年外国人入出境从2018年的9532.8万人次增长到9767.5万人次，同比增长率为2.5%，与2018年持平，属于低增长。

从入境旅游看，2019年的发展态势证实了本人一年前"入境市场会延续2008年以来的态势依然疲软、略有增长，但不会有多大增长"的预计。由此可判断，中国内地公民出入境人数连续15年保持稳步增长的势头到2018、2019年转向低落。外国人入出境旅游低迷、增长迟缓的势头依旧。

对于国内游客，本人赞成《世界旅游统计概览》只统计过夜游客的惯例，一直不赞成"离开惯常环境10公里以上，停留时间超过6小时"的标准，因而从不相信国内旅游总额五六十亿人次的统计数据。我国国内旅游的民众参与程度是由国家统计局划分的"全国居民五等份收入分组"这个基数决定的。《2018年国民经济和社会发展统计公报》载：全年低收入组人均可支配收入6440元（月收入537元），中间偏下收入组14 361元（月收入1197元），中间收入组23 189元（月收入1932元），中间偏上收入组36 471元（月收入3039元），高收入组70 640元（月收入5887元）。我认为这是判断大多数国民能否参加国内旅游与出境、出国旅游的一个基本条件。对于一个人能否参加旅游，兴趣与爱好固然十分重要，但对绝大多数人而言，个人和家庭经济收入依然是个基础。

时下国民收入贫富之间的"剪刀差"仍在扩大，高、中、低档消费的层圈更加分明。按国家统计局人均可支配收入五等份概算，高收入和较高收入群体约占总人口的2/5，五六亿人口是现阶段国民旅游的主力，这个层圈的收入状态与消费意愿决定旅游消费的走向。1/5的低收入人口约3亿不会参加旅游，还有2/5的中等和中低收入人口会参加中低档花费的中短程旅游。构成出境旅游和高、中档国内旅游的主体是约占全国人口2/5的高收入和中间偏上收入群体。

所以，我对2019年的我国旅游总体水平和规模仍保持去年的看法：

较高和高收入群体依然保持已成习惯的国内外旅游，其中一部分会向奢华游试水，也有一部分受经济下行的影响会从高花费的豪华游转向可承受的中档游。中、低收入的会更趋向经济实惠的中低档消费。经济下行的现实压力或潜在压力会使人们在做旅游预算时更加慎重，中高档的消费会收紧，大众经济型的休闲娱乐、在本地和周边的观光游憩更受欢迎。

同时，国家文旅部市场管理司公布的《全国星级饭店统计报告》，也是观察全国旅游市场形势的可靠数据。①我一直认为只有在外过夜才算真正的旅游，占游人半数以上的一日游游客基本上是在本地休闲游乐，不属于旅游，住宿客人才是真正的游客；②尽管有一部分游客住在非星级酒店和民宿内，但入住星级饭店的主体是休闲旅游者与商务会展旅游者，他们是判断游客规模的基础；③在目前的统计体系中，只有星级饭店的统计数据是真实可信的，是掺水最少、判断国内游客和入境游客规模的可靠依据。

《2019年上半年全国星级饭店统计报告》显示，平均出租率同比下跌1.83%，其中三、四、五星级饭店均有不同程度下跌，同比分别下降0.21%、4.81%、2.34%，是继2014年之后酒店行业平均出租率首次下跌。在每间客房平摊营业收入上，整体下滑2.55个百分点，其中三、四、五星级酒店该项指标分别下降1.29%、7.94%、0.49%。

《2019年全国星级饭店第三季度统计报告》显示，平均出租率为59.88%，同比下降1.61%，其中五星级酒店平均出租率同比下降0.75%、四星级下降2.34%、三星级下降2.18%、二星级下降1.74%、一星级同比微增0.56%；每间客房平摊营业收入五星级酒店增加2.60%，四星级保持不变，三星级下降6.00%，二星级下降2.53%，一星级下降12.97%。

作为衡量酒店行业的重要指标，平均出租率以及每间客房平摊营业收入等均出现增速下滑，表明当前酒店行业正在步入下行通道，旅游行业也处于下行态势。

去年此时我曾写道："猪年是紧日子、苦日子的开始，会延续多久？一看国际环境，尤其是中美关系可否转险为安，多久能回到互利竞合的状态；二看经济下行的态势能否走出低谷、稳步上扬；三看国内社会生态、经济结构调整是否到位，国民经济下行态势是否有所改变；四看文旅融合是否稳步推进、旅游业自身是否真正走上转型提质之路。"

这也是本人对2020年及以后几年我国旅游大势的基本观察点。

对2020年旅游走势的预测

本人对比多家研究咨询机构对2020年全国旅游业的形势预测后，看好2019年12月24日北京第二外国语学院旅游科学学院和中关村智慧旅游创新协会联合发布的《中国文旅创业创新信心指数报告（2020）》。该报告采访了45名行业人士，其中48%为创业公司创始人与高管，16%为大公司高管，14%为高校教师与研究人员，11%为政府、事业单位及协会负责人。受访专家以创业创新公司人员为主，兼顾投资人、文旅创业企业的高管、高校教师和科研人员、协会负责人等多方面的意见，而不是以主管旅游业的政府领导的看法为主导，本人认为具有较可信的参考度。

该报告对2020年度的信心指数设置了6个子维度，其中除"成功率"有增长趋势外，其余维度均呈下降趋势。其中，"资本"维度下降幅度最为明显，表明对投资的预期一直在降低，资本的"寒冬"特征仍然存在；"人才"维度趋势变化相对平稳，但一直处在低位，进入双创的人才一直较为匮乏；"政策"维度呈缓慢下降趋势，表明对政策红利的预期在减弱；"并购"维度下降较大，表明文旅双创的"活跃度"和对资本的"吸引度"在下降；"前景"维度在下降，表明对未来的预期并不乐观。

该报告显示，"在2017年到2020年信心指数中，2018年信心指数最高（76.06），随后2019出现大幅度下降，表明旅游双创领域可能进入周期性的'低谷'期。2020年的指数与2019年基本持平，有微小幅度的上升，表明仍然处在低谷期和低位徘徊"。本人认同这个判断。

目前从全国大多数地方的省、市2020年的政府财政预算看，对旅游的投入比2019年更紧一些。对于2020年的全国旅游企业而言，大多数企业的日子也许会更苦一些。

对2020年的旅游业形势的总体发展，我的基本看法是：仍然延续2019年的态势，平缓运行是大势，小幅下降不排除，大幅上扬不可能。①

---

① 突然发生的新型冠状病毒肺炎疫情无疑导致了全年旅游的滑坡。——作者补充说明

旅游业界更要准备过几年紧日子与苦日子①

新冠疫情发生以来，业界的朋友们都在思考：旅游业何时能够恢复？

今年两会的报告核心，就是"六保""六稳"4个字，"把做好'六保'作为'六稳'工作的着力点，稳住经济基本盘"。旅游业在不在"经济基本盘"之内？在今年的政府工作报告中，没有一句话专门讲旅游，只在一句话中有"旅游"两个字："支持餐饮、商场、文化、旅游、家政等生活服务业恢复发展，推动线上线下融合"。我认为旅游又在又不在"基本盘"里。说它在，因为5个"生活服务业"有"旅游"；说它不在，因为"经济基本盘"里不会有"旅游"。在常态情况下，旅游业占GDP的4%点多。在非常态的疫情下，旅游业在GDP中大概只有零点几了。

两会的精神是重点保民生、稳就业。虽然也附带提了"旅游"，但在我看来，旅游不是基本的、生存性的民生，14亿人的吃饭和9亿人的就业才是最基本的民生。旅游在经济社会常态之下是就业的重要渠道、是经济的重要部分，但在目前的"非常态"下，旅游并非是稳就业的重要部分。2017年全国星级酒店职工112.4万，旅行社职工35.9万，A级景区职工130.1万，总计278.4万职工。加上非星级酒店、非A级景区、旅游网店，以及餐饮、购物、娱乐业的职员，我看总共不会超过1000万。民生分为生活性的和享受性的两类，旅游业不是基本的、生存性的民生，而是非基本的、享受型的民生。对此旅游业者应该有清醒的认识。

李克强总理在会后的记者招待会上说了一段话，引起国内外议论纷纷：目前"人均年收入是3万元人民币，但是有6亿人每个月的收入也就1000元"。从旅游消费的角度解读这句话，月收入1000元的6亿人是与旅游无缘的。即使人均年收入3万元、月收入2500元，这些人也是不可能真正享受旅游的。2018年人均旅游花费是930元，2019年我猜约为1000元。请问：能用半个月的工薪收入去国内旅游一次的人，在14亿人口中占多少？2018年中国内地出境游客消费2611亿美元，游客1.5亿人次，人均消费1740美元，约合人民币1.2万元。有这种消费能力的人

---

① 2020年6月6日，在执惠、旅游百人会、景域驴妈妈大学主办的"两会之后的文旅行业未来"线上研讨会上的发言。

在全国人口中不到 1/10 的人。请注意：这是经济常态情况下中国人参加旅游消费的常态。

在"六保""六稳"的"经济基本盘"下，尤其在国内防疫、国际抗疫的形势下，中国的旅游业进入了"非常态"。这是每一个旅游业者必须认真考虑的。

从需求侧的客源市场角度看：

国内旅游：目前只放开省内游，不提倡跨省游、全国游。

入境旅游：目前只有少量的公务、商务等事务性旅行，观光度假型的休闲旅游实际上已中断。出境旅游也是如此。

大规模的商务会议展览型的旅行实际上已经停止，正在创新用网络会议代替，预示着商务会议这种既省时又省钱的新方式开始兴起。

从供给侧的服务市场看：

景区：限时、限量、限域开放，室内观赏、娱乐型的基本停止。主题公园绝大多数停业，部分暂时勉强生存，部分易主重组。

住宿：星级饭店只有少量事务性住宿客人，几乎没有会议和休闲客人。景区、郊野、乡村的住宿地也只有少量住客。

旅行社：接待出境旅游和入境旅游的业务基本中止，省际、国内旅游只占旅行社业务的很小一部分。整个旅行社行业面临大洗牌局面。少数适者生存、发展，部分会僵死或转让，一部分会倒闭。

网络服务商：网络旅行商面临或维持，或转让，或倒闭 3 种选择。

旅游投资商：各类大项目投资或推迟，或暂停，或转让、放弃。浙江盐山山水六镇乐园被融创集团接手是疫情发生后的全国第一家，但不是最后一家。多年来的旅游投资热进入了冷却期。

再从世界范围看，1997 年的亚洲金融危机、2001 年的"9·11"事件、2003 年的"非典"、2004 年的东南亚海啸、2008 年的全球金融危机和埃博拉病毒等，都是区域性的危机。新冠肺炎疫情正在全世界蔓延，现在看不到尽头。4 月底 UNWTO 说，"国际旅游业面临最严重危机"。UNWTO 对全部 217 个旅游目的地进行调查后称，83% 的旅游目的地（180 个）已经实施了 4 周或 4 周以上与新冠疫情有关的限制措施，是"史上最严的国际旅行限制令"。2020 年跨境旅游规模可能缩减 60% 到 80%。国际专家预计，今年最后一个季度会看到旅游业复苏迹象，大多数地区要到 2021 年才会复苏。

总之，自托马斯·库克创办旅行社以来，世界旅游业正在经历 170 年中、二战以来 75 年中，最艰难的煎熬。

全国的旅游业何时全面复苏？

国内游：今年五一是小心翼翼的试探，暑假后会有区别放开跨省游，国庆节有可能部分恢复。出入境游今年基本停止，明年到时再说。

全国旅游业何时全面复苏？一看国内疫情是否反复、经济何时止滑趋稳，二看世界性疫情如何延续，三看下一步中美冷战如何进行。

多年来，我国旅游界只讲大好形势，很少讲险情与危机。现在又在讲疫情危机会较快过去，很少讲要长期应对。我以为，旅游企业最艰难的日子尚在前面，要有这个精神和物质准备。

世界和中国旅游业：疫情常态化下的持久战①

一、新冠疫情下的全球旅游业

在过去的 100 年里，世界曾发生过几次大规模的疫情。

1918 年第一次世界大战刚结束，流感病毒遍及欧、美、亚、非，约有 5 亿人感染，其中死亡 4000 万人以上，约为第一次世界大战死亡人数的 4 倍。当时全球人口 17 亿，可以想象当时的惨烈。

2003 年 SARS 病毒（俗称"非典"），全球累计 8422 例，涉及 32 个国家和地区，其中中国大陆、香港、台湾共 7742 人；共死亡 919 人，死亡率 11%。

1995—2005 年埃博拉出血热，主要发生在中非和东南非洲热带草原和雨林，1100 人感染，其中 793 人丧生。

2009 年新型 H1N1 病毒，仅在美国就感染了约 6000 万人，全球死亡约 30 万人。

2020 年初全球新冠肺炎病毒暴发并快速扩散。据世界卫生组织公布，2 月 15 日全球新冠病毒确诊病例 526 人，到 11 月 3 日全球累计确诊病例达 4714 万例，累计死亡病例 120.7 万例。

据 11 月 2 日世界卫生组织数据，疫情患者在 500 万例以上的国家 3 个，100 万~500 万例的 6 个，50 万至 100 万例的 7 个，10 万至 50 万例的 34 个，1 万至 10 万例的 58 个，1000 至 1 万例的 17 个，100 例以下的 10 个。按五大洲计算，非洲 58 国、欧洲 42 国、亚洲 41 国、美洲 38 国、大洋洲 2 国。其中，疫情最严重的前 20 个国家为（以疫情人数为序）：美国、印度、巴西、俄罗斯、法国、西班牙、阿根廷、哥伦比亚、英国、墨西哥、秘鲁、南非、意大利、伊朗、德国、智利、伊拉克、比利时、印度尼西亚、孟加拉国。

这次疫情有三个特点：

①全球性：遍及 5 大洲、181 国家和地区。中国首先得到控制，然后在欧、美、

---

① 2020 年 10 月 31 日，在吉林省疫情时代文旅产业振兴发展研讨会暨吉林省文化旅游研究会成立大会上的视频发言。录入本书时统计数据略有调整。

非、大洋洲蔓延。

②传染性强、杀伤力大，扩张速度还在加速。

③持续时间长：今年是暴发期，谁也不能预料会在哪一年结束。

在世界疫情的冲击下，今年初以来国际旅游骤然停摆。至今全球有150多个国家处在关闭和半关闭状态。今年7月28日，联合国世界旅游组织报告，预计全球跨境旅游人数在全年将比去年下降六至八成。2019年是14.6亿人次，今年全球跨境旅游负增长大约80%，将减少11亿国际游客，威胁到1.2亿个直接与旅游业相关的岗位。9月16日，世界旅游组织专家认为，新冠疫情结束后，全球旅游业需要2~4年的时间才能恢复到2019年的水平。10月29日，世界旅游组织大多数专家认为世界旅游将在2021年第三季度反弹，20%专家认为世界旅游要在2022年才能反弹。这是世界旅游业自1950年以来最严重的一次危机。

目前疫情还在全球扩散，世界旅游业何时恢复难以预测。目前世界旅游组织还未公布2019年的国际旅游数据。2018年国际游客人数14亿人，国际旅游收入1.7万亿美元。游客中休闲的占56%，VFR（走亲访友）和健康的占27%，事务（商务）的占13%，其他4%。

今年7月，联合国秘书长与世界旅游组织总干事等国际政要达成一个共识：这场危机是1945年二战结束以来，全人类面临的最大危机。如果不审慎应对，这场危机产生的影响远比二战严重。

全世界目前有200多个医学团队分析疫情会发展到什么程度，结果非常震惊。对疫情的最悲观的估计是，有可能会引起6400万人死亡，比二战的死亡人数（5000万人）还要多。最乐观的估计是，最终会导致300万人死亡。11月12日全球的死亡人数已达到127万人。由此可见，这场疫情远没有达到高峰。

世界旅游组织还指出：各国国内旅游需求复苏将快于国际旅游，休闲旅游（尤其是探亲访友为目的的出游）的复苏步伐预计将快于商务旅行。

二、疫情下的中国旅游业

中国文化和旅游部今年1月24日下发通知，"关景区、停组团、战疫情"。3月12日，各地可恢复省内旅游业务。7月14日跨省游解禁。10月20日，通知今后一段时期特别是秋冬季国内零星散发病例和局部暴发疫情的风险仍然存在，重点督促A级旅游景区、星级饭店、旅行社等完善常态化疫情防控措施，暂不恢复旅行社及在线旅游企业出入境团队旅游及"机票+酒店"业务。

10月30日，31个省（自治区、直辖市）和新疆生产建设兵团报告，累计报告确诊病例91 897例，累计死亡病例4746例，现有确诊病例510例、无症状感染者

611例、境外输入3359例。香港特别行政区5323例、死亡105例，澳门特别行政区46例、无死亡，台湾地区555例、死亡7例。截至11月2日，31个省（自治区、直辖市）中，超过6万例的1个，1万至2万例的5个，100至1000例的22个，10至100例的2个，10例以下的1个。

新冠疫情造成的危机：一是对经济发展全局的影响严重。据估计全年GDP增长率为2%左右。二是对旅游业全面冲击。入境旅游、出境旅游几乎全面停止，国内旅游下降。上半年国内旅游人数11.68亿人次，同比下降62%；国内旅游收入0.64万亿元，同比下降77%。下半年国内旅游开始恢复。预计全年国内旅游人数从2019年60亿人次下降为34.26亿人次，同比负增长43%；国内旅游收入从6万亿元下降为2.76万亿元，同比负增长54%。这是改革开放40年来旅游业遭受重创最严重的一次，远远超过2003年的"非典"和2008年的亚洲金融危机。

最近中央提出，"中国经济已进入疫情防控常态情境下全面复工复产复业新阶段""要加快形成以国内大循环为主体，国内国际双循环相互促进的新发展格局"。这是对全国经济而言的。在正常情况下，这个论断也完全适用我国旅游业。20世纪80年代，改革开放初期，我国旅游业从入境旅游起步，到90年代国内旅游起步，形成入境旅游与国内旅游互相促进、同步发展的局面。进入21世纪后，出境旅游兴起，形成了入境旅游、国内旅游与出境旅游全面发展的局面。

但是，世界性的新冠疫情使我国的入出境旅游出现了暂停的局面。只要世界上大多数国家疫情不断，入出境旅游不可避免地受到制约。

截至11月2日，23个省（自治区、直辖市）无新增病例，8个省有1至6个病例，境外输入3401例，说明国内疫情已得到有效控制，今后主要是防止外来新增病例，同时也要防止国内疫情反弹。

在这个形势下，就旅游业而言，我的看法是，今后两三年内主要是"国内循环"，也就是国内旅游，入出境旅游这个"国际循环"基本上没有"戏"。"国内循环"的国内旅游，近期主要是近程的"小循环"，疫情好转后逐步扩大为中远程的"中循环""大循环"。

从旅游消费来说，我认为目前只是部分或初步恢复，或部分或初步释放。近来有一种说法，"旅游消费信心全面恢复，旅游发展潜力全面释放"，我认为这个话说早了，不如把"全面"改为"初步"较为确切。

最近还有一种说法，"入出境旅游市场有望根据各国疫情防控形势在今冬明春逐步恢复"，我认为这也说得早了一点。

入出境旅游市场能否恢复，根本上取决于我国和对象国的疫情状况，少数国家（如美国）更取决于外交关系如何发展。部分国家和地区的出入境旅游能否逐步恢复，一取决于双方的疫情如何发展，二取决于国际航线可否恢复，三对象国是否解除对中国的旅游禁令，四是中国政府是否开放入出境旅游。

我国主要的旅游目的国和客源国仍是以亚太为主体、欧美为两翼、非洲为补充。在这些国家中，有的处于疫情的高发期，如美国、德国、英国、法国、意大利、瑞士、比利时、葡萄牙、印度、印度尼西亚、伊朗、巴西、墨西哥、哥伦比亚和南非等。有的处于疫情可控制的平稳期，如韩国、日本、越南、泰国、蒙古、柬埔寨、澳大利亚、新西兰、加拿大。密切关注这些国家的疫情态势和政府政策，可以对相关国家的出入境旅游采取禁止、限制或有条件的放开等不同的旅游政策。但总的来说，入出境旅游今冬明春不可能放开。

今明两年我国旅游总的态势是：出国、出境旅游的需求转为国内旅游。

国内旅游从周边的近程游逐年向跨省市的中程、远程游扩展。

旅游目的地以自然型、室外型景区为主。封闭式室内型文化景区逐步放开。

旅游住宿以乡野休闲酒店、农舍为主，城市会议、商务型酒店经营困难。

旅行社出入境旅游服务暂时中止，国内团队旅游服务萎缩，旅行社业处于最艰难的境地，一部分旅行社会继续倒闭。

在线旅游服务业与承接线上订单的线下旅游业（行游住食购娱等旅游基本服务要素链），紧密协作，共克时艰。

出行方式：自驾车旅游继续兴旺，小规模的专业旅游、亲朋旅游团会有所增长，大型团队旅游会萎缩，但不排除具有欺骗性的低价低质游死灰复燃、卷土重来。

总体上看，目前全国旅游业仍处在艰难的煎熬时期。企业两极分化的态势已经出现。少数上市企业和头部企业已有复苏的现象，众多的中小旅游企业仍处在为生存而拼搏的困难期，少数旅游企业已经倒闭。整个旅游行业在一两年，甚至更长时期内会出现较大的分化、兼并和重组。总体上旅游行业处于艰难时刻，今年是开始，明年如何有待观察。能否危中求机，要看如何应对。

目前，对于旅游形势有两种估计：

（1）"今冬明春逐步恢复"。

（2）"今年熬，明年活，后年火"。

我的看法是：今年熬，明年温，后年能否热还要看，特别是出入境旅游能否恢复，还要看世界疫情的状况如何。争取明年国内旅游能从"小循环""中循环"向"大循环"扩展。明年国际入出境旅游部分邻近的疫情不严重、可控制的国家可以先恢复。建议文旅部在明年适当时候开设主要客源国疫情动态专栏，引导出国和赴港澳台的游客。

旅游行业过去几年，尤其是2015—2018年非常浮躁。要全面认识旅游业。这几年讲朝阳产业的很多，讲敏感产业的很少；讲动力产业的很多，讲依托产业的很少。需要重燃艰苦创业、长期奋斗的精神，把浮躁之心降下来。

中央决策层关于这场疫情目前的口径是"取得了阶段性胜利"，并没有说是全面胜利或完全胜利。不要抱有疫情很快会过去的幻想，这场疫情在全世界要持续很久。旅游业既要防止消沉悲观，又要继续克服浮躁，需要坚持"持久战"。现在说"抗疫防疫后"旅游如何还为时过早。

总之，2021年的旅游业，乃至"十四五"时期的旅游业，我的观点是，在疫情常态化状况下国内旅游逐步恢复、入出境旅游伺机而行，旅游业在艰难中稳中求进、稳中求质、稳中求好，防止大反复，力求在稳步行进的"持久战"中实现转型升级。

第二篇　文旅融合

新机构下文化与旅游的协调与磨合[①]

2018年3月18日,全国人民代表大会宣布文化部与国家旅游局合并为"中华人民共和国文化和旅游部"(以下简称"文旅部"),成为新组建的国务院的26个部委之一。

在世界旅坛上,绵延五千载、独具魅力的中华文化是中国旅游的核心吸引力与独特竞争力。成立文旅部有利于文化和旅游携手走向世界,构建包括港澳台在内中华旅游共同体,从旅游大国走向旅游强国,并且有力地推进世界旅游的共同发展。

一、十年前的探讨

2008年,本人曾向原国家旅游局提交《各国旅游管理体制评述》,梳理了当时119个国家的政府旅游管理机构,详见下表:

世界各国旅游行政管理体制一览表

洲 别	单设旅游行政机构	与文化部门结合	与工贸部门结合	与交通部门结合	与环保部门结合	其 他	合 计
亚 洲	16	19	4	3	1	—	43
非 洲	11	11	17	1	13	—	53
欧 洲	6	11	22	1	2	1	43
美 洲	20	1	11	7	—	—	39
大洋洲	3	2	4	3	1	—	13
合 计	56	44	58	15	17	1	191

其中与文化部门结合的44个国家,大多为亚洲、欧洲和非洲国家,如韩国文化观光部,越南文化、体育和旅游部,伊朗文化遗产手工业和旅游组织,意大利文

[①] 2018年5月29日博客。

化遗产与旅游部,英国旅游局隶属于文化、传媒和体育部,埃塞俄比亚文化和旅游部,冈比亚旅游和文化部等。这些国家都有丰富的文化遗产,文化旅游是该国特色或主打旅游产品。政府把旅游业与文化业结合起来管理,体现了这些国家发展旅游的优势与特点。

文章认为,当今世界旅游正在向横广拓展、纵深推进,越来越多的国家设立了不同形式、不同层级的旅游行政管理机构。随着现代旅游业的普遍发展,市场经济的发育与成熟,法治体系的完备与规范,旅游管理体制呈现出若干共同或相似的趋势:政府统筹协调决策、部际合作,行政机构主管、行业组织协调自律,公私合作、专业机构宣传推广,中央与地方适度分权。世界上没有最好的旅游管理体制,也没有一成不变的管理模式。

该文提出,我国旅游行政管理体制改革的三种设想:①保留国家旅游局建置,职能范围和内部机构设置作重大调整;②与文化部合并,建立"文化与旅游部",对外保留国家旅游局名称;③国家旅游局并入商务部,对外保留国家旅游局名称。"上述三种方案各有利弊,最终采取哪种方式取决于'十八大'后国家行政体制改革的总体思路。如以'大部制'为主要取向,则与文化部门结合的可能性最大"。

该文认为,比机构设置更重要的是政府职能的改革,无论国家旅游行政机构如何设置,各级旅游局本身都必须按照"加快推进政企分开、政资分开、政事分开、政府与市场中介组织分开,规范行政行为,加强行政执法部门建设,减少和规范行政审批,减少政府对微观经济运行的干预"的方向,在职能范围、机构设置和运行机制上进行调整与改革。[①]

二、文旅融合迎来新时期

2018年3月13日,全国人大公布国务院机构改革方案,文化部和国家旅游局合并,本人当即写文《欢呼中华人民共和国文化和旅游部的到来》:

旅游主管机构成为国务院组成部门之一,提升了旅游业管理在国家机构中的地位,提升了旅游业在国民经济和社会发展中的地位,提高了旅游业在五个文明建设中的使命。

文化是旅游之根、之魂,旅游业是大文化业的一部分。成立文化和旅游部更加契合旅游的文化属性,能更好地发挥旅游的文化功能;有利于以人民为中心,统筹国民休闲与国民旅游,增强人民的福祉。

文化业既有社会公益属性又有经济产业属性,既是事业又是产业,成立文化和

---

① 刊登于《旅游调研》2008年第3期;收录于《旅游忧思录》上卷,第81~104页。

旅游部有利于更好地发挥旅游事业与产业的双重属性与职能。

中国旅游的核心吸引力与竞争力是绵延五千载、独具魅力、与时俱进的中华文化，成立文化旅游部有利于旅游业更好地走向世界，有利于构建包括港澳台在内的中华旅游共同体。

成立文化旅游部有利于文化业的大发展，"文化和旅游业"将成为国民经济和社会发展的名副其实的战略性支柱事业与产业。旅游业发展能更好地融入文化发展的规律，文化业发展也能更好地融合旅游的发展经验。

从政府管理来说，组建文化和旅游部后过去两个部门之间的协调今后在一个部门内部进行，无疑更有利于文化和旅游的协调和融合发展。然而，这种融合并非一蹴而就、自然形成，其中有一个理念、机构和工作方法从摩擦、协调到合作到融合的过程。

三、工作重心的转变

在国家旅游局单独建制时，旅游业是中心工作。在旅游业大发展的形势下或明或暗出现了一种"旅游中心"论的倾向。例如，国家旅游局曾提出，"积极构建'产业围绕旅游转、产品围绕旅游造、结构围绕旅游调、功能围绕旅游配、民生围绕旅游兴'的全域旅游发展格局"。在工作上，各级旅游局可以独立决策、开展评比、检查活动。组建新机构后这种局面不复存在。

中央对文化和旅游部的职责定位是："推进文化和旅游领域治理体系和治理能力现代化，推动文化事业、文化产业和旅游业融合发展，满足人民美好生活需要，提高国家文化软实力和中华文化影响力"。在"满足人民美好生活需要"的目标上，文化业与旅游业是共同的，但在工作重心上旅游业要更多地结合文化，把文化放在更加突出的位置上。4月10日，雒部长在文化和旅游部体制改革工作领导小组会议上指出，2018年着力做好八个重点领域和关键环节的改革：加强文化宏观管理体制改革、繁荣发展社会主义文艺、深化国有文化企事业单位改革、完善现代公共文化服务体系、加快构建中华优秀传统文化传承体系、健全现代文化产业体系和文化市场体系、创新中华文化走出去机制、推动文化和旅游融合发展。这八个重点领域都适用并包含旅游业，但工作重心在文化这一点十分明确。旅游管理干部需要强化文化意识、适应管理机构的调整与工作重心的转变。

四、文旅事业与产业的磨合

2018年4月8日，文化和旅游部挂牌，原文化网站和原国家旅游局网站分别冠以"文化事业　文化产业"和"旅游事业　旅游产业"的副标题，直至 5 月 15 日两网合一。发展文化和旅游在"满足人民美好生活需要，提高国家文化软实力和中华文化影响力"的方向上是一致的，文化和旅游部的组建有利于文化和旅游政策的统筹配套，有利于文化和旅游公共服务设施协调建设，有利于对外把文化宣传与旅游推广结合起来。

长期以来，国家把文化当作一项社会事业来发展，直到 1998 年 8 月文化部才成立文化产业司。2000 年中共中央《关于完善文化产业政策的意见》首次使用"文化产业"的概念，2002 年党的十六大将文化分成文化事业和文化产业，2007 年党的十七大提出"坚持把发展公益性文化事业作为保障人民基本文化权益的主要途径"，同时要"大力发展文化产业"，逐步形成了"文化事业＋文化产业"的"双轮驱动、两翼齐飞"的观念与方针。

改革开放以来旅游业经历了从事业向产业的转变。1964 年国务院决定设立中国旅行游览事业管理局，归外交部主管，作为外事和统战工作的一部分，国旅、中旅和中青旅接待外国和港澳台及华侨客人不以赢利为目的。1982 年设置中华人民共和国旅游局，与国旅总社分开办公，开始政企分开，加速推进旅游产业化。2009 年底国务院《关于加快发展旅游业的意见》确定旅游业是"战略性支柱产业""人民群众更加满意的现代服务业"。40 年来，旅游业以市场化、产业化为导向，在市场经济的轨道上高速发展。

事业与产业的性质、功能与运行机制不同。事业以社会公益为导向，以政府主导为主、市场调节为辅；产业以经济赢利为导向、社会效益为辅，市场对资源配置发挥决定性作用。文化和旅游部门的理念、职责和运作方式是有差异和惯性的。组建文化和旅游部以后，在文化业与旅游业的结合上需要探索和磨合。如在文物的保护利用上，文化部门更注重保护，旅游部门更注重利用；在价值观上，文化部门更注重产品的政治性和思想性，旅游部门更注重产品的经济效益和休闲娱乐。文化旅游产品如何寓教于游、融育于乐，避免公式化、说教化有待共同探索。

文旅事业与产业的功能虽然各有重点和特点，但不是截然不同、互相排斥的，而是可以互补和互促的。在文旅事业与产业的运作方面，在政府的某些公共职能方面，如何通过政府购买服务等方式提升公共文旅产品的效率；在以公益为主导的生态（如国家公园和城市公园）和文化园区（如博物馆、文化馆和健身场所）中，某些休闲服务项目如何通过特许经营方式运营提升服务质量；在文旅基础和公共服务设施建设管理（如文旅咨询业、公共厕所等）方面，如何通过 PPP 模式开发和经营，探讨文旅公共旅游服务项目社会化与商业化运营等，既降低政府的政务负荷又提升工作效率；在以商业为主导的文化和旅游场所也要积极开展公益活动，开展福利性文化休闲旅游，向特殊群体免费或低票价以及积极弘扬志愿者服务文化的普及，等等。

从中国仍处于社会主义初级阶段的国情出发，环视世界发达国家文化事业与产业长期并存、互补的普遍状况，探索、谋划文化与旅游、产业与事业融合发展的新途径，实现公益机构与盈利企业混合运营的新模式，创造事业促进产业、产业反哺事业的新机制，推动文旅事业与产业的联动发展，是新时代下文化和旅游界面临的一大课题。

五、管理机构的磨合和创新

在原文化部和国家旅游局内，职能相同的机构有办公厅、政策法规司、人事司和财务司等综合性司室，属于"同类项合并"；职能差异较大但有部分重合的，如文化部的文化市场司、文化产业司与旅游局的监督管理司，文化部的公共文化司与旅游局红色旅游办；文化部办公厅与旅游局的综合协调司的职能也有部分的交叉，新机构组建并经过一段磨合后，必将综合双方优势更好推进文化和旅游的融合发展。

更加值得一提的是，文化部对外文化联络局（港澳台办公室）内设办公室、政策法规处、礼宾翻译处、美大处、西欧处、亚洲处、欧亚处、亚非处、非洲处、国际处、港澳处、台湾处、对外文化传播处、对外文化贸易处、文化中心规划处、文化中心管理处、护照签证处、综合项目处和交流协会秘书处；国家旅游局旅游促进与国际合作司设有市场调研处、宣传推广处、亚大非洲处、欧美处、国际关系处、国际组织处和高级翻译与礼宾处，港澳台旅游事务司设有综合处、港澳旅游事务处和台湾旅游事务处。两部局的这两个职能相近机构的重组必将促进对外文化宣传和旅游推广的结合、创新方法和拓宽渠道，使文化宣传和旅游推广更具穿透力和感染力，开创文化和旅游对外宣传的新局面。

对于省、市、县的文化和旅游管理机构，中央已明确省级机构基本上与国务院机构对接，市、县机构设置赋予更大的自主权、可因地制宜。本次机构改革前大多数地方单设旅游局，也有不少市、县根据本地情况设立了相近职能结合的管理机构，如文化和旅游局（天津和平区等5个区，安徽马鞍山市等5个市，广东深圳市等5个市，湖北荆州市等3个市，山西吕梁市），文物旅游局（陕西宝鸡市等5个市），外事侨务旅游局（山西忻州市等4个市，湖北孝感市等3个市，湖南益阳市等3个市，四川宜宾市等4个市，广东阳江市，陕西榆林市），商贸旅游局（天津河西区，上海浦东新区等2个区，重庆璧山区），生态文明建设和旅游发展办（贵州六盘水市），体育旅游局（宁夏银川市，四川乐山市）等，浙江多个县设园林旅游局，陕西、山西多个县设文化（文物）旅游局，也有一些县设森林旅游局等。深圳市按"小政府、大社会"的方向，从建市起就设置文体旅游局，统管文化、体育、旅游、广播影视、新闻出版、文物博物等工作，内设16个处，其中旅游口仅设有旅游市场推广促进处、旅游监督管理处两个处。深圳的探索证明，在市场经济主导下，旅游企业蓬勃发展、旅游产品多彩多姿、品牌产品纷纷崛起、旅游市场比较规范有序。总结推广深圳特区和其他地区发挥首创精神、因地制宜探索创新的成功经验，稳妥有效推进地方文化和旅游管理体制改革。

2015年11月24日，本人在《如何破解小马拉大车的"怨妇心态"》博文中提出，解决"小马拉大车"有两种思路：一种是把"小马"变成"大马"，旅游局扩编、扩权改成旅游"发改委"；另一种是在"车把式"（各级地方党委政府）的统筹下，变"一马拉车"为"众马拉车"（各相关部门合作联动），旅游局当好"带头马"。这两种思路哪个符合政府机构简政放权、转变职能的改革导向，符合文化和旅游业的发展规律和千差万别的各地实际，让历史和实践来检验。文化和旅游部组建后，原国家旅游局近两年推广的"1+3"是否符合政府机构改革的方向有待研究。全国组建市场监督管理局系统和旅游业执法队伍与文化市场执法队伍合并后，地方上是否还需要组建旅游警察、巡回法庭、工商分局等也有待研究。

六、文化产业与旅游产业统计体系的协调

1. 文化产业和旅游产业的构成

今年3月在中央公布组建文化和旅游部决定之后，4月4日国家统计局颁布了新修订的《国家旅游及相关产业统计分类表（2018）》（简称《旅游分类》），4月23日颁布了新修订的《文化及相关产业分类（2018）》（简称《文化分类》）。

《文化分类》认定，文化及相关产业由"文化服务"和"相关文化服务"两大部分组成。

"文化服务"是以文化为核心内容，为直接满足人们的精神需要而进行的创作、制造、传播、展示等文化产品（包括货物和服务）的生产活动，包括新闻信息服务，出版发行和版权服务，广播、电视、电影服务，文化艺术服务，文化投资运营网络文化服务，文化休闲娱乐服务和其他文化服务7个部分。

"相关文化服务"是为实现文化产品的生产活动所需的文化辅助生产和中介服务、文化装备生产和文化消费终端生产（包括制造和销售）等活动，包括文化用品、设备及相关文化产品的生产和文化用品、设备及相关文化产品的销售两个部分。其中"制造"属于第二产业中的相关工业，"销售"属于第三产业中的相关商贸业。可见，"文化产业"是由二、三产业中的相关行业组成的综合性产业。

《旅游分类》认定，"旅游及相关产业"由"旅游业"和"旅游相关产业"两大

部分组成。

"旅游业"是指直接为游客提供出行、住宿、餐饮、游览、购物、娱乐等服务活动的集合,包括旅游出行、旅游住宿、旅游餐饮、旅游游览、旅游购物、旅游娱乐6个部分,即传统的旅游服务"六要素"。

"旅游相关产业"是指为游客出行提供旅游辅助服务和政府旅游管理服务等活动的集合,包括旅游综合服务和旅游相关产业两个部分。其中"旅游综合服务"包括旅行社、其他旅游综合服务(含旅游活动策划、旅游电子平台、旅游企业管理服务等),"旅游相关产业"包括旅游金融服务、旅游教育服务、其他旅游辅助服务(内含安保、翻译、旅游娱乐体育设备出租、旅游日用品出租、旅游广告服务)。

可见,旅游产业是由一、二、三产业中的相关行业组成的综合性产业,其中的出行、住宿、餐饮和购物业不属于文化产业,分别属于交通业、工业、农业和商贸业。

2. 文化产业和旅游产业的重合与区别

文化产业和旅游产业分类比较表

	文化及相关产业		旅游及相关产业
一	新闻信息服务	一	旅游出行
二	出版发行和版权服务	二	旅游住宿
三	广播、电视、电影服务	三	旅游餐饮
四	文化艺术服务	四	旅游游览 (公园景区游览、其他旅游游览)
五	文化投资运营网络文化服务	五	旅游购物
六	文化休闲娱乐服务 ("娱乐服务""景区游览服务"和"休闲观光游览服务")	六	旅游娱乐 (旅游文化娱乐、旅游健身娱乐、旅游休闲娱乐)
七	其他文化服务	七	旅游综合服务
八	文化用品、设备及相关文化产品的生产	八	旅游相关产业
九	文化用品、设备及相关文化产品的销售		

说明:有阴影的部分为两个产业中互相重合的内容。

对照这两个产业统计标准,从旅游产业与文化产业的组成角度看,两者只是局部重合,大部分不重合。基本重合的是《文化分类》中的第六部分"文化休闲娱乐服务"与《旅游分类》中的第四部分"旅游游览"和第六部分"旅游娱乐"。《文化分类》中的"文化休闲娱乐服务"包括"娱乐服务""景区游览服务""休闲观光游览服务"3个方面;《旅游分类》中的"旅游游览"包括"公园景区游览(内含城市公园管理、游览景区管理、生态旅游游览、游乐园)"和"其他旅游游览"(内含旅游文化娱乐、旅游健身娱乐、旅游休闲娱乐)。总之,文化产业9个部分中只有一个部分(文化休闲娱乐服务)与旅游产业中两个部分(旅游游览和旅游娱乐)重合。

3. 文化产业与旅游产业分别占 GDP 的比重

迄今为止,国家统计局一直把文化产业与旅游产业是作为两个独立的产业分别进行统计和核算的。

国家统计局公布,2016年全国文化及相关产业增加值为3.1万亿元,占 GDP 4.14%;同年全国旅游及相关产业增加值3.3万亿元,占 GDP 的比重为4.44%,可见两者对 GDP 的贡献大致相等。

原国家旅游局旅游数据中心公布,2015年全年全国旅游业对 GDP 的直接贡献为3.32万亿元,占 GDP 总量的比重为4.9%;综合贡献为7.34万亿元,占 GDP 总量的10.8%。据国家旅游数据中心解释,"旅游综合贡献的乘数是2.24",即"旅游综合贡献"是"直接贡献"的2.24倍。用这个系数去测算旅游业对 GDP 的直接贡献为4.9%,与国家统计局4.44%的数据相近。但是2016年以后,国家旅游局只公布旅游业对 GDP 的"综合贡献"为8.19万亿元,占 GDP 总量的10.8%,不再公布旅游业对 GDP 的直接贡献率,显然与国家统计局的统计口径"增加值"大不一样。

笔者认为,文化产业与旅游产业分别统计是考虑到两个产业的不同特点和由两个主管部门分别统计的历史。组建文化和旅游部之后,建议在国家统计局的指导下,对两个产业的统计体系和数据进行协调,并进一步研究是否需要统筹文化和旅游产业的统计体系。

七、文旅部门与其他相关部门和产业的磨合

2000年,本人在《旅游规划指南》一书中提出,旅游资源和产品大致可分为以下三大类:

(1)自然资源和旅游产品。2018年春政府机构改革后,自然资源部及其下辖的国家森林和草原(国家公园管理局)的组建有利于文化和旅游部与自然资源部的协调,开展自然生态资源的保护和旅游利用方面的协调合作。

(2)文化资源和旅游产品。文化和旅游部的组建从体制机制上保证了文化和旅游的融合。

(3)社会资源和旅游产品。"社会资源以现代社会、经济、文化、科技、军事成果作为旅游吸引物,如都市旅游、乡村(农村)旅游、工业旅游、科技旅游、体育、学校旅游、军事旅游、海底旅游、宇宙旅游等。社会资源的主体是人,人的生

活、人的风情、人的创造。社会资源是无限的、可不断挖掘和新生的资源，取之不尽、用之不竭，是旅游业可持续发展的资源基础。"①

文化和旅游部组建后要继续与相关部门协调合作，推进产业融合。如与农业农村部协调发展乡村旅游、休闲农业，与工业和信息化部协调发展工业旅游，与教育部协调发展修学旅游，与国家卫健委及其老龄办协调发展康疗旅游、老年旅游，与科技部协调发展科教旅游，与商务部协调发展商务会展旅游，与体育局协调发展体育旅游，与国防部和退役军人部协调发展军事旅游，与国家民委协调发展民族旅游，与宗教局协调发展宗教旅游，与自然资源部、水利部协调发展水上旅游，与海洋部门协调发展海洋旅游，与交通部协调发展空中旅游、邮轮旅游、列车旅游、自驾车和营地旅游等，出入境旅游更离不开外交部和公安部。

原国家森林局早就设置国家森林公园领导小组、办公室，下设森林旅游管理处主管森林旅游和休闲林业的工作，包括制订政策、规划、标准、培训和审批国家森林公园等，并很早设有由林业、生态、文化、历史和旅游等相关学科专家组成的中国森林资源评价委员会，全国各林业高校纷纷设有森林旅游院系。国务院批准的《全国"十三五"旅游业发展规划》提出，拓展森林旅游发展空间，以森林公园、湿地公园、沙漠公园、国有林场等为重点，完善森林旅游产品和设施，推出一批具备森林游憩、疗养、教育等功能的森林体验基地和森林养生基地。该规划明确国家林业局是牵头单位、国家旅游局是参与单位。

2016年9月，国家发改委等14部门联合印发《关于大力发展休闲农业的指导意见》，明确"农业部门负责牵头落实本地休闲农业发展工作"，旅游部门"负责指导乡村旅游发展工作，推动乡村旅游与休闲农业融合发展"。目前，国家发改委的农业经济司与社会司分管乡村旅游，原农业部农产品加工局负责"休闲农业发展战略、政策、规划、计划并组织实施"，下设休闲农业处。原国家旅游局规划发展财务司产业促进处分管乡村旅游工作。

旅游资源和产品不断扩展，旅游业的发展领域没有止境，旅游业在政府部门协调、产业融合方面已经积累了丰富的经验，也有不少越界或缺位的教训。国务院机构改革为部门协调、产业融合搭建了新的平台，各行各业各地发展旅游业热情高涨、各界办旅游方兴未艾，文化和旅游部门要顺势而为、度势而动，但不要越俎代庖、大包大揽。在部门协调、产业融合的进程中怎样处理好文化和旅游部门与其他相关部门的工作关系，当好参谋、做好顾问、适度指导，尊重相关部门对有关资源和管理的主导权和发展旅游的积极性，是一个继续有待探索和磨合的大题目。

---

① 《旅游规划指南》，中国旅游出版社2000年版，第36~37页。

八、文旅融合的动力与主力

旅游历来与文化不可分割。古人为观光游览、求学赶考、宗教朝拜或经商而远行，离不开文化；今人为休闲度假、商务会展、文教交流、考察研学、康体养生去异地畅游，更离不开异域文化体验。广义而言，一切旅游活动都是一种社会人文活动，是不同地域、民族和国家的文化交流和传播的有效而普遍的方式。现代旅游业从来是大文化业的一部分。组建文旅部更加契合旅游的文化本质，能更好地发挥旅游的人文功能，文化也能通过旅游方式更好地发挥综合功能。

文旅从来是一家，旅游与文化历来相融相通。旅游目的地中文化性越强、越出彩就越有吸引力、竞争力，旅游活动、产品、项目、营销、消费和服务之中都贯穿文化性，行、游、住、食、购、娱等所有旅游环节都应该具有文化元素。文化和旅游部的组建必将为文旅融合提供更好的政策导向、制度保证、财政支持和社会环境，推动文化和旅游在更广泛的领域里、更高的层面上融为一体。

如果说文化和旅游部搭建了一个文旅融合的戏台，企业就是文旅融合这台大戏的主角、游客是观众。文旅融合的最大动力来自文化和旅游消费的需求方——客源市场。四十年的历史证明，绝大多数的国际游客来中国最重要的旅游动机、目的和需求是为了了解、感悟和享受绵延五千年的中华文化，历史的与当代的、物质的与非物质的、城市里的和乡野里的文化或文明。包括港澳台同胞在内的国内游客出游目的是想在观光休闲中享受异地风华、异地风情和异地风景。出国旅游的目的是异域观光、体验和享受异国文化服务。

实现文旅融合的主力是供给方——各类企业，传统的和非传统的，线下的和线上的，旅游业内和业外的，是自主经营、自负盈亏的各类旅游企业和相关企事业机构。是企业最终把由行游住食购娱等服务组合成消费链提供给游客享受的。旅游产品是否受多种多样的消费者欢迎，能否在市场竞争中站得住，关键在自然与社会大环境、行游住食购娱等各个细节中，能否有机地而不是生硬地、精致地而不是粗糙地融入历史或时尚文化、地方文化或民族文化，而不在于是不是贴个"文化旅游"的标签、喊个奇出怪样的"文化旅游"的口号。

文化与旅游的磨合，对企业和企业家而言没有摩擦只有合力、没有阻力只有动力。旅游企业家本来就是文化人，需要的是提高文化与旅游融合的创造能力。"舞台"已经搭好、"观众"无穷无尽，这出文旅融合"大戏"能否有声有色，那就看"主角"唱得好不好。文化与旅游融合的标杆，在外国是巴黎博物馆和艾菲尔铁塔、美国的迪士尼乐园，尤其是后者把美国文化、科技、商业与旅游铸为一体，历久弥新、长盛不衰；中国的标杆是北京故宫和台北故宫，把中华传统文化、现代文化创意与旅游创造性地结合起来，让文化走出故宫、走近百姓。国内成功的旅游演艺都是观光休闲、文化创意与商业运作联姻的产儿。

从根本上看,文化和旅游的融合寄希望于市场与企业。旅游企业家要关心但不必太关注政府机构的变化与政策的动向,应更加关注市场脉搏的律动、更加关注游客需求的嬗变,打开创意之门、走好市场之路。

组建文旅部是新时代下文化与旅游更广、更深度融合的新开端,也是双方从理念、机制到工作方法在磨合中融合创新的新起点。此时此刻文化和旅游部应时而生,祝她办出特色、闪出亮点,为文旅融合之花开得更加茁壮、娇艳洒水添肥!

文旅融合热中的冷思考①

各位上午好！今天在这样一个体育场馆、文化平台，又是北京一个新的标志性旅游景点——鸟巢来谈文化和旅游的关系，十分高兴。今天我想谈两个问题：一是文化与旅游的关系，二是怎样推进文旅融合。

"文旅融合"时下是个热门话题，"文化旅游"成了标签，与旅游沾边的会议论坛、规划设计、企业机构、特色小镇、综合体、度假区等都贴上了"文化旅游"的标签。这个现象并非坏事，说明文化与旅游的融合已成社会的共识与潮流。但是如果把它当作标签，终究并不妥当。

文化产品在家庭内外、社区内外、居住地内外、国内外都可消费，如在电视里看外国大片。旅游产品只有离开惯常居住地（我简称为"异地"）才能消费。文化市场就空间范围而言大得多，就人群而言更广泛得多。旅游消费是文化消费市场中的一种，是有众多优点的、非常重要的组成部分，但并不是"最大的市场"。游客消费占文化消费的份额有多少？在《当代旅游学》一书中，引用了《中国旅游卫星账户经济表》的数据：旅游消费占传媒和文化艺术业消费总额的 7.43%，占娱乐消费总额的 50.96%。我认可前一个数据占 7%，这个数据大体可信，后一个数据占 50% 以上不可信。说三亚、张家界、丽江，我承认那些地方的娱乐消费基本上是对游客，因为本地居民很少。就全国而言，包括北京在内，我不认可这个数据。少数旅游热点城市、小镇，本地人口较少，游客是本地人口的很多倍，旅游消费占娱乐消费总额的 50% 以上有可能，但全国而言、整体而言不可能。游客消费占文化消费的份额究竟有多少，这个问题还要研究。

讲到这里，就想起我尊敬的学术导师于光远先生，40 年前曾经说过两句名言："旅游是经济性很强的文化事业，旅游是文化性很强的经济事业。"于老的这个概括简洁明了地揭示了文化、旅游与经济的关系。与博览业、图书业等文化事业不同，旅游业是"经济性很强的文化事业"，用今天的术语说就是旅游产业。当时社会上

---

① 2018 年 8 月 3 日，在庆祝鸟巢十周年暨 2018 中国文化产业发展大会上的主题发言。

还不流行"产业"这个说法，连邓小平都说"旅游事业大有可为"，实际上说的是旅游产业。于老的说法还表明，旅游业与商贸、金融、工农业等经济部门也不同，它是"文化性很强的经济事业"。当时我们的旅游业刚刚开始，于老讲的这两句话，我觉得到现在为止还是正确的。今年文化和旅游部的成立，就证明了于老讲得对。按照于老的说法，旅游、文化、经济三者的关系，我想用"文化＋经济＝旅游业"这个公式来表达。

当然，于老是从文化与旅游关系这个角度讲的。于老还讲过许多关于旅游、休闲与文化的话。从旅游的另外两个基本特征看，一个是离开惯常环境，另一个是休闲活动，我概括为"旅游＝文化＋异地＋休闲＋经济产业"。旅游是一种异地体验，一种短暂的但反复进行的异地体验；旅游的目的是去异地的休闲中获得一种文化体验，或者说旅游是一种文化性很强的异地体验的休闲经济或产业。

今天这个场合我为什么要对文化与旅游、事业与产业咬文嚼字呢？今年4月8日，新组建的文化和旅游部正式挂牌，原文化部官网的大标题是"中华人民共和国文化和旅游部"，下面还有"文化事业、文化产业"八个小一点的字，原国家旅游局官网的标题也是"中华人民共和国文化和旅游部"，下面也有八个小一点的字："旅游事业、旅游产业"。到5月15日，两个官网合二为一：中华人民共和国文化和旅游部，后面不再有"文化事业、文化产业""旅游事业、旅游产业"这几个字了。不要小看添加和删去的"事业、产业"这几个字，这几个字够我们研究一阵子了。

文化既是事业又是产业已有定论。旅游业究竟是经济产业还是社会事业，还需要研究。"文革"以前旅游是事业，那时接待外国友人、接待港澳同胞、接待民主党派、接待劳动模范，那时候是一个事业，1978年以后变成一个产业发展到今天。40年间旅游业有这么大、这么快的发展，关键在于它从事业变成了产业。没有这个转变就没有今天的旅游业。

今天我还是认为，旅游业在性质上是经济产业，必须遵循市场经济规律，以市场为导向配置资源、供给产品。同时，旅游业在功能上除了经济功能外，还有社会功能、文化功能和生态功能，这些功能具有社会公益性，具有事业性质和功能。

旅游不能离开政治，但是旅游不能搞政治化。老百姓不是为了接受政治教育去旅游的，出去是为了快乐、休闲，在快乐和休闲中增长知识、受到教育，包括受到爱国主义教育。很多朋友出去说，到了朝鲜就知道中国改革开放好。三年前去了一次朝鲜，确实有这个感受，但是这不是我去的主要目的，主要目的还是看看朝鲜人是怎么生活的。现在会不会出现把旅游业变成政治化、变成说教化？我不敢说不会，这是我们需要注意的。

下面讲讲文化与旅游如何从磨合走向融合。我用了"磨合"两个字。文旅本来是融合的，但是长时间内是由两个政府机构主导的，在两个轨道上走的，文化主要是在事业的轨道上走，后来文化部觉得还要加文化产业，成立了文化产业司，这是后来的事。旅游从改革开放以来一直是在产业的轨道上走。现在这两个轨道要合并，中间有磨合，我的理解是摩擦中的融合。我想了一下，包括观念磨合、机构磨合、产品磨合与部门协调、事业与产业的磨合、统计磨合、文旅磨合中的政府与市场。

一、观念磨合

上面我介绍了原国家旅游局领导在文旅部组建后的两次讲话，强调了组建文旅部的重要意义，强调了文旅融合的必要性，强调"旅游和文化从来就是相生相伴、相互交融的"，这无疑是对的。同时我也感觉到，在强调旅游对文化的传播功能时讲过了头，有一种文化与旅游要"平起平坐"的意思。过去旅游局以旅游为工作中心，提出"旅游+"，有人解释为"从利用相关资源的'+旅游'，跨越到以旅游为主导的'旅游+'新时代"。在开展"全域旅游示范区"创建运动时，提出5个"围绕旅游转"："积极构建产业围绕旅游转、产品围绕旅游造、结构围绕旅游调、功能围绕旅游配、民生围绕旅游兴的全域旅游发展格局"。也就是说，不仅旅游业是旅游局的工作中心，而且旅游业要成为全国的工作中心。对这些说法我不敢苟同。

原来文化与旅游由两个部门分管，各自工作重心不同、职责不同、思路不同，文旅融合靠部门之间协调。现在由一个部门统筹，需要观念磨合。要从旅游自我为中心观念中解放出来，调整心态，摆正位置，从文化建设为中心这个大格局、新格局出发，推进文旅融合，合力发展文化旅游大产业、大事业。

二、机构磨合

文化和旅游部的机构调整重组工作正在进行中，地方机构的调整行将开展。我列了一张表，把原文化部与原国家旅游局业务机构设置作了一番比较。

原文化部机构设置：办公厅、政策法规司、人事司、财务司、艺术司、文化科技司、文化市场司、文化产业司、公共文化司、非物质文化遗产司、对外文化联络局（港澳台办公室）。

原国家旅游局机构设置：办公厅、政策法规司、人事司、财务司、综合协调司、监督管理司、全国红色旅游工作协调小组办公室、旅游促进与国际合作司、港澳台旅游事务司。

从机构来讲，一部分是重合的，很好组合。旅游宣传促销和对外文化联络的机构也好组合，可以形成对外文旅宣传合力，打开对外文旅宣传工作的新局面。我特别看重、看好这一点。一个部级机构与另一个副部级机构的合并，在人事安排上当然不能平起平坐，需要磨合。

下一步地方机构合并好办，省一级肯定和国务院对接，有些地方其实早就结合了，大多数市、县单设旅游局，也有不少是文物旅游局、文化旅游局、文化广电新闻出版旅游局、文化体育旅游局、森林旅游局、风景旅游局、园林旅游局、商务旅游局、外事侨务旅游局等。深圳市按"小政府、大社会"的方向，从建市起就设置文体旅游局，统管文化、体育、旅游、广播影视、新闻出版、文物博物等工作，内设16个处，其中旅游口仅设旅游市场推广促进处和旅游监督管理处两个处。深圳旅游为什么还搞得那么好？因为很多具体的事情不用政府做，靠市场去做。这是一条经验，不是权力越大、机构越多、人员越多、管得越多，旅游业就一定发展得好。应该推广深圳的经验。所以这次机构改革，对地方上来讲，他们会很欢迎。在县级，文旅机构合并比把旅游局升格为旅游委更容易。前段时间靠自上而下的行政推动搞起来的"局"改"委"能保住多少？不妨看一看。

三、产品磨合与部门协调

国内外对旅游产品的分类，大致分为以下两大块：
（1）休闲性旅游：观光、度假、康养等；
（2）事务性旅游：商务、会展、奖励、修学等。

对康体医疗、探亲访友、宗教朝拜等有人归入休闲性旅游，有人归入事务性旅游，各有道理。当然，商务、会展、奖励、修学旅游中也有休闲娱乐活动。

从旅游资源主体和旅游产品的内容上，大致可分为以下两大部分：
（1）自然或生态旅游：以山、林、草、田、湖、河、海和沙漠等为主体的绿色旅游。
（2）文化或人文旅游：名胜、名城、名镇、名村、名人故居、主题公园、旅游演艺、博物馆、历史纪念地旅游，以及乡村旅游、工业旅游、修学旅游、宗教观光、科教科考、军事旅游等。

当然，还有自然与文化两者兼备的复合型旅游产品。自然和生态旅游中有科学知识、生态知识的宣传解释，也有文化的内涵。从广义上讲，一切旅游都是文化旅游，或如于老所说旅游是文化性很强的事业。

从旅游产品和服务的环节上看，文化与旅游的融合就是要在信息、公共服务、交通道路、住宿、餐饮、娱乐、购物直至厕所等一切环节、细节上都要融入地域文化或历史文化元素。

在各类旅游产品、景区的标准制订、质量评定、市场监管等方面，文旅部与相关部门如何分工合作，谁主导、谁配合、各管什么，需要立规矩。例如，森林旅游在国务院发布的"十三五"旅游规划中明确国家林业局是牵头单位。那么乡村旅游与休闲农业谁牵头？其他旅游谁牵头？"厕所革命"由谁抓？还是实行"+旅游"，凡是以相关资源、产业为本体的旅游都由相关部门主抓，文旅部协助？国务院旅游发展协调小组还存在吗？这次成立文化和旅游部，说明中央高度重视旅游业，部门协调、产业融合、文旅融合的工作面临新形势、新格局，需要形成新的解决方案。

四、事业与产业的磨合

事业以社会公益为主，政府对资源配置发挥决定性作用。产业以经济赢利为主，以市场为导向，市场对资源配置发挥决定性作用。无论是文化业还是旅游业，在事业与产业的结合上都需要探索和磨合，建立良性互动机制。以鸟巢为例，鸟巢文化中心是个文化企业，上面属北京市政府派出机构（委托朝阳区政府代管）奥林匹克公园管委会管辖。经过几年的努力，鸟巢已经盈利营运。但是鸟巢还具有公共服务的属性与职能，不能"一切向钱看"。鸟巢怎样建立产业与事业结合、商业运行与公益服务互补的新机制、新模式，还需要艰难探索。

现在博物馆既回归公益属性，同时探索发展文创产业成为世界潮流。大英博物馆在天猫网上开了旗舰店，它的有些文创商品在网上一抢而空，不去伦敦也能买到大英博物馆的纪念品。故宫博物院的文创商品收入一年10亿元，相当于门票总收入。淘宝网以钻石到皇冠来代表网店的信誉，故宫淘宝店有三个金色皇冠，苏州博物馆有三个蓝色皇冠，陕西历史博物馆艺术品商店为三钻。博物馆通过文创商品的研发经营，让文物活起来、走进百姓生活，并通过开发文化创意商品、演艺商品甚至特色餐饮商品增加收入。通过"文化+旅游+商业"，统筹谋划文旅产业与文旅事业融合发展，创造事业推动产业、产业反哺事业的新机制，从而推动文旅产业与文旅事业的联动发展。现在这篇大文章还刚刚开头。

五、统计磨合

今年4月，国家统计局同时发布了经修订的《国家旅游及相关产业统计分类表》和《文化及相关产业分类》两个法规性文件。我把这两个文件列了一个表作比较：文化产业与旅游产业之间只是局部交叉重合，大部分不重合。文化产业中的新闻信息、出版发行和版权、广播、电视、电影、文化艺术和文化投资运营网络文化业态不属于旅游业。旅游产业中的出行、住宿、餐饮和购物等业态不属于文化产业，而是属于交通业和商业。国家统计局曾公布，2016 年全国文化及相关产业增加值为 3.1 万亿元，占 GDP 的比重为 4.14%。国家旅游局在公布 2016、2017 年统计公报时，只公布旅游业对 GDP 的综合贡献，分别为 8.19 万亿元和 9.13 万亿元，占 GDP 总量的比重分别为 11.01% 和 11.04%，但不再公布旅游业对 GDP 的直接贡献、占 GDP 总量的比重数据，至今我还不明白为什么要这样做。

大家可以期待明年文化和旅游部怎么发布 2018 年的文化产业统计公报和旅游产业统计公报，国家统计局又是怎样发布 2018 年的文化和旅游产业统计数据的。这就要看文旅部内部如何磨合、文旅部与国家统计局如何磨合了。

六、文旅磨合中的政府与市场

文旅融合是一场"大戏"。文旅部、文旅厅、文旅局的责任是用方针政策和管理服务搭好"戏台"。"唱戏"的"主角"是企业，居民与游客是"观众"。文旅企业家要关心，但不必太关注官员的口号，应更加关注市场脉搏的律动，更加关注游客需求的嬗变，打开创意之门、走好创新之路。如果不盯"市场"跟"市长"，上面提个"文旅综合体""文旅小镇"之类的口号，企业家一拥而上盲目跟风，其结果必然会陷入低质竞争、削价厮杀的旋涡，最后必然导致泡沫破裂、本利皆输。

文旅融合的动力在市场、主力是企业。文化与旅游的融合对企业家没有摩擦只有合力，没有阻力只有动力，但需要能力。文旅企业家要成为文化人，需要的是提高文旅融合的创新能力。"舞台"正在搭建，"观众"无穷无尽，这出"大戏"能否唱得有声有色风生水起，那就看"主角"如何唱了。

政府少发文件，尤其不要发几年内要创建五百个、一千个什么什么示范区、示范点的文件。要发文件就发一个支持文化和旅游融合，创造更多更优秀的文化旅游产品，满足国内外游客的需求，指一个方向就行了，至于怎么融合、怎么创新，怎么建设文化旅游区、文化旅游项目，让社会、企业、市场去探索、去创造。当年的"包产到户"是上面发了红头文件产生出来的吗？深圳的锦绣中华、世界之窗是按照哪个政府文件建起来的吗？携程这样的网络旅行服务新业态是根据某个政府文件、某个政府规划产生的吗？共享单车、滴滴打车都是先由企业根据市场需要去创建并得到社会认可，然后政府再去认可、规范、监督、提升的。"从群众中来，到群众中去"，现在许多事情本末倒置：我发文件，你按我的文件"创建"，我再按文件验收，这样做成功的少、失败的多。

企业就是要真正把市场吃透。我看过实景演出《鼎盛王朝·康熙大帝》。从艺术上讲无疑是一个精品，花了大功夫、用了大手笔，今天来看是文旅融合的作品。当时请人做了市场调查，说承德离北京多近，两个小时就到了，北京有三个"高"

端市场：第一是高官，第二是高收入的富人，第三是外国的那些外企高管、外交官，这三个市场足够大。北京一年接待了多少亿游客，千分之一、万分之一来看这个戏就足够了，最高票价是1688元。但是北京那些富人为了看这场戏会专门从北京来承德吗？所以这个市场没有摸准。还得考虑承德的气候。承德一年就四个月的旅游旺季，其他时间很少有游客来看，养了几百匹马怎么办。在我看来，黄河以北、长城以北，都不宜搞室外实景演出，演得再好也不会穿着棉大衣来看。对企业来讲，搞投资一定要弄清这个项目有没有市场，市场在哪里，哪里来，哪些人，什么时候来。现在我们的市场数据是一个虚胖的数字。国家旅游局搞出了一年50多亿人次，其中真正过夜的旅游者有多少？我今天离家10公里、6小时来鸟巢开会，算一日游游客吗？统计数字现在各地都在忽悠，所有的可行性报告都以政府发的这里接待了几亿游客、几千万游客为"依据"。我告诉你这些数字大多是拍脑袋拍出来的，把这个市场规模夸大，说有多少游客来，忽悠你来投资。企业家要少找"市长"、多调查市场，少跟风、多思考，少粗制滥造、多精雕细刻，少夸海口、多做实事。

对媒体就一点希望，希望媒体公正客观地报道一些事，不要跟风，不要上面说一句口号马上去找"典型"。我跟各位说一下，我曾是中国旅游报的特约评论员，每个月发一两篇文章，2016年6月以后到现在一篇文章都没登，我的名字不能在中国旅游报出现，什么原因大家都知道。我现在在其他报刊上发旅游评论文章。智库人要用自己的脑袋思考，不盲从、不跟风。媒体人要用自己的眼睛观察，不瞎吹、不媚俗，反映民情民意、传递多种声音。媒体真正的价值就是能够反映报道不同声音、不同意见，这是政府科学决策的前提。

要以敬畏之心态推进文旅融合。只有文化旅游的管理者、经营者、服务者、研究者和消费者都怀着对文化的尊重与敬畏之心，具有人文情怀和文化素养参与到旅游服务和消费活动之中，才称得上是"文化旅游"。

刚才有记者问我：文旅融合的最大挑战是什么？对投资人、企业家等而言，最大的挑战是能否顶住社会普遍存在的急功近利、盲目跟风、投机取巧、粗制滥造之风。文化旅游投资人、企业家要敬重文化、敬畏自然、敬奉市场、敬尊游客，不做野蛮人，不当应声虫，不要以为投资几百亿、上千亿就能搞成文旅精品，能形成文旅IP。如果用急功近利的心态去投资文旅、管理文旅、经营文旅或参加旅游，得到的是伪文化旅游或劣质文化旅游。

要警惕伪文化旅游的泛滥。目前这种伪文化的突出表现是：

（1）"古镇"旅游。拆掉真的造假的，粗制仿造"古镇古街古村古居"，名为搭建"乡愁"场景，实为粉饰严峻现实。

（2）"宗教"旅游：造参天大佛、建富丽庙堂，宗教活动当商业，宗教场所成企业，建造庙宇是投资，附庸风雅作"禅修"，"修"身不养"神"、养"身"不养"心"。

（3）"红色"旅游：虚构历史场景、造假"革命"道具，用讲"故事"的方式编造历史、制造"红色神话"，开展"红色"造神运动，附会"政治正确"，名为"扶贫"实为敛财捞钱。

谢谢大家！讲的不妥的地方请大家包涵。

辨析文化与旅游关系的几个说法①

即将过去的 2018 年，"文旅融合"无疑是个热词。文化与旅游的关系成为人们热议的题目，各种说法蜂起，有的虽然生动但有待推敲。现拣其要者略加评析。

"**诗和远方**"。在文化和旅游部挂牌当天，一位记者写了一篇《诗和远方》的短评，"诗"比喻文化，"远方"比喻旅游。意思是文化与旅游的结合，文化可以更好地走向"远方"，旅游就更有"诗"意。比喻的用意无疑是积极的。文化无疑是旅游最好的传播方式之一，但并非是唯一的方式。从古到今，文化有千千万万种传播载体，尤其是进入数字化时代，传播文化的工具日新月异、层出不穷，旅游是其一而并非唯一。

"**文化为魂，旅游为体**"。"灵魂"与"载体"之说源自 2009 年 9 月文化部与国家旅游局联合发布的《关于促进文化与旅游结合发展的指导意见》，原文为"文化是旅游的灵魂，旅游是文化的重要载体"。"旅游没有文化就等于没有灵魂"千真万确，但不能反过来说"没有旅游文化就没有了载体"。文化的载体千千万万，而且不断创新。旅游是"重要载体"，而非唯一载体，"重要"两字不可少。

"**旅游没有文化就没有灵气，文化没有旅游就没有活力**"。前一句十分正确，后一句过于绝对。文化并非靠旅游才"活"起来的。固然不少古镇古村古街濒临毁灭的边缘，开发了旅游确实得以抢救与激活，但是没有物质与非物质的文化遗存为基础旅游也不可能凭空而起。即使有些仿制的古镇古街，也离不开历史文脉的积淀。不少仿建的"古"镇"古"街尽管有"形"而无"神"，缺少原真而鲜活的文化内涵和意境，依然冷冷清清"活"不起来。旅游使文化更有活力，文化使旅游更有灵气。只有同时遵循文化传承与旅游发展的规律，并使两者有机融合，文化才有活力、旅游才有灵气。

"**文化是旅游最好的资源，旅游是文化最大的市场**"。把文化和旅游的关系说成资源与市场的关系有其合理的因素。就旅游资源而言，除了人文资源（文化和社会

---

① 刊登于 2018 年 12 月 8 日中国文化报"文旅观察"版。

资源）之外，还有自然生态资源。人文资源与生态资源两者性质不同没有可比性，不能说谁"最好"。就市场而言，文化产品和旅游产品的消费主体都是人，其区别是旅游产品只有离开惯常居住地才能消费，而文化产品在家庭内外、社区内外、居住地内外、国内国外都可以消费。以此而言，文化产品的市场比旅游产品的市场大得多。旅游消费是文化消费中的一种，文化市场就空间范围而言大得多，就受众对象而言广泛得多，旅游并非是文化的"最大的市场"。

"**文化产业一旦与旅游融合就能赢得人民大众，也才能成其为产业**"。无论文化产品还是旅游产品，都必须"赢得人民大众"的消费才能转化为商品，才能成为其产业。旅游与文化的融合既丰富了旅游产品，又扩大了文化产品，带动了文化产业的壮大，文化旅游业成为文化产业与旅游产业共同发展的生力军与增长极。但是文化产业并非只有旅游一种业态，文化产业中还包括新闻信息服务，出版发行和版权服务，广播、电视、电影服务，文化艺术服务，文化投资运营网络文化服务等，还包括文化用品、设备及相关文化产品的生产和销售。这些文化产业并非都是与旅游融合"才成为产业"的。文化产品与人民生活结合就成其为产业。就民众在其常住地对文化产品消费的频率、规模与种类而言，比民众在非常住的旅游地对文化产品的消费要大得多。对大多数国家和地区而言，民众在其常住地对文化产品的消费永远是文化市场的主体，外来游客对目的地的文化产品的消费是该地文化市场的补充。只有少数本地人口少而游客总量远多于本地人口的国家（如马尔代夫）或地区（如三亚），旅游才是文化产业的消费主体。

的确，一切休闲与旅游活动、项目、产品、消费、服务、宣传、广告等都具有一定的文化内涵，即使是离开惯常环境的自然观光、娱乐健身也具有文化意义，旅游现象归根到底是一种社会文化现象，从这个层面上说"一切旅游都是文化旅游"也未尝不可。但是正如旅游产业不能与文化产业画等号一样，并非所有的旅游都可以称得上"文化旅游"。

从旅游类型分，基本上可分为休闲性和事务性旅游两大类。离开惯常环境的商务、会议、展览、医疗、探亲、宗教信仰者的朝拜等属于事务性旅游（更准确说是"旅行"）。休闲性旅游大致可分为自然旅游和文化（或人文）旅游产品两大类。以山、林、草、田、湖、河、海和沙漠等为主体的旅游为自然旅游或生态旅游（大众化自然旅游的升级版）。以名胜、名城、名镇、名村、名人故居、主题公园、旅游演艺、博物馆、历史纪念地为主体的旅游以及乡村旅游、工业旅游、修学旅游、科教科考、军事旅游、非宗教信仰者的庙宇观光考察等都可称为文化（或人文）旅游。还有一种自然与文化两者兼备的复合型旅游产品。但是不宜把所有旅游都放到"文化旅游"的框子里。

"**能融则融，尽融多融**"。在人们热议"文旅融合"之际，此论一出似有耳目一新之感。文化与旅游有众多共同之处、重合之处，可以融合，但是如上所说，两者毕竟是不同的范畴，还有不少不同之处，是不能融合的。如有些民族的风俗习惯（如天葬）、宗教仪式（如藏传佛教中密宗的某种修炼仪式）是不能向游客开放的。"能融则融，尽融多融"，要求因地、因时制宜推进文旅融合，并不要求所有的文化与旅游行业、企业、机构和项目都要去做"文旅融合"，应该注重文旅融合的效果。

时下"文化旅游"成了标签，与旅游沾边的会议论坛、规划设计、企业组织、田园小镇、综合体、度假区等都贴上了"文化旅游"的标签。这个现象并非坏事，说明文旅融合已成社会共识；这个现象也非偶然，说明文化与旅游的融合已成为今后休闲与旅游发展的潮流。但是如果把"文化旅游"当作标签，终究并不甚妥当。

只有旅游管理者、经营者、服务者、研究者和参加者都怀着对文化的尊重与敬畏，具有人文情怀和文化素养参与到旅游服务和消费活动之中，才称得上是文化旅游。否则如果用野蛮人心态和行为即便是开发或去了文化旅游目的地，得到的只是伪文化、劣质文化的感受。

文旅融合"四要"提法值得关注[①]

新年伊始,首次全国文化和旅游厅局长会议在京召开。旅游界关心的怎么推进文旅融合,会议提出"尊重规律、因地制宜、稳中求进、鼓励创新"四点意见。细读之后,本人有一得之见,略陈如下。

一是要尊重规律。要深刻认识到,文化和旅游有可以融合的一面,也有各自相对独立的一面,推动文化和旅游融合发展,一定要坚持"宜融则融、能融尽融"的原则,坚决避免片面强调特殊性和完全忽视特殊性两种倾向。

去年3月文旅部组建以来,在文旅融合上有一些十分高调的说法,如"旅游没有文化就没有灵气,文化没有旅游就没有活力""文化是旅游最大的资源,旅游是文化最大的市场""文化产业一旦与旅游融合就能赢得人民大众,也才能成其为产业",似乎旅游与文化谁也离不开谁,完全可以合二为一。

"坚持'宜融则融、能融尽融'的原则,坚决避免片面强调特殊性和完全忽视特殊性两种倾向",这个说法比较中肯。文化与旅游有一致性、共同性,又有差异性、特殊性,各有其发展规律和特点。例如,主要面向本地居民的图书馆、文化馆、演艺场所,其设施、服务和管理方式与主要面向游客的文化场馆应有不同。地方文艺演艺更多地考虑本地群众的欣赏习惯和爱好,而主要面向游客的文化活动、文艺演出在保留地方特色的同时,还要考虑游客的可接受程度。有些民族的、宗族的祭祀礼仪活动不适合游客参与、向游客开放。在文化创作、产品形态和消费方式上,面对游客和居民有同有异,不同的文化形态与旅游有不同的融合方式,不能事事、处处、人人都要往"文旅融合"这个框子里装。

二是要因地制宜。要坚持实事求是、一切从实际出发,要依据资源禀赋、立足区位特点,走特色化发展、差异化发展道路,不搞"一刀切",不能"一窝蜂",防止照搬照抄、简单模仿。

各省市县的区位、自然、人口、历史、经济、文化等各不相同,不能用一套

[①] 刊载于北京旅游学会会刊《北京旅游研究与信息》2019年第2期。

标准去开展这样那样的"创建""评定"活动,如提出"旅游业增加值占本地GDP比重15%以上,旅游从业人数占本地就业20%以上,年游客接待人次达到本地人口10倍以上,当地农民年旅游收入占纯收入20%以上,旅游税收占地方财政税收10%左右"之类的创建标准。即使开展必要的检查督促或推广先进经验,也不能"一刀切""一窝蜂""照搬照抄、简单模仿"。引导各地依据资源禀赋、立足区位特点,走特色化发展、差异化发展道路,才是推动文旅融合发展的正道,看上去会慢一些,实际上会好一些。

三是要稳中求进。文化和旅游融合发展需要奋力推进,但也不是一蹴而就的,融合到什么程度、产生怎样的效果,需要时间来检验。既要反对保守、不作为,又要防止冒进、乱作为,要稳扎稳打、步步为营、久久为功。

近几年来中央三令五申"稳中求进",作为国家一切工作的基本思路。前些年来旅游界年年提出新思路、新任务,总想快马加鞭、立竿见影。如2015年提出"每年拿出10%的县来探索全域旅游,连续3年时间推进,这样就会形成600多个全域旅游发展的县",即为急功近利一例。旅游业经过40年的快速增长,积累了进一步发展的雄厚基础,也累积了快速增长中潜藏的深层次问题。推进文化与旅游在理念、职能、产业、市场、服务、对外和对港澳台交流六方面的"融合",更会面临许多新课题、新领域,需要精心研究、艰辛探索,非一朝一夕之功。机构组合只是第一步,后面的工作更艰巨,提出"既要反对保守、不作为,又要防止冒进、乱作为,要稳扎稳打、步步为营、久久为功",当是逆耳忠言、苦口良药。

四是要鼓励创新。要解放思想、大胆创新,特别是基层一线文化和旅游部门的同志要积极探索,敢于摸着石头过河,从实践中找到文化和旅游融合发展的有效路径。

这里强调"特别是基层一线文化和旅游部门的同志要积极探索,敢于摸着石头过河,从实践中找到文化和旅游融合发展的有效路径",至为重要。从小岗村的包产到户到"傻子瓜子",改革开放的每一步都是下面"摸着石头"先试一步,然后总结推广带领大家"过河",而不是"上头"先在办公室内设计一套目标、方案、标准,限时限量要求下面"贯彻""落实",让下面照搬照抄、克隆复制。多年来旅游界已经习惯于听报告、学文件、接指示,上面说什么下面就干什么,更少提倡"基层一线""要积极探索,敢于摸着石头过河"。如果说前些年提倡过创新,也是在上面划定的框框里"创新",看谁"紧跟"得快、"贯彻"得"彻底",如"全域旅游"就要"全景、全业、全时、全民"发展旅游,实现"全景覆盖、全业融合、全时体验、全民参与"等,虽很新颖但落不了地。为了鼓动下面申报提出"八优先"政策:优先纳入中央和地方预算内投资支持对象;优先支持旅游基础设施建设;优先纳入旅游投资优选项目名录;优先安排旅游外交、宣传推广重点活动,纳入国家旅游宣传推广重点支持范围；优先纳入国家旅游改革创新试点示范领域；优先支持A级景区等国家重点旅游品牌创建；优先安排旅游人才培训；优先列入国家旅游局重点联系区域。这些不能兑现的空头支票助长了地方的"一阵风"和"等靠要"。强调"特别是基层一线"同志"要积极探索，敢于摸着石头过河"，就是要给各地松绑，破除"等靠要"的惯性思维，改变上面推一推、下面动一动的状况。基层一线不再把主要精力放在应付名目繁多的检查评比上，而是主动作为、自主创新，按照本地实际情况，从实践中探索文化和旅游融合发展的有效路径。

这次文旅部会议提出"尊重规律、因地制宜、稳中求进、鼓励创新"，文字平实、没有雷言雷语，虽然有些是老生常谈，但联系近几年旅游工作状态和时下的精神状况，值得细细琢磨。

近几年来旅游界"一刀切""一窝蜂""照搬照抄、简单模仿"盛行，"保守、不作为"和"冒进、乱作为"并存。在文旅部组建第二年开头就文化和旅游界共同关心的文旅融合发展提出"宜融则融、能融尽融""实事求是""因地制宜""稳扎稳打、步步为营、久久为功"，这些理念如能认真贯彻，将会使文旅融合发展之路走得更稳健、更有成效。果真如此，则是中国旅游业之大幸！

我为什么不赞成运动式的创建"全域旅游示范区"①

一、创建"国家全域旅游示范区"的过程

2015年8月28日,国家旅游局发出《关于开展"国家全域旅游示范区"创建工作的通知》,要求各地在9月30日前将首批申报单位资料报国家旅游局。有关领导表示,在全国2000多个县(市)中,"每年拿出10%的县来探索全域旅游,连续3年时间推进,这样就会形成600多个全域旅游发展的县"。该通知提出"国家全域旅游示范区"的六大验收标准。今年2月发布262个"全域旅游示范区"创建名单,承诺对创建单位实行七大优惠政策,同时把建设"全域旅游"的理念、目标扩展到全国所有的省市县,"是新时期我国旅游发展的总体战略"。翻翻各地正在编制的"十三五"旅游发展规划,无一不把"全域旅游"列入"指导思想""发展战略"。从1988至2007年10年内才评定了306个"中国优秀旅游城市"。创建"全域旅游示范区"运动规模之大、速度之快、标准之高、政策优惠之多前所未有。

今年5月26日,国家旅游局有关领导在全国全域旅游创建工作现场会暨创建工作培训班上列举了创建"全域旅游示范区"中的八个忧虑:"竭泽而渔、破坏环境""简单模仿,千城一面、千村一面、千景一面""粗暴克隆,低劣伪造""短期行为、盲目涨价""不择手段,不顾尊严,低俗媚客""运动式、跟风式一哄而起和大拆大建""重推介、重形式,轻基础、轻内容""换汤不换药,换牌子不换体制,换机构不换机制,换人不换理念"。

及时指出和提醒创建活动中要防止的问题是必要的,但是分析为何会出现这八个忧虑的原因更为重要。

---

① 北京旅游学会会刊《北京旅游研究与信息》2016年第3期共刊载13篇文章,汇集了对"全域旅游"的几种看法,本文收录其中。2016年9月26日中国科学报第7版《观点》专刊,以"声音"之名刊载《"全域旅游示范区"再思考》一文,摘刊了《我为什么不赞成运动式的创建"全域旅游示范区"》一文。

原因无他。去年 9 月 2 日，我在中国青年报刊登的《点赞"全域休闲"存疑"全域旅游"》一文中早就提出："发动'全域旅游示范区'评比大赛，引发一场数字文字游戏，可能是一场折腾。"这八个忧虑的真正根源就是以"6、7"为核心指标的创建运动。

（1）六大考核指标不科学、绝大多数县市达不到，硬要推广，势必出现"简单模仿，千城千村千景一面""短期行为、盲目涨价""不择手段，不顾尊严，低俗媚客"等现象泛滥。

（2）许诺七大优先政策迎合地方官员任期内创造政绩的冲动，势必导致各地盲目跟风，争先恐后申报，导致"粗暴复制，低劣伪造""运动式、跟风式一哄而起""重推介、重形式而轻基础、轻内容"等现象泛滥。

（3）提出"对旅游业率先实现当地经济贡献率 15% 和新增就业贡献率 20%，率先实施'1+3'旅游综合管理和综合执法模式，旅游厕所建设率先达标，旅游数据中心率先建成的创建单位，国家旅游局将优先组织验收"，以此要求各地"优先组织验收"势必导致"换汤不换药、换人不换理念、换牌子不换体制、换机构不换机制"等现象泛滥。

笔者认为，只要创建"全域旅游示范区"的指导思想、评定标准和工作方针不改变，这八个"忧虑"问题不仅依然继续，而且会愈演愈烈。

二、发展旅游不能违背旅游目的地发展的基本规律

旅游业界早就有人提出"全域旅游"的概念，其初衷是要从景区景点建设逐渐、分步延伸到整个区域，完善区域基础和公共旅游服务设施建设，推进旅游目的地的整体建设，使旅游发展与相关产业互补联动发展，并融入地区的经济、文化、社会和生态建设之中。作为一种发展理念笔者是赞同的，但不是所有地区都有条件实现"全域旅游"，也不是所有产业都可以与旅游结合，更不是所有地区都能使旅游业成为支柱产业。除了像三亚这种以旅游为主导产业的少数地区外，绝大多数省市县不可能以旅游业为中心，以及"产业围绕旅游转、产品围绕旅游造、结构围绕旅游调、功能围绕旅游配、民生围绕旅游兴"。

发展旅游要有一个科学的理念。任何一个旅游目的地都由两方面构成：旅游大环境（生态质量、基础与公共服务、市场秩序和居民好客度等）与旅游吸引物，两者缺一不可。大环境是基础，旅游吸引物是核心。一个以省、市、县为单位的旅游目的地不可能"全域"都是旅游吸引物，总是要有代表性的旅游景物景点，成为标志性的旅游吸引物，构成旅游核心竞争力。中外成功的旅游目的地（国家、城市、地区等）概莫能外。没有好的环境，看完景点就走人，不能留住客人，客人走了不

会再来；没有好的景区景点客人不会来，尤其不能吸引客人远道而来，两者不可偏废。世上绝大多数旅游目的地都不是"无景点旅游"，绝大多数旅游者也不会选择"无景点旅游"。景区景点旅游永远不会过时。景区景点旅游对绝大多数异地旅游者（不是本地休闲者）、绝大多数旅游目的地（不是日常的休闲地）来说，是常态的旅游方式；"无景点旅游""全域旅游"只是少数人、少数地区的非常态旅游方式。"全域休闲"可以做到，"全域旅游"很难实现。

发展旅游要有一个正确的价值导向。发展旅游首先为本地居民，同时也为外来游客提供一个宜居宜游的休闲环境，提高全民的生活品质，在此基础上促进区域生态环境质量和社会经济文化发展，这是"以人为本"发展全域旅游的根本目的。不宜以"旅游业增加值占本地 GDP 比重 15% 以上，旅游从业人数占本地就业 20% 以上，年游客接待人次达到本地人口 10 倍以上，当地农民年旅游收入占纯收入 20% 以上，旅游税收占地方财政税收 10% 左右"等系列经济指标为主要衡量标准。且不说这些指标如何统计、能否达到，如果一味追求"年游客接待人次达到本地人口 10 倍以上"，是否应当考虑会对本地居民的正常生活带来什么影响？

发展旅游要有一个精准的产业定位。一个地区能否发展旅游业，旅游业在区域国民经济中占什么地位，旅游业带动当地哪些产业及带动作用多大，取决于当地自然、历史、资源、区位、交通和产业结构等综合条件，并非所有地区都能成为主导产业、优势产业或支柱产业。各地区情千差万别，发展全域旅游必须因地制宜、适时适度，不宜在全国划定统一的达标标准。

发展旅游要有一个合理的跨区域规划。在一个市、县范围内，即使是旅游资源丰富、环境优良的市、县，在完善基础设施与旅游软硬环境基础上，不可能"全区域、全要素、全产业链发展"旅游。旅游是人们离开惯常居住地跨行政区的流动。"全域旅游区"不可能局限在一个省、市、县范围内。以县、市为主体创建"全域旅游区"本身不符合游客跨区域移动的本质特点。要求"全域旅游示范区"编制多规合一规划是对的，但仅仅编制某个县、市行政区的"全域旅游示范区"规划也不合时宜。推进旅游业发展是个分步的、永续的过程，不能急于求成，更不能毕其功于一役。这一代谋划本地旅游发展时更要为后代发展留有余地，为可持续发展留下足够的空间，更要为保护生态和人文环境划定不准开发的"红线"。编制"全域旅游"规划不能"全区域"铺开。

发展旅游要有一个可执行的产业政策。推动地方重视发展旅游业，首先要用科学的理念客观分析本地的优势与劣势、动力与制约、需要与可能，引导旅游业循序渐进、分期逐步地发展。即使是示范区的试点也要稳步推进，创造可推广的样板。"优先纳入中央和地方预算内投资支持对象，优先支持旅游基础设施建设，优先纳入旅游投资优选项目名录，优先安排旅游外交、宣传推广重点活动纳入国家旅游宣传推广重点支持范围,优先纳入国家旅游改革创新试点示范领域,优先支持 A 级景区等国家重点旅游品牌创建,优先安排旅游人才培训,优先列入国家旅游局重点联系区域",这八个优先的许诺难以兑现。如果不从地方上"借调"大量干部,"优先列入国家旅游局重点联系区域"就办不到。事实上这种"借调"已被制止。这些优惠政策无异于撒"化肥"、加"激素"揠苗助长。用这种方式调动地方积极性很可能导致盲目性。用这些优惠政策即使搞成示范区也没有示范价值和可推广性,因为不可能对全国绝大多数地区都兑现这些优惠政策。

发展旅游要有一个正确的工作路线。疆域广、人口多、地区发展不平衡、省市县情不同,是我国的基本国情。发展旅游要因地制宜不能一刀切。用"1000 分"的"标准"答案去"考核"各个地方是否达到"750 分",貌似"科学""公正",实则搞烦琐哲学,助长形式主义甚至弄虚作假。《全域旅游示范区创建的验收标准》中许多条款是"重形式而轻内容",鼓励"简单模仿""粗暴复制,低劣伪造",如"推进全域旅游改革创新的力度与效果(130 分)""对全域旅游创建和旅游发展的重视程度(130 分)";许多条款是凭主观印象打分、无客观标准可言,如"旅游安全、文明、有序和游客满意状况(120 分)"中的一些条款;核心条款"旅游业对国民经济社会发展的综合贡献(120 分)",大多数地区目前的管理水平与统计状况下无法落实与核实。就培养典型、示范引路而言,应该是地方创新、创造在前,领导部门总结、提高、推广在后。例如,农业生产承包责任制先由小岗村创造后由中央肯定、总结、推广,而不是先戴名目众多的"示范区"的帽子、编造一套繁杂而全国划一的"验收标准",让地方再按这套"验收标准"去"创建"。"从群众中来,到群众中去"这条实事求是的工作路线永远不会过时。

笔者对"全域旅游"一直持审慎的态度,主张对"全域旅游"的内涵、外延和实现方式进行充分的探讨。

退一步而言,如果使用"全域旅游"这个概念,大致内容可这样理解:具有宜居宜游的优良自然生态环境,安全、诚信、守法、亲和的社会生态环境;完善的立体化的交通网络、设施与服务,准确、即时、多功能(咨询、订购、付款、退款、投诉等)的智能化旅游信息服务;自然、文化和社会资源得到合理、适度的利用与维护,可持续地提供观光、度假和特种旅游产品,同时满足本地居民和各种游客群体的休闲需求,无论团队行还是散客行都畅通无阻。

一句话,这就是人们经常说的"旅游目的地"概念。其实,这种"旅游目的地"无须贴上花样翻新的标签。这种"旅游目的地"的形成是经济、政治、文化、社会和生态文明建设的产物,是一个渐进的、自然的、长期的发展过程,只能是"水滴石穿、水到渠成",不能靠创建、验收速成。

三、外国的案例

有一种说法,"全域旅游"是"世界旅游发展的共同规律和总体趋势,代表现代旅游发展的新方向。纵观世界著名的旅游目的地,无不是全域旅游发展的典范。瑞士、新西兰、法国、西班牙、澳大利亚等著名的旅游胜地,都是纯净的生态、优美的环境、风情浓郁的美丽小镇和乡村、高品质的旅游区、美丽风景道、特色旅游要素的集成"。①

这几个国家是不是"全域旅游发展的典范",暂且不论。但是,有三点是不应该忽略的:

(1)即便这几个国家到处都很美,但去那里旅游的人也都选最著名城镇和著名景区景点,也就是该文说的"著名的旅游胜地"。没有谁会选择一个无景点的旅游胜地,当地人的休闲会去,但外地人来旅游不会去。

(2)这几个国家的旅游GDP都没有达到全国GDP的15%以上:西班牙为12%(2010年)、瑞士为8%(2012年)、法国为7%(2012年)、澳大利亚为2.4%(2010/2011年度)、新西兰为10%(2013/2014年度);旅游就业人数也没有达到就业人口的20%以上:瑞士为10.1%、新西兰为9%、法国为10%、西班牙为16%、澳大利亚为4.5%。

(3)这几个国家在几十年前就完成了工业化和城市化,现在第三产业占国民经济的比例、第三产业就业人口占就业总数的比例、城镇人口占全国人口的比例都在七成以上,人均GDP在4万~7万美元之间。如果说它们是"全域旅游的典范",这就是它们的社会经济基础,是社会文明全面发展的成果,不是靠政府的政策、评定、创建出来的。只有在完成了工业化和城市化之后,第三产业成为国民经济的主体才能有发达的基础设施、完善的社会服务设施和法治有序的社会文明环境。

像马尔代夫这样的热带海洋岛国、人口不多的小国,旅游业对国民经济的贡献可以达到三成以上。这种例子在世界上找不到几个,是个例,不是惯例;只有特殊性,没有普遍性。即便是马尔代夫,在其202个岛屿中有97个开展了旅游,但最著名的也只有天堂岛、太阳岛等十来个。

李克强总理在今年政府工作报告中指出,"要落实带薪休假制度。加强旅游交通、景区景点、自驾车营地等设施建设,规范旅游市场秩序,迎接正在兴起的大众旅游时代",部署了目前发展旅游业的几个重点环节:基础设施建设、服务设施建设、市场秩序建设和国民休假制度建设。按照国务院的要求,聚精会神地抓住这些环节、脚踏实地地推进这几个方面工作,才是保证旅游业稳健发展的正道。

---

① 以《如何认识与理解全域旅游》为题,刊登于2016年3月28日中国旅游报。

"全域旅游"热引发对"旅游目的地"的几点思考[①]

时下,"全域旅游"已成为全国旅游界的议论热点和工作重点。2017年7月,《全域旅游示范区创建工作导则》(以下简称《导则》)明确了"全域旅游"是指"以旅游业为优势产业"的"一定区域"建成"完整旅游目的地"。

笔者认为,全域旅游之"域"是指"区域"或"地域",符合"旅游"的本质特征。旅游是人们为休闲性或事务性目的离开惯常居住地去目的地的空间上的移动,是从一个区域到另一个区域非谋生性、非常居型的移动。"旅游目的地"是一个十分宽泛的概念,至少包括三类情况:一是以某一行政区(国、省、市、县)为主体,二是以该行政区中的一部分区域为主体,三是跨行政区的某区域为主体。无论哪种情况,必须具备三个条件:一是具有很强的旅游吸引物或吸引力,二是具有完备的旅游接待设施和服务能力,三是具有良好的社会人文和自然生态环境。"完整旅游目的地"更应该具备这三方面的条件,缺一不可。

本文围绕着"旅游目的地"建设略述几点看法。

一、旅游目的地建设中旅游业与区域社会经济、文化及生态建设的关系

"全域旅游"十分重视旅游业发展与"五体""五化"建设的关系。当前我国正在实施的"五位一体"(经济、政治、文化、社会和生态文明建设)国家战略,正在进行的"五化建设"(新型城镇化、新型工业化、农业现代化、信息化、生态化),是建成"完整旅游目的地"的基础。同时,科学地发展旅游也对"五体""五化"建设有促进作用。"五体""五化"对推动旅游业发展是根本性的,旅游业发展对"五体""五化"的促进作用是辅助性的。只有极少数省、市、县可以旅游业主

[①] 2017年8月3日博客。

导"五体""五化"建设,"统领经济社会全面发展"。绝大多数省、市、县只能在"五体""五化"的过程中和基础上建成"完整旅游目的地",旅游业发展可以融入并促进城镇化、产业结构调整和现代化进程,但不可能以旅游业"统领经济社会全面发展"。

旅游业并非是"无烟工业"。发展旅游业如同发展其他产业一样,总要付出一定的代价,包括资金、资源与环境耗损。如不以科学发展观指导,不遵循自然生态规律、产业规律和经济规律盲目发展旅游业,也会对"五体""五化"带来某种负面作用。在自然风景和生态资源开发中,如盲目或过度开发导致生态环境与资源的破坏;在文化、民俗和宗教旅游发展中,如过度商业化甚至庸俗化会污染社会环境;在旅游项目开发中,如不能正确地把握市场供求关系,受政绩或利益冲动盲目建设,会导致经济损失、资源毁坏;在旅游发展全过程中,如不能妥善处理政府、企业、居民、服务者和游客等相关利益主体之间的关系,会伤害部分群体的感情和利益,引发社会问题;在出境旅游中,如不遵守目的地的法规礼仪、不尊重目的地的良序民俗,会损害国家形象,对国际人文交流产生负面影响。上述现象虽非主流,但也非个案,不能掉以轻心。

二、旅游目的地中旅游的产业定位

"全域旅游"十分重视旅游业在地区社会经济中的地位。2015年8月,《关于开展"国家全域旅游示范区"创建工作的通知》提出"以旅游业为优势主导产业";《导则》提出"旅游对当地经济和就业的综合贡献达到较高水平"。

一个地区能否发展旅游业,旅游业在区域国民经济中占什么地位,取决于当地自然、历史、资源、区位、交通和产业结构等多种因素。省情、市情、县情不同,发展旅游业的环境、条件和基础千差万别,旅游产业并非都能成为"优势主导产业"或"支柱产业"。各地区发展旅游必须因地制宜、适时适度,难以在全国划定统一的达标标准。

旅游业占地区 GDP 的份额是衡量旅游业在国民经济中的地位和作用的重要标志,但不是衡量旅游业发展水平高低的主要标志,更不是衡量国民经济发展水平高低的标志。认为"旅游 GDP"越高,旅游业水平就越高,地区经济发展就越好,地区形象越好,这是一种认识误区。一般情况下,在一、二、三产业十分发达的国家与地区,旅游业占 GDP 的比例不可能很高。如果一、二、三产业都不太发达,但旅游业占地区 GDP 比例可能会较高,说明该国该地的经济基础不大厚重,在这个基础上发展起来的旅游业基础不很稳固。

三、旅游目的地建设中旅游业与其他产业的关系

"全域旅游"十分重视产业融合。的确，旅游业从来是在产业融合中发展起来的，一部旅游业发展史就是产业融合史。对"产业融合"应作两方面理解：一方面，要充分肯定旅游业对众多相关行业、产业的拉动、融合、催化、集成作用，有个通俗的说法"旅游兴、百业旺"；另一方面，必须承认旅游业对众多相关行业、产业的依托、依存和依赖性，旅游业的发展、升级离不开各行各业的支撑、推动与配合，也可以说"百业兴、旅游旺"。

文化旅游、乡村旅游、森林旅游、水利旅游、工业旅游、研学旅游、商务旅游、购物旅游、研学旅游、康疗旅游、养老旅游等产品与业态，无一不是以文化、乡村（农业）、水利、工业、教育、商业、医疗等资源、行业和产业为基础，向旅游方面延伸、拓展、融合而成的。旅游业与它们之间你中有我、我中有你、相辅相成、有机融合，不存在谁围着谁"转"的问题。即便如此，农业旅游、乡村休闲中的主体是农业和乡村，工业旅游的主体是工业，商贸旅游的主体是商业，邮轮旅游的主体是航运业，铁路旅游的主体是铁道业，康疗旅游的主体是卫生保健业等，这些产业依然存在、不可能被"旅游化"。

在某个以行政区为主体的旅游目的地（省、市、区）内，并非所有产业都与旅游业有关。哪些产业与旅游业有关、关联度多大，是直接关联还是间接关联，应具体分析、分别对待。旅游对于相关产业的拉动作用也应具体分析。这方面在各国、各地研究旅游卫星账户时进行了细致地调研，多项研究成果表明旅游业对众多行业有广泛的拉动性和依存性，但并非"全业化"的拉动。

四、旅游目的地建设中核心吸引物与社会大环境建设的关系

"全域旅游"十分重视"从景区景点旅游向全域旅游转变"。在地域空间与时间空间上各种旅游要素、功能和项目等生产力要素如何布局及其与区域整体发展的关系，历来是旅游目的地建设与发展的基本课题。

旅游者总是为了特定的目的，尤其是休闲性游客总是选择一个特定的目标物去选择目的地的。旅游供求的这个基本法则决定了任何一个旅游目的地都由两方面构成：旅游吸引物与（通常称为"景区景点"）旅游大环境（自然生态环境、基础与公共服务设施、市场秩序和居民好客度等社会人文环境），两者缺一不可。大环境是基础，旅游吸引物是核心。一个以省、市、县为单位的旅游目的地不可能"全域"都是旅游吸引物，总是要有一个或几个代表性的景区景点，成为标志性的旅游吸引物，构成旅游目的地的核心竞争力。旅游综合竞争力则是两者的结合。

处理好旅游过程中的点线面关系，以"人无我有"或"人有我优"的景区景点为核心吸引物，串联起若干吸引地或停留地，形成点、线、面联结的旅游网络，永远是旅游目的地建设的关键。聚精会神地建设好一个或几个优秀的景区景点，重点完善从客源地到目的地旅游线上的交通、信息、住食购娱和环卫（厕在其中）安全设施与服务，是事半功倍的旅游业发展之道。

"景区景点"是一个内涵与外延不断延伸的概念，其核心吸引物也在不断丰富、扩大，除观光游览外，具有休闲度假、医疗美容、康体养身、科考研学等价值和功能的地方、场所都可以泛称或在游人的心目认为是"景区景点"。

绝大多数异地旅游者，不会选择"无景点"的旅游目的地，景点旅游是常态。本地居民只要求有良好的休闲环境与完善的休闲设施，"无景点休闲"是常态。就休闲的供需而言，"全域休闲""全民休闲""全时休闲"可以实现；但就旅游的供需而言，"全域旅游""全民旅游""全时旅游"在大多数地区难以做到。

五、旅游目的地建设中政府引导与市场推动的关系

目前的"全域旅游"建设在"党政统筹"下全面展开。在旅游目的地中，旅游的公共服务设施是城乡基础与公共服务设施的延伸，良好的旅游市场秩序和好客温馨的社会环境是社会、文化与生态环境的一部分。旅游目的地建设是一项系统的社会工程，必须在政府的规划、指导和管制下进行。

同时，旅游经济本质上是市场经济，游客对目的地和旅游产品的选择是一种自发的市场行为，旅游服务本质上是供需双方的市场交易。目的地的行、游、住、食、购、娱等服务要素供给由相关企业按市场需求配置和营运。市场需求推动市场供给、市场供给引导市场需求，旅游经济历来是按照市场经济规律运行的。

发达国家的旅游业大多是在市场经济的基础上，在居民的旅游需求推动下自然发展起来的，政府按照市场的走势采取适当的政策、制定市场法规、依法监管市场秩序。在发展中国家和地区，为了发展经济、赚取外汇、增加就业，往往由政府首先决策，开放市场（往往对外国人）、投资建设基础与公共服务设施和鼓励企业投资经营性项目，自上而下地推动旅游业发展。上述两种发展模式虽然途径不同，但殊途同归，都是政府的政策导向与企业的市场运行相结合。

在发展中国家和地区，发展旅游业的第一推动力往往来自政府，但旅游业能否持续发展，主要靠以企业为主体的市场营运，犹如开车首先要司机踩油门启动，但之后汽车能否持续运行靠引擎是否强劲有力、持续运转。这里的关键是政府的政策、举措包括投资建设是否符合当时当地市场供求形势。合则会推动旅游业发展，不合则浪费人力财力、毁损旅游资源和生态环境。政府可以一时主导市场，但不能

改变市场的供求铁则。

疆域广、人口多、地区发展不平衡、各省市县情不同,是我国的基本国情。发展旅游更要因地、因时制宜。发展"全域旅游"的典型应该是地方创新、创造在前,政府部门总结、提高、推广在后,而不是先订标准让各地照这些标准去执行。旅游目的地建设不宜套用工业经济"标准化"批量生产与计划经济政府配置资源的思维方式与工作方式。

旅游目的地是国内外旅游界常用的一个概念,"全域旅游"是一个全新的概念,旅游界对它的本义、内涵有不同的看法。"全域旅游"的开展为拓展和深化对旅游目的地的研究,提供了新的但无成熟的案例,因此不能取代对旅游目的地的研究与建设。

2018年：全域旅游政策与验收标准的新定位[①]

2015年8月25日，国家旅游局发出《关于开展"国家全域旅游示范区"创建工作的通知》（简称《工作通知》），2016年2月5日，国家旅游局发出《关于公布首批创建"国家全域旅游示范区"名单的通知》（简称《名单通知》）。2018年3月，国务院办公厅发出《关于促进全域旅游发展的指导意见》（简称《指导意见》）。

笔者仔细研读了《指导意见》与两个《通知》，虽然都称为"全域旅游"，但内涵方面认为至少有以下几点差别。

一、全域旅游的产业地位与作用

《工作通知》：创建全域旅游示范区是"实现旅游业与其他行业产业的深度融合，积极构建'产业围绕旅游转、产品围绕旅游造、结构围绕旅游调、功能围绕旅游配、民生围绕旅游兴'全域旅游发展格局""在一定的行政区域内，以旅游业为优势主导产业，实现区域资源有机整合、产业深度融合发展和全社会共同参与，通过旅游业带动乃至于统领经济社会全面发展的一种新的区域旅游发展理念和模式"。

《指导意见》："本办法所指的示范区是指将一定行政区划作为完整旅游目的地，以旅游业为优势产业，统一规划布局，创新体制机制，优化公共服务，推进融合发展，提升服务品质，实施整体营销，具有较强示范作用，发展经验具备复制推广价值，且经文化和旅游部认定的区域""把促进全域旅游发展作为推动经济社会发展的重要抓手"。

原提5个"围绕旅游转"的"主导产业"，现为"优势产业"，比较稳妥；原提"新的区域旅游发展理念和模式"，现为"把促进全域旅游发展作为推动经济社会发展的重要抓手"，比较务实。原来的"统领经济社会全面发展"的"新的区域旅游发展理念和模式"不提了，改为"具有较强示范作用，发展经验具备复制推广

[①] 2018年3月5日和19日博客。

价值"，比较讲分寸。

二、考核指标

《工作通知》全域旅游示范区主要考核指标：①旅游业增加值占本地GDP比重15%以上；②旅游从业人数占本地就业总数的比重20%以上；③年游客接待人次达到本地常住人口数量10倍以上；④当地农民年纯收入20%以上来源于旅游收入；⑤旅游税收占地方财政税收10%左右；⑥区域内有明确的主打产品，丰度高、覆盖度广。

在505个试点的省、市、县中，有几个能达到这几个数字指标？前面五项指标是典型的速度增长型模式，是旅游经济工作中的唯GDP导向。如果要达到前五项指标，地方上只能报虚假统计数字，实现"数字达标"。

《指导意见》没有一个字提到示范区旅游业发展的数量指标，比较符合新阶段质量优先的发展理念。

三、优惠政策

《名单通知》："凡列入国家全域旅游示范区名录的，将优先纳入中央和地方预算内投资支持对象，优先支持旅游基础设施建设，优先纳入旅游投资优选项目名录，优先安排旅游外交、宣传推广重点活动纳入国家旅游宣传推广重点支持范围，优先纳入国家旅游改革创新试点示范领域，优先支持A级景区等国家重点旅游品牌创建，优先安排旅游人才培训，优先列入国家旅游局重点联系区域。"

八个优先不切实际，也是空头支票；即使靠八个优先搞起来的示范区，"吃小灶""打激素"，有典型意义吗？有可推广性吗？

《指导意见》："加大财政金融支持力度，强化旅游用地用海保障，加强旅游人才保障，加强旅游专业支持。"可见，坚持问题导向，从资金、土地、人才、专业四个方面支持全域旅游发展，针对性明确。

四、产业协调机制与执法模式

《名单通知》："率先实施'1+3'旅游综合管理和综合执法模式"。就是说，要拿到"全域旅游示范区"的牌子，必须增加编制、扩大权力，把"旅游局"改名为"旅游委"，还必须建立旅游巡回法庭、旅游警察、旅游工商机构。

《指导意见》："推进旅游管理体制改革，加强旅游业发展统筹协调和部门联动""创新旅游协调参与机制。强化全域旅游组织领导，加强部门联动，建立健全旅游联席会议……加强旅游综合执法。建立健全旅游部门与相关部门联合执法机制，强化涉旅领域执法检查。加强旅游执法领域行政执法与刑事执法衔接，促进旅游部门与有关监管部门协调配合，形成工作合力。"

不再提原国家旅游局力推的"1+3"模式，以什么机构和方式实现产业协调应该由各地自主探索，不能以创建名义要求各地照搬。某个地方可行的方式不一定适合全国。明确旅游部门与相关部门协调配合、联合执法，不再提旅游巡回法庭、旅游警察、旅游工商机构。

五、验收标准

《验收标准（试行）》规定基本项目总分1000分，创新项目加分200分，共计1200分。通过省级文化和旅游行政部门初审验收的最低得分为1000分。

《验收标准（试行）》八个方面没有一项定量指标，全部是描述性的定性指标。要从1200分中取得1000分，这不是对试点单位的考核，更是对主管部门领导和评审专家的眼光、专业和良心的考试。999分与1000分的区别如何把握？用烦琐的分数线去评判旅游目的地的品质，去评判够不够示范区标准，是个超级难题。

如：《验收标准（试行）》有一条"产业定位：旅游业被确立为主导产业"。试问，什么是"主导产业"？有什么标准吗？谁来"确立主导产业"？是政府文件、官员讲话、规模文本来"确立"吗？全国有几个省、市、县能达到这个标准？

再如，《验收标准（试行）》有一条"品牌影响：实施品牌营销战略，品牌体系完整，形象清晰，知名度和美誉度高"。试问，什么是品牌？有什么标准？由谁来评判？这60分凭什么打？

《验收标准（试行）》提出体制机制、政策保障、公共服务、供给体系、秩序与安全、资源与环境、品牌影响、创新示范八个方面，是政府主导型发展模式下对旅游目的地建设经验的总结，主要是给地方政府看的，不妨称之为"旅游目的地建设指南"。

总之，国务院办公厅的《指导意见》删去了国家旅游局两个《通知》中不切实际的全域旅游示范区的原来标准，但《验收标准（试行）》烦琐的评分规定，有待在实施过程中修改完善，使之具有切实的可操作性。

第三篇　旅游统计

一个科学规范的旅游及相关产业的
国家统计标准体系[①]

近日,国家统计局发布了《国家旅游及相关产业统计分类(2015)》(以下简称《统计分类》),在我国国民经济统计体系中增加了旅游产业及相关产业的专项统计,也为旅游产业出台了第一个统计规范与标准,为较为准确地理解并测算旅游产业的经济规模及其对国民经济发展的贡献,提供了一个统一的核算体系。

《统计分类》以《国务院关于促进旅游业改革发展的若干意见》为指导,确定了旅游及相关产业的基本范围,并对"旅游"与"游客"的概念作了明确的界定。"旅游"是指"游客的活动,即游客的出行、住宿、餐饮、游览、购物、娱乐等活动",从而界定了"旅游"活动的基本要素是行、住、食、游、购、娱六个要素及其序列。

20世纪80年代后期,我国旅游界通常用"交通、游览、住宿、餐饮、购物"表述旅游消费的要素,到90年代初,在五要素之后,又加了"娱乐",成了六要素,简化为"行、游、住、食、购、娱"六个字,并广为流行起来。1990年,时任国家旅游事业委员会主任的吴学谦副总理在《努力发展中国的旅游事业》一文中写道:"通过十年的艰苦奋斗,我国已形成了交通、游览、住宿、餐饮、购物和娱乐六大要素初步配套的旅游生产力体系。"同年国家旅游局局长刘毅在《树立信念,重振旅游》一文中也写道:"旅游经济运行包括行、游、住、食、购、娱六大要素,涉及国民经济的几十个部门,需要各部门的支持;而旅游的消费,也会促进相关部门的发展。"

《统计分类》对旅游活动要素的界定是我国旅游实践经验的总结,使旅游统计体系具有鲜明的独特的中国元素,在国际旅游界包括世界旅游组织的文件中并没有此种表述。同时笔者认为,《统计分类》的这个表述,也是对目前旅游界中流行的

[①] 刊登于2015年9月11日中国旅游报。

"吃、住、行、游、购、娱"中把"吃"列于首位的不恰当表述的一种纠正。旅游是人流在目的地的空间移动,因而"行"为前提;"游"是出行的主要目的,游人在目的地活动,必须有"住"、有"食";"购"与"娱"是旅游的必要的配套,构成了旅游消费的六个基本环节。

《统计分类》还对"游客"作了明确界定:指"以游览观光、休闲娱乐、探亲访友、文化体育、健康医疗、短期教育(培训)、宗教朝拜,或因公务、商务等为目的,前往惯常环境以外,出行持续时间不足一年的出行者"。这个表述把观光、度假、娱乐、康体等休闲性旅游者与商务、会展、探亲与宗教朝觐等事务性旅行者都包含在游客(旅游者)之内,符合国际旅游界对"游客(旅游者)"的界定。

世界旅游组织编制的《国际旅游统计建议》中,游客"旅行目的"的范围中包括"休闲、娱乐、度假、医疗、健康、探亲访友、宗教/朝拜、商务及专业等其他活动",并指出"旅行者是指任何一个在两地间旅行的人。而游客的定义要更严格。游客指任何一个到其惯常环境以外的地方去旅行,连续活动不超过12个月,并且其旅行的主要目的不是通过所从事的活动从访问地获取报酬的人"。

由此可见,《统计分类》对"旅游"和"游客"的界定是基本与国际接轨的,并且对我国《旅游法》中关于"游览、度假、休闲等形式的旅游活动"表述作了重要补充。对"旅游"与"游客"的界定是旅游分类和统计的前提,《统计分类》的上述表述为旅游业的全面发展与科学统计奠定了理念基础。

旅游业与国民经济的众多产业具有千丝万缕的联系,是一个关联度大、辐射面宽、依托性强的综合性产业。旅游服务行业和与该行业直接、间接相关的行业及部门共同构成的旅游产业,是由众多行业链组成的一个产业集合体。《统计分类》分为"旅游业"和"旅游相关产业"两大部分。"旅游业是指直接为游客提供出行、住宿、餐饮、游览、购物、娱乐等服务活动的集合;旅游相关产业是指为游客出行提供旅游辅助服务和政府旅游管理服务等活动的集合",两个"集合"的衔接、配套才能保障旅游活动的正常开展与旅游业的有序运行,体现了旅游企事业单位与行政管理部门在旅游服务业中各自的功能及互动协调的机理。

《国民经济行业分类》是我国国民经济行业统计的基本体系,是各行各业统一遵循的统计规范。《旅游统计分类》以《国民经济行业分类》为基础,并对《国民经济行业分类》中涉及旅游及相关的产业与部门进行分类组合,把旅游统计内容放在整个国民经济行业的统计分类之中,而不是另起炉灶,保证了旅游统计的规范性与可操作性。笔者作为一个旅游研究者,赞成这个《统计分类》。

《统计分类》将旅游及相关产业划分为三个层次:第一层为大类,共11个,表示旅游业和旅游相关产业,其中"旅游业"分为旅游出行、旅游住宿、旅游餐饮、旅游游览、旅游购物、旅游娱乐和旅游综合服务,"旅游相关产业"分为"旅游辅助服务、政府旅游管理服务"。第二层为中类，共27项，是对第一层大类中各项的细分。第三层为小类，是对第二层中类各项的细分，共67个小类，并与《国民经济行业分类》的行业代码一一对应。这种分类包括了直接为旅游服务的基本行业与支撑旅游服务的相关产业，基本上与人们常说的"旅游行业"（俗称"小旅游"）与"旅游产业"（俗称"大旅游"）相对应，从统计层面对旅游与旅游业的内涵与外延进行了界定，有助于统一对旅游产业的认识，也明确了旅游统计的范围。

《统计分类》体现了与时俱进的精神，在对旅游行业的细分中，加入了近些年旅游活动的新方式和旅游产品的新形态。如"通用航空旅游服务"中包括了"空中旅游观光、游览飞行等航空服务"；"旅游交通设备租赁"中包括了"各类轿车、旅游客车、旅行车、活动住房车等旅游用车的租赁，以及旅游船舶、飞行器的租赁"；"旅游住宿"中包括了"家庭旅馆（农家旅舍）、车船住宿、露营地、房车场地、旅居全挂车营地等住宿服务"；"旅游出行工具及燃料购物"中包括了"为游客购买用于旅游活动的自驾车、摩托车、自驾游用燃料、零配件等提供的零售服务"；"旅游综合服务"包括了"旅游电子平台服务"；"旅游金融服务"包括了旅游保险、旅游消费信贷、与旅游相关的外汇服务等。这些在我国都属首次。

作为首个旅游统计分类标准，也有若干有待商讨与补充的地方。如对"游客"的定义中未列入"旅行的主要目的不是通过所从事的活动从访问地获取报酬"的限定，容易导致"游客"概念的泛众化，误把企业出差、经商、外出劳务等人员也列入"游客"之列。在世界旅游组织的旅游统计标准中，把"因工作或学习在两地有规律往返的人"排除在游客之外。旅游智力的软服务功能将越来越重要，但《统计分类》未把旅游研究、规划、咨询和媒体等智力服务列入"旅游辅助服务"。这些可以在今后的使用中逐步完善。

《统计分类》主要界定旅游业及直接相关产业的范围，是旅游产业的核心组成部分，能衡量旅游产业对国民经济的直接贡献。旅游产业对国民经济的间接贡献，即支撑旅游产业的行业并没有包括在内，如旅游餐饮食材的生产、旅游装备和用品的生产等二、三产业部门。这需要通过建立国际上通行的旅游卫星账户，全面反映旅游产业对国民经济的直接和间接的全部贡献，需要在实施过程中逐步补充和完善。

在改革开放大浪中勃然兴起的旅游业如今已成为事关国计民生的新兴产业和战略产业。全面、准确地反映旅游业在国民经济和社会发展中的重要地位，要求建立科学、规范、统一的旅游及相关产业统计体系。《统计分类》应运而生，旅游业界应该学好、用好它，杜绝"拍脑袋"编造统计数字。

本人在2000年受国家旅游局之邀主持撰写《中国旅游产业发展研究报告》，是《中国旅游发展十五发展规划纲要》的五个专题之一。在该《报告》中，根据1992

旅坛思辨录

年国家计委和国家统计局认定的《中国行业代码表》，对旅游产业的内涵和外延进行界定，提出旅游服务行业本身涵盖14个第三产业行业，还有37个行业与旅游产业直接相关，25个行业与旅游产业间接相关。与旅游服务业直接、间接相关的行业和部门共有76个，其中5个属于第一产业，30个属于第二产业，41个属于第三产业。该报告的结论是：

> 旅游服务行业和与该行业直接、间接相关的行业及部门共同构成的旅游产业，即人们经常所说的"大产业"，它是由众多行业链（或行业群）组成的产业集合体，由行、游、住、食、购、娱等组成的旅游服务业是该产业的核心。
>
> 旅游业与国民经济的众多产业具有千丝万缕的联系，是一个关联度大、辐射面宽、依托性强的综合性产业。它的发展依托于国民经济的总体发展，有赖于各行业、各部门的支撑，同时又能促进众多行业的发展，不同程度地拉动一、二、三产业的增长，从而成为国民经济的一个强有力的增长点。[①]

这个《报告》距今已有十多年。如今旅游业的具体行业拓展了许多，如网络业、咨询业、教育培训业等，但是它的基本内容今日仍然如此。国家统计局的这个报告本人双手赞成，并期待它在实施中进一步完善。

---

① 《旅游忧思录》上卷，第5~11页。

如何改进全国旅游统计工作？[①]

2019年10月25日至11月5日，国家统计局第11统计督察组对文化和旅游部防范和惩治统计造假、弄虚作假情况开展统计督察。督察意见报经党中央、国务院同意后，督察组于2020年5月14日向文化和旅游部进行了反馈。督察肯定文化和旅游部"积极探索旅游统计新领域，不断完善文化统计体系，为组织实施国家统计调查提供必要条件，有效保障了文化和旅游统计工作的顺利开展"，同时认为"部门统计法定职责履行不够到位、防范和惩治统计造假弄虚作假责任压得不够严实、统计数据质量有待进一步提高"，建议"进一步建立健全防范和惩治统计造假、弄虚作假责任制和问责制，筑牢不敢不能不想造假的防线""进一步加强对统计数据全流程管理，切实提高文化和旅游统计数据质量""积极督导各地文旅部门配合做好统计督察中发现的统计违纪违法问题的查处"。雒树刚部长表示，"文化和旅游部高度重视督察组的反馈意见，对督察反馈的情况和问题，诚恳接受、照单全收""坚决扛起防范和惩治统计造假、弄虚作假的政治责任，从此次督察过程中发现的问题入手，由浅入深、由表及里、举一反三，针对问题和薄弱环节一一列出清单、建立台账，以有力措施和严格标准抓好整改落实，确保问题整改工作事事有回音、件件有落实，取得实实在在的整改成效"。

统计督察组对文化和旅游统计工作既肯定又建议，文旅部长表态既恳切又坚决，大家都期待"有关整改情况应在3个月内向国家统计局反馈，并按照有关规定向社会公开"。

本人持续关心旅游统计工作有十多年时间，从2008年发表《关于调整三大旅游市场统计框架的探讨》，到2019年在博客上发表《两份旅游产业统计报告数据不一说明什么》《可否协调文化产业与旅游产业的统计口径》《各省GDP要统一核算，旅游业统计怎么办》《区分两类不同性质的出入境旅游，着力拓展国际入境旅游》《2018年旅游统计数据的九点辨析》等文章，几乎每年都对国家旅游统计报告发出

[①] 2020年5月24日博客。

评论、提出建议。

笔者认为，改进旅游统计大致涉及以下三个方面：

一、规范旅游客源市场统计口径与数据

（1）国内市场统计标准与数据。主要是一日游的标准。一日游是否属于旅游，与此有关的国内旅游的游客人数、游客消费和国内旅游收入数据如何提取、核对以及国家旅游统计如何与地方统计相衔接等。

（2）入境市场统计标准与数据。主要是港澳台市场与外国人市场（国际市场）要不要分别统计？港澳台入境统计要不要把一日游与过夜游人次分开统计？要不要把其中的观光游客与事务旅客分开统计？外国入境市场中也有这些问题。

（3）出境市场统计标准与数据。主要是去港澳台游客与去外国游客要不要分别统计？赴港澳台游客与赴外国的游客中要不要把"游览者"旅游与事务者旅行分开统计？赴港澳台游客中要不要把一日往返者与过夜者分开统计？

（4）入出境旅游的收支与贸易差额问题。两岸四地之间的旅游收支要不要同外国游客入境旅游与内地/大陆游客出国旅游的收支分开统计？入境旅游中要不要外国入境游客的支出与港澳台入境游客的支出分开统计？内地/大陆出境旅游中要不要把赴港澳台旅游支出与赴外国旅游支出分开统计？出入境旅游贸易额中要不要分别计算国际旅游的贸易收支、内地（大陆）与香港、澳门、台湾的出入境旅游收支？国际旅游的贸易收支是顺差还是逆差？内地与香港及澳门、大陆与台湾的出入境旅游收支是顺差还是逆差？

（5）文化和旅游部能否与国家统计局协调出入境旅游收支与旅行收支的数据？

（6）文化和旅游部能否与公安部出入境管理局协调出入境旅客的数据与出入境人员的数据？

（7）文化和旅游部能否与商务部协调出入境旅游与旅行的统计数据、观光休闲旅游与商务会展旅行的数据？

（8）文化和旅游部能否与世界旅游组织协调中国出入境旅游人数与收支的数据？其中可否分别中国与外国出入境旅游的人数与收支数据、中国内地（大陆）与港澳台地区旅游的人数与收支数据？

二、规范旅游产业增加值和综合贡献的统计口径与数据

（1）能否结束国家旅游局与国家统计局分别发布年度旅游产业综合贡献与增加值的统计结果，文化和旅游部与国家统计局统一公布年度旅游产业增加值和综合贡

献的统计数据？

（2）中国年度出入境旅游人数、收支及旅游产业增加值和综合贡献数据中能否与世界旅游组织（UNWTO）及世界旅行与旅游理事会（WTTC）公布的标准与数据协调一致？

（3）如何统一规范省、自治区和直辖市的旅游统计数据，使之与全国的旅游统计数据相协调一致，解决长期存在的各省区市的旅游人次和收入之和远高于全国统计数据的问题？

三、规范旅游行业统计标准和数据

（1）景区业。目前文化和旅游部门只有 A 级景区的统计，非 A 级景区未列入统计范围。按《旅游区（点）质量等级的划分与评定》《旅游度假区等级划分》《全国农业旅游示范点》《全国工业旅游示范点》等标准，景区类型多、数量多，统计内容不确定、不统一。

（2）旅游住宿业。目前文化和旅游部门主管的只有星级饭店统计，众多的非星级饭店，如经济型饭店、度假地、民宿等未纳入统计，没有建立统一的旅游住宿统计体系。

（3）旅行社业。目前只有文化和旅游部门主管的传统线下旅行社统计标准和数据，没有新起的线上旅行旅游服务商的统计标准和数据。

（4）旅游商业。目前没有旅游主管部门管理的旅游免税店的统一统计标准和数据，更没有一般的旅游商店的统计标准和数据。

（5）旅游演艺业。目前文化和旅游部统计公报中只有"各级文化和旅游部门所属艺术表演场馆、全年共举行艺术演出场次、艺术演出观众人次"的简要统计数据，没有旅游演艺场馆、演出场次、演艺人员和观众等统计标准和数据。

（6）旅游就业人口。目前只有全国"旅游直接就业""旅游直接和间接就业""占全国就业总人口的百分比"数据，没有主要行业旅游就业的细分数据。

在"数字经济"新条件、"文化和旅游高质量融合发展"的新形势下，旅游统计该包括哪些内容，建立什么样的标准体系与统计手段及方法？在文化和旅游部统一主管文化业和旅游业的情况下如何解决文化和旅游统计的关系？这是有待文化和旅游界解决的问题。

文化产业与旅游产业统计"两本账"如何统筹[①]

2019年1月18日,国家统计局发布了2017年全国旅游及相关产业增加值核算报告,其结果与原国家旅游局同年中国旅游业统计公报中的提法和数据不尽相同。两个政府主管部门为何对同一个产业增加值有不同的统计数据?在文化和旅游部组建后,文化产业与旅游产业的统计与增加值核算如何开展?

本文就此略述管见如下。

一、国家统计局:2017年全国旅游及相关产业增加值占GDP的4.53%

国家统计局认定,2017年全国旅游及相关产业增加值为37 210亿元,比上年增长12.8%,比同期GDP增速高1.9个百分点,占GDP的比重为4.53%,比上年提高0.08个百分点。

国家统计局编制的《国家旅游及相关产业统计分类》(2015制定、2018年3月修订)把"旅游及相关产业"定义为"旅游业和旅游相关产业两大部分。旅游业是指直接为游客提供出行、住宿、餐饮、游览、购物、娱乐等服务活动的集合;旅游相关产业是指为游客出行提供旅游辅助服务和政府旅游管理服务等活动的集合",这个定义与旅游界长期形成共识的"行游住食购娱"六要素相吻合,而没有采纳近年来出现的新"要素"之说。

与《国民经济行业分类》相对应,《国家旅游及相关产业统计分类》将旅游及相关产业划分为三个层次:第一层共11个大类,第二个层为27个中类,第三层为67个小类,共涉及105个大小行业,显示出旅游业是一个涉及面广、依托性强、辐射力大的综合性产业的特点。

国家统计局关于2017年旅游及相关产业增加值数据的结构如下:

[①] 2019年1月20日博客。

2017 年全国旅游及相关产业增加值

行业名称	增加值（亿元）	构成（%）	增速（%）
旅游及相关产业	37 210	100.0	12.8
（一）旅游业	34 290	92.2	13.0
1. 旅游出行	10 293	27.7	15.3
2. 旅游住宿	2973	8.0	8.9
3. 旅游餐饮	5154	13.8	15.1
4. 旅游游览	1943	5.2	11.2
5. 旅游购物	11 918	32.0	11.2
6. 旅游娱乐	1510	4.1	17.2
7. 旅游综合服务	498	1.3	11.9
（二）旅游相关产业	2920	7.8	10.4

这份核算报告显示：

（1）2017 年全国旅游及相关产业增加值增速比同期 GDP 高出 1.9 个百分点，显示旅游产业的活力及其对国民经济发展的推动作用。

（2）2017 年旅游及相关产业增加值占 GDP 4.53%，比上年提高 0.08 个百分点，显示出旅游产业在国民经济中的地位略有提升。

（3）旅游产业的结构及其比例表明，旅游出行、购物、餐饮和住宿业的增加值占 81.5%，构成旅游产业的四大支柱。其中，旅游出行、餐饮和娱乐行业增加值的增速高于旅游产业平均增速，旅游住宿业的增加值增速最低。

二、国家旅游局：2017 年旅游业的综合贡献占 GDP 总量的 11.04%

2018 年 12 月 28 日，《2017 年中国旅游业统计公报》载："全年实现旅游业总收入 5.40 万亿元，同比增长 15.1%。全年全国旅游业对 GDP 的综合贡献为 9.13 万亿元，占 GDP 总量的 11.04%。"

2015 年以前，在国家旅游局历年发布的《中国旅游业统计公报》中，主要是入境旅游、国内旅游和出境旅游的人次数和旅游总收入数据，并无旅游产业增加值及其占 GDP 比例的数据。2015 年以后，国家旅游局有关领导认为："关于中国旅游对国民经济的贡献，按照国家统计局给出的数字只有百分之四点多，不到百分之五。但世界旅行与旅游理事会（WTTC）给出的数据超过 10%。国际水平是 10% 左右，中国作为世界第二大经济体，难道连平均水平也达不到吗？"于是，2015 年 12 月 21 日发布的《2014 年中国旅游业统计公报》新增了"旅游业对 GDP 的综合贡献"

等数据,首次提出:全年全国旅游业对 GDP 的综合贡献为 6.61 万亿元,占 GDP 总量(63.6 万亿元)的 10.39%。

按国家旅游数据中心的解释,综合贡献由直接贡献、间接贡献和引致贡献三个部分组成。综合贡献指"反映旅游业最终需求及旅游业对国家经济社会发展的综合影响核算"。其中,直接贡献通过 WTTC 制订的《旅游卫星账户》(*Tourism Satellite Account*,TSA)测算法得出,并加上"政府集体旅游消费";间接贡献指"为了保证旅游活动正常开展,一定时期内旅游特定和相关产业关联的全部上游产业产生的增加值、资本形成(含固定资产投资和存货增加)和净出口的总额",包括政府旅游转移支付、酒店投资和客机采购等;引致贡献指"与经济学中的乘数效应相类似,指旅游直接与间接从业者的收入扣除储蓄后的消费,接受消费基金者进一步扣除储蓄后的消费,如此经过多轮消费带动的产业增加值总额"。

可见,国家旅游局是以由世界旅行与旅游理事会编制、经联合国统计署批准并被世界旅游组织采纳的《2008 年国际旅游统计建议》为核算基础的,其要点是从需求与供给两个角度搭建旅游统计框架,作为统计旅游业及其经济贡献的基础。旅游需求包括入境旅游、国内旅游及出境旅游等旅游花费;旅游供给包括旅游产业与旅游产出与旅游就业人数。世界旅行与旅游理事会每年以此为据发布全球及各国旅游业对 GDP 的贡献率。2018 年 3 月,世界旅行与旅游理事会发布的《全球旅游经济影响研究》报告指出,2017 年旅游业对中国经济的总贡献额为 9.12 万亿元人民币(1.3490 万亿美元),总贡献率约为 11%。

2018 年 12 月,《2017 年中国旅游业统计公报》载:"全年全国旅游业对 GDP 的综合贡献为 9.13 万亿元,占 GDP 总量的 11.04%。"可见,《中国旅游业统计公报》的数据与 WTTC 的数据完全一样,换言之,两家用的是同一个核算标准,或者说 WTTC 采用了《中国旅游业统计公报》的数据。

三、国家旅游局与国家统计局两种核算方法的比较

通常核算国内生产总值及各产业部门增加值有三种方法,即生产法、收入法和支出法。三种方法分别从不同的角度反映国民经济生产活动成果,其计算公式分别如下:

生产法:增加值 = 总产出 − 中间投入;
收入法:增加值 = 劳动者报酬 + 生产税净额 + 固定资产折旧 + 营业盈余;
支出法:国内生产总值 = 最终消费 + 资本形成总额 + 净出口(出口 − 进口)。

从理论上讲,以上三种计算方法所得到的结果应该是一致的。但是在实际计算中,由于受资料来源的口径范围和计算方法的影响,会有一定的统计误差。目前,

通常是三种方法互相验证，以将统计误差控制在一定范围内。

国家统计局与国家旅游局两家的核算体系都是用投入法减去产出法测算的，两家都参考、借鉴了《2008年国际旅游统计建议》。

国家统计局在《国家旅游及相关产业统计分类》中说明，以国务院有关文件为指导，以《国民经济行业分类》为基础，以国际标准为参考，"本分类参考借鉴了世界旅游组织和联合国编制的《2008年国际旅游统计建议》中对旅游产业的有关定义和分类"。由此可见，国家统计局已经参考了《2008年国际旅游统计建议》中对旅游产业的有关定义和分类。国家统计局的核算报告还特地说明，"旅游及相关产业增加值核算采用两级核算分类。第一级分类按照活动特点分为旅游农业和渔业、旅游零售业、旅游交通运输业、旅游住宿和餐饮业、旅游金融业和其他旅游服务业六大类。第二级分类是在第一级分类的基础上，按照国民经济行业分类进行重新组合，包括85个行业小类"，核算数据"来源于国民经济核算数据和旅游及相关产业消费结构调查数据等资料"。

国家旅游局《2014年中国旅游业统计公报》的"附注"特地说明："关于旅游业对GDP的综合贡献。根据联合国世界旅游组织《2008年旅游附属账户：建议的方法框架》，以既有的国际国内游客抽样调查数据为基础，结合投入产出法，核算新增了2014年全国旅游业对GDP的综合贡献"。

由此可见，国家旅游局与国家统计局两种核算方法的基本原则与内容是相同的，因而两家在2015年的旅游及相关产业的增加值数据十分接近。国家统计局的数据是旅游及相关产业增加值为30 017亿元，占GDP的比重为4.36%；国家旅游局的数据是全旅游业对GDP的直接贡献为3.32万亿元，占GDP总量比重为4.9%。这里，国家旅游局用的"直接贡献"其实就是国家统计局的"增加值"，两者基本上是相近的。

这一点可以从游客花费结构与旅游及相关产业增加值结构数据的相似性加以印证。中国旅游研究院《中国国内旅游发展年度报告2018》载：2017年居民国内旅游花费中，交通、住宿、餐饮和购物花费合计为91.6%（城镇居民）、91.9%（农村居民），景区游览花费为6%。这些旅游花费数据与国家统计局核算报告的产业增加值结构大体上相对应，可以互相参印。

2017年旅游产业结构与旅游花费结构表

国家统计局旅游及相关产业增加值结构（%）		中国旅游研究院城镇居民出游花费结构（%）		中国旅游研究院农村居民出游花费结构（%）	
出行服务	27.7	交通费	34.3	交通费	31.6
旅游住宿	8.0	住宿费	17.7	住宿费	13.0

续表

国家统计局旅游及相关产业增加值结构（%）		中国旅游研究院城镇居民出游花费结构（%）		中国旅游研究院农村居民出游花费结构（%）	
餐饮服务	13.8	餐饮费	26.0	餐饮费	27.2
旅游游览	5.2	景区游览费	6.1	景区游览费	6.4
旅游购物	32.0	购物费	12.3	购物费	16.8
旅游娱乐	4.1	—	—	—	—
综合服务	1.3	—	—	—	—
相关产业	7.8	其他花费	3.5	其他花费	—
合　计	100.0		100.0		100.0

旅游及相关产业增加值结构数据来源：国家统计局 2017 年全国旅游及相关产业增加值核算报告。

城镇和农村居民出游花费结构数据来源：中国旅游研究院《中国国内旅游发展年度报告 2018》，旅游教育出版社 2018 年版，第 35~39 页。

两家统计报告不同的是，国家统计局从 2014 年起发布的数据为：2014 年旅游产业及相关产业增加值为 27 524 亿元，占 GDP 比重为 4.33%；2015 年增加值为 30 017 亿元，占 GDP 的比重为 4.36%；2016 年增加值为 32 979 亿元，占 GDP 的比重为 4.44%；2017 年增加值为 37 210 亿元，占 GDP 的比重为 4.53%，保持了统计内容的连续性。

国家旅游局从 2014 年起，只有 2015 年发布了旅游业对 GDP 的直接贡献及其占 GDP 比重的数据，而 2014、2016、2017 年只发布旅游业综合贡献及其占 GDP 比重的数据，未发布旅游业对 GDP 的直接贡献及其占 GDP 比重的数据。2015 年旅游业对 GDP 的直接贡献为 3.32 万亿元，占 GDP 总量的比重为 4.9%；综合贡献为 7.34 万亿元，占 GDP 总量的 10.8%。2016 年旅游业对 GDP 的综合贡献为 8.19 万亿元，占 GDP 总量的 11.01%。2017 年旅游业对 GDP 的综合贡献为 9.13 万亿元，占 GDP 总量的 11.04%。

国家统计局与国家旅游局关于旅游业占 GDP 比例的数据比较

年　份	国家统计局《全国旅游及相关产业增加值核算报告》		国家旅游局《中国旅游业统计公报》			
	增加值（万亿元）	占 GDP 比例（%）	直接贡献（万亿元）	占 GDP 比例（%）	综合贡献（万亿元）	占 GDP 比例（%）
2014	2.75	4.33	—	—	6.61	10.39
2015	3.00	4.36	3.32	4.9	7.34	10.08
2016	3.30	4.44	—	—	8.19	11.01
2017	3.7	4.53	—	—	9.13	11.04

作为同一主管部门的官方统计报告，在基本内容上应该保持连贯性。为什么2015年的《中国旅游业统计公报》公布了"旅游业对GDP的直接贡献"，而其他年份不公布这个数据？这是令人费解的。

不过，从2015年国家旅游局的"直接贡献"占GDP比例数据与国家统计局的"增加值"占GDP比例数据差距很小来看，这两者可以互相印证一个事实：旅游及其相关产业的直接增加值占GDP比例大致4%~5%。国家旅游局的"综合贡献"占比数据大于国家统计局的"增加值"占比数据1倍以上，这是有待进一步探讨的。

笔者推测，这可能是由于具体的项目数据的不同，或者是由于《国家旅游及相关产业统计分类》中没有包括政府旅游转移支付（政府划拨的旅游财政支出，如旅游基金等）、政府集体旅游消费（如公务员的出差费用、政府会议费用）、景区酒店的投资、居民第二居所的虚拟房租等。

基于上述分析，国家统计局与国家旅游局历年发布的旅游业占GDP比重的差别主要在于"增加值"与"综合贡献"两个不同的概念的内涵与统计方法上。

需要研究的是，旅游服务的消费与生产具有同时性的特征，决定了消费端支出与供给端投入的不对等性。因为如果供给端不符合消费端的要求，就会形成无效供给，不会产生增加值；如果投入不符合需求，就会形成无效投入，也不会产生增加值。因此，在测算和核算旅游业增加值时，对供给端、投入端核算时应扣除无效供给和无效投入。同时还应充分考虑，政府投入和社会资本对旅游业的投资中具有诸多不实的因素，亦有不少低效、无效投资甚至是破坏性的投资（如云南洱海的违规民宿投入及其拆迁支出），在使用投入法核算旅游业增加值时不能不充分考虑这一点。

WTTC公布的全球和各国旅游业增加值的数据包括直接贡献和综合贡献及乘数系数（或乘数效应）。2016年全球旅游业对GDP的直接贡献为3.1%，对GDP的综合贡献全球平均为10.2%，乘数效应（综合贡献÷直接贡献）为3.29，其他国家见下表。

全球及若干国家旅游和旅行业对GDP的直接贡献和综合贡献及乘数系数表

国　家	旅游和旅行业对GDP的直接贡献（%）	旅游和旅行业对GDP的综合贡献（%）	乘数系数（综合贡献是直接贡献的倍数）
全　球	3.1	10.2	3.29
日　本	2.4	7.4	3.08
泰　国	9.2	20.6	2.24
印　度	3.3	9.6	2.91
马尔代夫	40.9	79.4	1.94

续表

国家	旅游和旅行业对GDP的直接贡献（%）	旅游和旅行业对GDP的综合贡献（%）	乘数系数（综合贡献是直接贡献的倍数）
埃及	3.2	7.2	2.25
巴西	3.2	8.5	2.66
美国	2.7	8.1	3.00
墨西哥	7.4	16.0	2.16
澳大利亚	2.9	10.9	3.76
西班牙	5.1	14.2	2.78
德国	4.0	10.8	2.70
法国	3.6	8.9	2.47
英国	3.4	10.8	3.18
意大利	4.6	11.1	2.41

可见，如果要对接WTTC的旅游卫星账户，就应该如2015年那样同时公布旅游业对GDP的直接贡献数据，才符合国际标准的要求。为什么国家旅游局后几年不这样做，有什么隐衷，值得研究。

四、国家统计局：2017年文化及相关产业占GDP比重4.2%

2018年10月10日，国家统计局发布，2017年全国文化及相关产业增加值为34 722亿元，占GDP的比重为4.2%，比上年提高0.06个百分点，比上年增长12.8%，比同期GDP名义增速高1.6个百分点（均按现价计算），同时公布了各相关产业的数据。

2017年文化及相关产业增加值

类别名称	绝对额（亿元）	构成占比（%）
文化及相关产业	34 722	100.0
第一部分 文化核心领域	22 500	64.8
一、新闻信息服务	4864	14.0
二、内容创作生产	7587	21.9
三、创意设计服务	4537	13.1
四、文化传播渠道	2896	8.3
五、文化投资运营	190	0.5

续表

类别名称	绝对额（亿元）	构成占比（%）
六、文化娱乐休闲服务	2426	7.0
第二部分 文化相关领域	12 222	35.2
七、文化辅助生产和中介服务	5973	17.2
八、文化装备生产	1981	5.7
九、文化消费终端生产	4268	12.3

注：绝对额按当年价格计算。

国家统计局附注："文化及相关产业增加值按照国家统计局制定的《文化及相关产业增加值核算方法》，利用相关统计资料和国民经济核算资料，采用收入法核算。"

2018年5月31日，《中华人民共和国文化和旅游部2017年文化发展统计公报》载："根据国家统计局统计，2017年全国5.5万家规模以上文化及相关产业企业实现营业收入91 950亿元，比上年增长10.8%，增速提高3.3个百分点，持续保持较快增长。"

由此可见，"采用收入法核算"，2017年文化产业总收入（毛收入）9.2万亿元，增加值3.5万亿元。

文化产业与旅游产业的关系是文旅部组建后人们更为关注的一个热点。2018年4月文旅部组建后，国家统计局相继发布了新修订的《国家旅游及相关产业统计分类表》与《文化及相关产业分类》，从统计学的角度提供了一个研究的基础。这两个产业的构成列表如下。

国家统计局关于文化产业和旅游产业统计分类表

文化及相关产业		旅游及相关产业	
一	新闻信息服务	一	旅游出行
二	出版发行和版权服务	二	旅游住宿
三	广播、电视、电影服务	三	旅游餐饮
四	文化艺术服务	四	旅游游览
五	文化投资运营网络文化服务	五	旅游购物
六	文化休闲娱乐服务	六	旅游娱乐
七	其他文化服务	七	旅游综合服务
八	文化用品、设备及相关文化产品的生产	八	旅游相关产业
九	文化用品、设备及相关文化产品的销售		

从旅游产业与文化产业的构成角度看，两者只是局部重合，大部分不重合。基本重合的是《文化分类》中（六）"文化休闲娱乐服务"与《旅游分类》中（四）"旅游游览"和（六）"旅游娱乐"。《文化分类》中的"文化休闲娱乐服务"包括"娱乐服务"、"景区游览服务"和"休闲观光游览服务"三个方面；《旅游分类》中的"旅游游览"包括"公园景区游览（内含城市公园管理、游览景区管理、生态旅游游览、游乐园）"和"其他旅游游览"（内含旅游文化娱乐、旅游健身娱乐、旅游休闲娱乐）。由此可见，文化产业九个部分中只有一个部分（"文化休闲娱乐服务"）与旅游产业中两个部分（"旅游游览"和"旅游娱乐"）重合。

按照国家统计局的核算：2017年全国文化及相关产业增加值为34 722亿元，占GDP的比重为4.2%；同年全国旅游及相关产业增加值为37 210亿元，占GDP的比重为4.5%，可见两者对GDP的贡献几乎相等，仅相差0.3%。

由此产生了一个问题：文化和旅游部组建后，文化产业与旅游产业增加值会统筹研究、合并在一起核算吗？对这个问题，2018年4月23日，国家统计局高级统计师殷国俊在解读《文化及相关产业分类（2018）》时说，"为确保新分类的文化特征，本次修订对新增分类内容继续坚持如下处理原则：对于虽有部分活动与文化有关但已形成自身完整体系的生产活动不予纳入，如旅游、快递服务、互联网批发、综合零售等"（见该日国家统计局网站）。由此可知，今后文化产业与旅游产业统计仍然是两本账。

笔者理解为，文化产业与旅游产业分别统计是考虑到两个产业的不同特点和由两个主管部门分别统计的历史。但文化和旅游部每年如何发布文化和旅游的年度统计报告？其中如何处理两个产业的总收入与增加值及其占GDP的比重？仍以2017年为例，原国家旅游局公布旅游业总收入5.40万亿元、综合贡献9.13万亿元，占GDP总量的11.04%；国家统计局公布全国5.5万家规模以上文化及相关产业企业营业收入9.2万亿元，增加值3.47万亿元，占GDP的比重为4.2%。据此，"旅游业总收入"是"综合贡献"的59%，文化及相关产业"营业收入"是"增加值"的196%，两个数据难以自圆其说。

无疑，文化及相关产业的统计及增加值的核算是一个十分复杂的课题。文化事业也有一个统计问题，在实际工作中如何处理文化产业与文化事业的联系、交织与区别更是一个新问题，统筹文化产业、文化事业与旅游产业等三者的统计与核算，更是一个极为复杂的课题。所幸，大数据时代为解决这个问题提供新路径、新工具。

笔者建议，在国家统计局的指导下，文化和旅游部对文化和旅游两个产业的统计体系和GDP核算数据进行深入研究，统筹文化和旅游产业的统计体系，形成一个统一的文化和旅游业的统计报告和增加值核算报告。这也许是"新阶段"赋予文旅融合的一个新课题吧！

从雒部长说旅游产业占 GDP 4.5% 说起[①]

2019年12月15日,由中国旅游研究院、中国旅游协会联合主办的2019中国旅游集团发展论坛在京举办,文化和旅游部党组书记、部长雒树刚在论坛上说:

> 2017年我国旅游及相关产业增加值达到3.72万亿元,连续多年保持两位数增长率,占GDP比重达到4.53%,已经成为国民经济中举足轻重的战略性支柱产业。

在我的记忆中,这是雒部长在讲话中第一次引用国家统计局的旅游产业增加值占比GDP的数据,也是文化和旅游部长第一次宣布旅游产业增加值占比GDP的数据。

从2014年以来,原国家旅游局、中国旅游研究院及其旅游数据中心公布的旅游产业"综合贡献"的数据一直在10%以上。例如,《2014年中国旅游业统计公报》载,全年全国旅游业对GDP的综合贡献为6.61万亿元,占GDP总量的10.39%。2015年实现旅游业总收入4.13万亿元人民币,旅游业对GDP的直接贡献为3.32万亿元,占GDP总量的比重为4.9%;综合贡献为7.34万亿元,占GDP总量的10.8%。但是2016年后《中国旅游业统计公报》不再公布旅游业对GDP的直接贡献,只公布全国旅游业对"综合贡献"的份额。2016年为8.19万亿元,占GDP总量的11.01%。2017年为9.13万亿元,占GDP总量的11.04%。直到2019年2月12日,文化和旅游部政府门户网站发布的《2018年旅游市场基本情况》仍说,"初步测算,全年全国旅游业对GDP的综合贡献为9.94万亿元,占GDP总量的11.04%"。

笔者查找文化和旅游部政府门户网站发布的《文化和旅游部2018年文化和旅游发展统计公报》,没有公布旅游业对GDP的综合贡献的数据,是否表明文化和旅游部领导对这个问题有新的考虑了?

国家统计局公布的2014年全国旅游及相关产业增加值核算的结果是27 524亿元,占GDP的比重为4.33%;2015年为30 017亿元,占GDP的比重为4.36%;

[①] 2019年12月16日博客。

2016年为32 979亿元，占GDP的比重为4.44%；2017年为37 210亿元，占GDP的比重为4.53%。同时，国家统计局又说"文化产业和旅游产业比翼齐飞。经核算，2017年全国文化及相关产业增加值为34 722亿元，占GDP的比重为4.2%"。

由此可见，文化产业和旅游产业合起来共占GDP的比重为8.73%，扣除两者中间重叠的部分，约为8%。文化产业和旅游产业是你中有我、我中有你，"比翼齐飞"，说得很形象。

对于原国家旅游数据中心与国家统计局的两个数据，本人曾在2018年1月20日发过一篇题为《两份2016年旅游业统计报告"打架"的背后》的文章，对此作过探讨。国家旅游数据中心公布的"旅游业对GDP的综合贡献占GDP总量的11.01%"，国家统计局公布的"旅游及相关产业增加值占GDP的比重4.44%"，两个值相差近3倍。不妨可以理解为：国家统计局的数据是指旅游及相关产业的增加值对GDP的直接贡献，国家旅游数据中心的数据是旅游及相关产业的增加值对GDP的"综合贡献"（直接贡献+间接贡献）。

2015年《中国旅游业统计公报》发布，全年全国旅游业对GDP的直接贡献为3.32万亿元，占GDP总量的比重为4.9%；综合贡献为7.34万亿元，占GDP总量的10.8%。

笔者由此作如下推测："间接贡献"为4.02万亿元（7.34-3.32=4.02）。按此比例推测，2016年的"直接贡献"大致为3.5万亿元，占全国GDP总量（68.6亿元）的比重约为5%。这个占比略高于国家统计局的4.44%。

但是笔者不好理解的是，2015年《中国旅游业统计公报》中区分了"直接贡献"与"间接贡献"，但2016、2017、2018年《中国旅游业统计公报》不再作这种区分，其背后究竟有什么隐情？

以往，国家旅游局负责人从来不承认和引用国家统计局的有关数据。现在，雒部长引用了国家统计局2017年我国旅游及相关产业增加值占GDP比重4.53%的数据，而没有用文化和旅游部政府门户网站发布的"综合贡献"占11.04%的数据，究竟为何，值得关注。

以过夜指标为核心统计国内旅游好在哪里？[1]

作为地域辽阔的世界第一人口大国，一年数十亿的游人在流动，这是地球上绝无仅有的现象。要想得到准确的国内旅游统计数据，唯一的途径是以全口径的旅游住宿单位名录库为基础，以过夜住宿游客为核心建立完整的统计体系，它既科学又准确，还可操作，舍此则别无他法。

一、世界旅游组织不统计一日游人数与收入

2005年世界旅游组织发布的《世界旅游统计概览》[2]，其中对"国内旅游"的统计框架是：

（1）酒店和类似住宿设施接待人天数（万人天）
（2）酒店和类似住宿设施接待人数（万人数）
（3）所有旅游住宿设施接待人天数（万人天）
（4）非常住旅游者在所有旅游住宿设施的平均停留时间（天）

这个统计标准中只计算在旅游住宿设施中过夜的游客，而不计算未过夜的游客。根据该标准，把"接待人天数"除以"接待人数"，就能得出"平均停留时间（天）"。再通过游客抽样调查，得到游客人均天消费的数据，便可以推测旅游消费总量即旅游总收入。

欧洲、大洋洲大多数国家不统计国内旅游"一日游"。英国的国内旅游是指在外逗留一夜以上的游客；按外出目的分为度假、探亲和商务会议及其他目的三类，按外出时间分为1~3夜短期和4夜以上长期两种。1979年澳大利亚规定"旅游者是离开自己的惯常居住地至少40公里以上、在该地至少停留24小时，但最多不超过12个月"，并明确规定"当地居民对本地旅游景点的访问不应该包括在内"。

美国和加拿大的国内旅游统计包括一日游游客。1973年美国的定义是："旅游

---

[1] 刊登于2014年4月11日中国青年报。
[2] 中国旅游出版社2005年版。

者是除了上下班通勤之外，出于商务、休闲、个人事务或任何其目的，外出旅行至少 50 公里（单程），无论其在外过夜还是当日返回"，1998 年改为 160 公里。1978 年加拿大多伦多市由 50 公里改为 80 公里，安大略省由 25 公里改为 40 公里。①

二、过夜住宿才真正符合旅游与游客的科学含义

世界旅游组织指出，"旅行者指任何一个在两地间旅行的人。而游客的定义要更严格。游客指任何一个到其惯常环境以外的地方去旅行，连续活动不超过 12 个月，并且其旅行的主要目的不是通过所从事的活动从访问地获取报酬的人"。② "离开惯常环境"去其他地方从事休闲、商务和其他活动，是世界旅游组织和中外旅游界对旅游的共识。为此，笔者曾在 1999 年就用"旅游就是异地体验"来概括旅游活动的本质。③ 显然，如果只是到一个景点（公园、游乐园、乡村旅游点等）去玩一下，仍然回到家中过夜，很难说有什么"异地体验"的感受。这也是人们要离开自己舒适的家，而要去郊外竹篱茅舍式的农家旅舍过夜寻找新鲜感的原因。从这个意义上，只有在异地住宿才是真正的旅游与游客。

我国国内旅游的统计标准为，"国内游客包括国内（过夜）旅游者和国内一日游游客"。"国内一日游游客：指国内居民离开惯常居住地 10 公里以上，出游时间超过 6 小时不足 24 小时，并未在境内其他地方的旅游住宿设施过夜的国内游客"。这个"10 公里以上，出游时间超过 6 小时"的标准显然过于宽泛，而且混淆了居民在"惯常居住地"休闲与去异地旅游休闲的区别。

经验说明，无论用何种交通工具（公路、铁路、航空、轮船、自行车、自驾车、房车或徒步），何种目的（观光游览、休闲度假、会议展览、康体医疗、文化交流、宗教朝拜、探亲访友），都得住下来才能完成一次真正意义上的旅游。难怪马耳他《旅行旅游服务业法》对"游客"的定义是："指在旅店、宾馆、招待所、度假场所、出租公寓或其他为游客提供住宿的地方被提供住宿的人，或者指可使用这些场所的人"。

旅游消费包括行游住食购娱及通信信息等多方面，提升旅游消费的规模和品质的关键在于使游客住下来，在目的地多停留一些时间。特别是在以城乡旅游目的地为载体的游览中，游客只有住下来，才能更加深入地体验当地的文化特质；游客也只有住下来，才能更有力地拉动当地社会经济和文化的全面发展。住宿虽然只占国

---

① ［美］查尔斯·格德纳等：《旅游学》，第 10 版，中国人民大学出版社 2008 年版，第 7 页。
② 世界旅游组织《关于旅游统计的建议/旅游统计数字的收集和编纂之一》，中国国家旅游局译印，1996 年 1 月，第 21 页。
③ 《旅坛忧思录》上卷，第 412 页。

内旅游消费的 1/5 左右，但对餐饮、文化娱乐、购物和交通、通信等消费的带动往往是住宿费的数倍。2012 年城镇游客一日游的人均花费 420 元，过夜游客人均花费 1763 元；农村游客一日游的人均花费 317 元，过夜游客人均花费 1087 元。一个过夜城镇游客的交通花费 596 元、餐饮花费为 388 元、购物花费为 317 元、景区游览花费为 88 元、其他花费为 56 元，而一日游游客的这几项花费分别为 108 元、149 元、109 元、29 元、24 元。可见，接待 1 个过夜游客的收入是一日游游客的三四倍。成熟的旅游管理者与经营者应该懂得这一点。

三、以过夜住宿为渠道可保证游客统计的准确性

目前，各地国内游客的统计渠道不尽统一，主要有三种渠道：一是各类旅游住宿设施的住客人数，二是各类旅游景区景点的游客人数，三是旅行社接待人数。往往把三者合起来统计，有些地方还把在本地各区、县、镇接待的游客合起来统计，由此必然发生一个游客计算为多个游客的重复统计，大大夸大了我国国内旅游的人次和收入，因而夸大了我国国内旅游经济的规模。据《中国旅游统计公报》，2002 年全国国内旅游 8.78 亿人次；据《世界旅游统计概览》，该年中国"酒店和类似住宿设施接待国内游客 2.46 亿人天"。如照此推算，该年国内旅游过夜游客与一日游游客的比例为 72∶28。2010 年国家旅游局公布的国内旅游 21.03 亿人次中，过夜游客大约是 6 亿人次，以此推算全国国民出游率约为 44%，而不是官方公布的 157%。

统计数十亿的游客的确难上加难。以交通运输、景点游览或旅行社接待为统计渠道，难免有重复、遗漏，只有以过夜的住宿者为统计渠道，才是准确可靠的。1 个游客 1 天之内只能在 1 个地方过夜，不可能在 2 个地方过 1 夜，因而以此为统计渠道就能切实解决多头统计、重复或遗漏统计的问题，使统计数据可靠可信。

同时，以过夜住宿统计为基础，并与游客随机抽样调查数据相结合，就可以建立准确的、动态的、连续的国内旅游数据体系。按照目前的治安管理条例，住宿服务单位必须验证住宿人的有效证件并登记住宿人的姓名、住宿时间，这样就可以同时得到住客的性别、年龄、原居住地（国）、住宿时间、停留夜次、住宿费用支出等数据；如果是通过旅行社预订的住宿者，还可得到团队游客的数据。对这些数据进行电子化处理，就可以准确地得出一个住宿单位以及一个地区的接待游客数量、年龄结构、性别结构、消费水平及出游方式（团队与散客、家庭出游与同伴出游等）、停留夜次、游客来自何地、国内人士还是境外人士等数据，这就为客源市场调研提供翔实的基础性数据。再把"接待人天数"除以"接待人数"，就能得出游客"人均停留天数"。与此同时，还可以通过住宿单位的总床位数计算出各类旅游住宿设施的客房出租率，从而为一个地方的旅游饭店经营状况提供准确的基础数

据。再结合早已开展多年的国内游客抽样调查，得到游客的人均消费、人均天消费的数据，便可以推测出地区和全国的旅游消费总量，也就是旅游总收入。

如果从住宿登记中以"国籍"来分类，还可以准确而便捷地得到国内游客与国际游客的比例，从中看出某国某地旅游的国际化程度。2010年德国酒店等接待3.8亿人天，其中国内游客3.2亿人天、占84%，外国游客0.6亿人天、占16%，游客人均住宿3.9天。2011年奥地利酒店等接待3463万人次，其中外国游客2301万人次、占66%，国内旅游1162万人次、占34%。如再把外国游客按国籍细分，便可得到准确的各客源国市场的份额数据。近年来，大陆不仅存在国内游客的统计不实，而且也出现过有的地方入境游客的统计虚假现象。以过夜住宿为渠道，在计算机联网操作的条件下，篡改原始数据作假就不大容易了。

四、以过夜住宿为统计渠道具有可操作性

以手工方式操作住宿客人登记、分类、汇总时，在一个大国中统计国内外游客数量及分类，是极其困难而且容易作假。但在信息化进入智能化管理（并非智慧化，笔者至今不认同"智慧旅游"之说[①]）的条件下，是不难做到的。

旅游住宿设施主要包括饭店酒店（星级与非星级）、城镇社会旅馆、乡村旅舍、露营地和亲友或旅友家庭等。目前，星级饭店已纳入旅游部门管理；城镇社会旅馆有的归旅游部门管理，有的归商务部门管理；乡村旅舍大多归旅游部门管理；露营地是新兴住宿业态，管理有待规范；有些地方的政府招待所由政府直管，尚未纳入有关部门管理。

建立以过夜游客为核心指标的国内旅游统计体系，首先必须建立全口径的旅游住宿单位名录库，把全国各地各类住宿单位的类型、数量、房间数、床位数登录入网。此种接待能力指标既是测算过夜指标的基础，又是校核过夜指标的有效手段，以了解旅游目的地的核心接待能力、服务业发展水平和经济繁荣程度。

建立全口径住宿单位名录库并与已有的旅馆登记系统接轨，可同时为公安部门和旅游部门管辖，其不同的信息内容分别由两个部门使用。在此基础上比照国家统计局的要求，在全国建立统一的统计基本单位名录库、统一的报表制度、统一的数据采集软件系统和统一的联网直报系统。

以过夜指标为核心，需要把星级饭店和各类非星级饭店（社会旅馆、招待所、城乡家庭旅舍、露营地等）全部纳入旅游统计范围，借此推动全部旅游住宿设施的统一管理和合理配置，从各类旅游住宿设施的客房出租率中准确地把握我国旅游经

---

① 《是智慧旅游还是智能旅游》，收录于《旅坛忧思录》上卷，第350~352页。

济的布局、效益和动向，提供准确的行业指导。较为特殊的是住在亲友家游客的统计。这只能通过游客定期抽样调查的方法，得出一个地方在亲友家中住宿的游客占全部游客的比例，其比例不大。现在探亲访友的游客越来越多地住在饭店宾馆中，已计入饭店宾馆统计。异地的旅友互换家庭住宿这种互助式的旅游方式正在悄然而生，但目前为数很少，暂且可以忽略不计。

如果政府方面以目前的国内旅游统计数字作为决策依据，势必会夸大国内旅游的实际规模、消费总量与国民出游率，做出不切合实际的判断与决策，尤其不利于旅游产业从数量、规模和速度为主向数量与质量、规模与效益和速度与品质并重的发展方式转变；如果企业以此为依据，势必会误导投资方向与规模，形成酒店、度假区、主题公园等项目的投资泡沫；如果研究者以此为依据，势必做出诸多不切实际的判断，做出"已进入大众旅游时代""旅游已成为国民生活方式的一部分"等过于超前的判断；如果以此为依据，比较、判断各地区（省、市、县）的旅游经济规模，就会得出不符合实情的名次表；如果以此为依据，评价各地区（省、市、县）旅游发展成绩，并作为考验、提拔干部的标准，势必助长虚假、浮夸风。

国内旅游评价体系以过夜指标为核心，统计标准中只计算在旅游住宿设施中过夜的游客，不计算未过夜的游客，可以统一全国各地的统计标准，切实解决多头统计所带来的重复统计问题。当然，以过夜指标作为国内旅游统计体系的核心，不等于可以保证国内旅游统计的准确性，因为统计机构仍隶属于同级行政管辖，统计数据公布前最终由行政领导"审定"。在数字与政绩挂钩的背景下，现有的统计体制难以保证统计数据的真实性、可靠性。这里涉及旅游统计管理体制的改革，政府统计机构如何监督旅游统计有待深入研究。澳大利亚政府统计局负责旅游统计的做法可供参考。

以过夜指标作为国内旅游统计体系的核心，是从全国和省级角度考虑的。至于市、县级的统计，是否可以进行一日游的休闲统计，另作别论。

关于出入境旅游贸易中的顺差与逆差问题的探讨[①]

近年来,随着我国经济体量增长,境外游占民众出游结构比重日趋增大。而境外出行所带来的消费,也不容忽视。比如,旅游贸易由顺差转为逆差。

4月4日,世界旅游组织发布2016年《UNWTO世界旅游晴雨表》称,中国当年出境旅游支出为2610亿美元,同时公布美国出境旅游支出为1220亿美元。照此数据,我国旅游服务贸易为逆差。

然而,4月17日,国家旅游局数据中心发布《2016年我国继续保持最大旅游消费国地位和旅游服务贸易顺差》报告,澄清了中国出境旅游支出为1098亿美元,并非2610亿美元。按照国家旅游局数据中心的数据,我国旅游服务贸易为顺差。上述数据差异究竟如何作解?旅游贸易顺逆差又应如何看待?

对此,旅游专家王兴斌向新京报记者阐述了上述疑问。

疑问1:如何看待这两种数据?

国家旅游局数据中心应及时对这两种数据的由来和内涵做出解说,回应社会关切十分必要。

看上去,"数据中心"一方面认可世界旅游组织对中国(大陆)出境旅游支出世界第一的排位,另一方面又不认可世界旅游组织发布的中国(大陆)出境旅游支出数据,认为是1098亿美元而不是2610亿美元。但若承认世界旅游组织公布的美国出境旅游支出为1220亿美元,中国就不是"最大旅游消费国"了,而是第二旅游消费国。

事实上,世界旅游组织发布的2610亿美元,数据来自中国国家外汇管理局公布的出境"旅行支出"(2611亿美元)。"数据中心"提出,"旅行和旅游属于两个不同范畴的定义……旅行的统计范畴和核算范围远大于旅游";并解释"旅行支出"2611

[①] 刊登于2017年5月2日新京报。

亿美元中应扣除"出境停留时间超过 1 年的非旅客,而且包括长期留学、长期务工、长期医疗,甚至购房和金融投资等支出"。

不过,上述解释并不确切。国家外汇管理局在《国家外汇管理局国际收支报告》中已经指出,"对于'以旅行之名,行投资之实'的交易,也尽可能在可获得的数据范围内进行了还原处理,如境外购房和购买境外投资性保险产品"。可见,2611 亿美元中已扣除"购房和金融投资等支出"。"数据中心"从 2611 亿美元中扣除 1513 亿美元,其合理性、准确性,仍有待斟酌。

测算旅游贸易中的收支数据十分复杂,旅游学界有不同看法,应该作为学术问题百家争鸣,并通过讨论探索如何建立中国特点的出入境旅游统计体系。

疑问 2:入出境顺逆差产生在哪里?

世界其他国家的入出境旅游很简单,就是接待外国人旅游和本国人出国旅游,也就是"国际旅游"。在我国入出境旅游中,则包括国际出入境和与港澳台地区的出入境旅游两大部分。两岸四地之间的旅游又是出入境旅游市场的主体,往返游客约占 4/5,占入出境旅游收支的 1/2 以上。因此,多年来笔者主张对出入境旅游市场进行结构性分析,就能清楚看出顺差与逆差发生在哪里。

这里以"数据中心"公布的 2016 年数据为例简略说一下。

入境旅游人数 1.38 亿人次,其中入境外国人 2815 万人次,外国人在华花费 668 亿美元。出境旅游 13 513 万人次,其中赴港澳台旅游 8395 万人次,大陆居民出国旅游则为 5118 万人次,比入境外国游客多出 2303 万人次。

虽然"数据中心"没有公布出国旅游支出,不能直接核算国际旅游收支,但就两者人数的巨大差别凭常识就可以判断,从"国际旅游"来说是逆差而不可能是顺差。

香港来内地游客 8106 万人次,共花费 305 亿美元。内地赴香港 4277.8 万人次。香港旅游局尚未公布 2016 年内地赴港游客的花费数据。2016 年内地去香港游客比上年减少了 306 万人次、下降 6.7%。据此笔者推测 2016 年内地游客在香港消费较 2015 年(270 亿美元)相应下降 6.7%,大约为 250 亿美元。由此推测,内地顺差约为 50 亿美元。

澳门赴内地 2350 万人次,其中过夜的 481 万人次,共花费 76 亿美元。内地赴澳门 2045 万人次,过夜游客约 900 万人次。虽然澳门赴内地的比内地赴澳门的游客多出 305 万人次,但过夜游客内地比澳门多出 419 万人次。按常识估算,内地应为逆差,但数目不大。

2016 年,台湾来大陆 573 万人次、花费 150 亿美元;大陆赴台湾游客 351 万人次。2015 年,台湾来大陆 550 万人次、花费 147 亿美元;大陆赴台湾游客 418 万人次。据台湾有关部门统计,2015 年大陆游客在台花费 2300 亿新台币(约合 77 亿美元），该年大陆顺差70亿美元。2016年，大陆赴台游客减少67万人次、台湾来大陆游客增加23万人次。常识判断，大陆顺差额应在80亿美元以上。事实上，在大陆与台湾之间的旅游服务贸易中，大陆一直是顺差。

由此可见，大陆入出境旅游贸易顺差主要产生在与港、台地区之间，而在外国游客入境旅游与中国游客出国旅游之间则是逆差。这是两种不同性质的贸易，前者是中华民族内部不同经济体之间的旅游贸易，后者是国际之间的旅游贸易。把出入境旅游中这两种不同性质的旅游贸易混在一起统计，无法判断是顺差还是逆差。

疑问3：怎样看待旅游贸易的顺差逆差？

旅游贸易是国家服务贸易的一部分，更是国家对外贸易与对外关系的一部分，因此不能孤立看待旅游贸易顺差逆差。出入境旅游除了经济功能外，还具有更重要的公共外交和人文交流的综合性功能，意义远大于外汇收支多少。出入境旅游工作的成绩不能单纯以外汇收入、贸易顺差衡量。作为一个旅游大国、人口大国和经济大国，没有必要过分介意旅游贸易是顺差还是逆差。

近十年来，出境旅游的强劲发展表明：随着国力增强、国民出境旅游消费旺盛，有助于改善国家形象，也有助于缓解外贸顺差所带来的贸易摩擦，同时出境旅游的兴起必然会带动旅游企业走出去，拓展改革开放的深度与广度，加快与国际旅游业的融合，提升我们的旅游国际影响力。

半个世纪以来，日本、韩国和我国台湾地区都经历过旅游贸易由顺差转变为逆差的过程，这是经济发展、民众富裕的体现。应该以平常心看待出入境旅游贸易由顺差变为逆差。从长远看，随着全面小康社会的到来，出境旅游的规模会越来越大，旅游贸易逆差也会越来越大，因为我们是个人口大国。

入出境旅游收支核算是一个复杂的技术，涉及旅客与游客的重合、旅行与旅游收支的联系与区分、出入境旅行与旅游人员的分类统计、服务贸易与商品贸易的区别、外汇结算途径等，需要旅游部门、出入境部门、外贸部门、外汇部门、统计部门与信息部门等多方面的沟通，也需要与世界旅游组织协作。旅游部门无法单独做好这个工作。

"旅游贸易赤字论"是"错误认识"吗?[①]

2018年1月,国家旅游局有关负责人在全国旅游工作报告中再次批评了几种"错误认识":"社会上对旅游的很多错误认识,严重影响到旅游产业的地位和作用发挥,如旅游贸易赤字论。"

关于大陆的旅游贸易顺差逆差问题本人多次撰文,现本人再次提出疑问。

第一,认为"逆差"说是"错误认识",是与国家外汇管理局的数据"撞车"。

2017年3月,国家外汇管理局国际收支分析小组在《2016年中国国际收支报告》一文中指出:

> 按照国际货币基金组织(IMF)《国际收支与国际投资头寸手册(第六版)》的定义,……一国居民在境外旅行或就医或留学期间的吃穿用度、娱乐消费、学杂费及生活费等,均属于旅行的统计范畴。

"旅行"是国际收支平衡表中十二大类服务项目之一,在我国国际收支统计中一直占有重要地位。随着统计数据源的不断改善,国家外汇管理局自编制2016年全年国际收支平衡表正式数起,全面采用支付渠道数据,协调编制国际旅行收入和旅行支出,并追溯调整2014年、2015年数据。调整后,2016年旅行收入和支出分别从初步统计的1182亿美元和3412亿美元降至444亿美元和2611亿美元,旅行逆差从2231亿美元略降至2167亿美元。

这说明,国家外汇管理局关于国际旅行收入与支出的数据是运用同一个标准进行核算、同步下调的。调整后的旅行收入和旅行支出的内涵已经剔除了在境外购房和投资等非旅行支出,实际上属于旅游(包括修学、康疗旅行)的范畴。

在国家旅游局公布的数据中,2016年入境旅游收入为1200亿美元,与国家外汇管理局初步统计的1182亿美元相近(四舍五入得出1200)亿美元;出境旅游花费没有采用国家外汇管理局初步统计的3412亿美元,也没有采用国家外汇管理局调整后的数据2611亿美元,取了1098亿美元,这样才得出顺差102亿美元的结论。

[①] 2018年1月13日博客。

国家旅游局有关负责人曾对此解释说，旅游收支与旅行收支的范围不一样。但实际上，国家旅游局在计算旅游收入时用的是国家外汇管理局"旅行"收入的数据，在计算旅游支出时用的是"旅游"收入的概念，因而把"旅行逆差2167亿美元"处理成了"旅游顺差102亿美元"。这种双重标准的做法是没有说服力的，也不可能得到国家外汇管理局的认可。

第二，认为"逆差"说是"错误认识"，是与世界旅游组织的排名"撞车"。

历年世界旅游组织公布中国大陆的"国际旅游"（应为出入境旅游——笔者注）收入与支出时，用的是中国国家外汇管理局旅行收支的数据，如《世界旅游的晴雨表》记载，2016年中国出境支出2610亿美元。即使以国家旅游局的旅游收入1200亿美元测算，逆差为1410亿美元。

这里需要指出，国家旅游局一直说中国是世界第一出国旅游消费国，这样说的依据是中国国家外汇管理局的旅行支出，也是世界旅游组织公布的数据。以2016年为例，2017年4月15日，世界旅游组织（UNWTO）公布全球出境旅游行业的调查报告，中国大陆的境外游客消费金额为2610亿美元，依然为世界第一。美国的境外游客消费总额为1220亿美元，仅次于中国，排在全球第二位。德国为810亿美元，排在全球第三位。英国为636亿美元，排在全球第四位。法国为410亿美元，排在全球第五位。加拿大为290亿美元，排在全球第六位。如果采用国家旅游局1098亿美元的数据，中国就不是世界第一出境旅游消费国，而是位于美国之后，是第二出境旅游消费国。

为了说明旅游贸易是顺差而不是逆差，用的是国家旅游局自己公布的出境旅游支出数据；为了说明中国是世界第一出境旅游消费国，就用国家外汇管理局和世界旅游组织公布的出境旅游支出数据，这种双重标准和为我所取的做法，失去了政府部门数据的可信性与权威性，统计数据成为夸大政绩的工具。

第三，认为"逆差"说是"错误认识"，不符合出入境旅游发展趋势。

国家统计局《2016年国民经济和社会发展统计公报》的数据是，入境游客13 844万人次，其中入境外国人2815万人次；国内居民出境13 513万人次，其中赴港澳台出境8395万人次。照此推算，大陆出国旅游5449万人次。

由此可见，2016年入境外国游客2815万人次，出国游客5449万人次，真正意义上的国际游客出国的比来访的多2634万人次。那么真正意义上的国际旅游收支是顺差还是逆差，难道不是一个常识问题吗？

从前几年和今后几年的发展趋势而言，出境旅游的增幅远大于入境旅游的增幅。2018年1月的旅游工作报告中说："2017年入境旅游人数为1.39亿人次，年均增长1%；其中外国人2017年为2910万人次，年均增长1.4%。2017年出境旅游市场为1.29亿人次，按可比口径年均增长9.17%。"2018年力争"入境旅游人数1.42

亿人次，国际旅游收入1273亿美元，分别增长1.4%、2.5%；出境旅游人数1.34亿人次，增长4.5%"。

从2008年以来，出境旅游一直较快增长，增速远高于入境旅游的增幅，两者总量差距不断缩小，绝对量逐步接近。照此趋势，到2020年，出境旅游总量势必赶上或超过入境旅游总量。国务院发布的全国"十三五"旅游业发展规划预测，入境旅游年增2.28%，2020年达到1.5亿人次；出境旅游年增5.09%，2020年达到1.5亿人次。入境与出境旅游人数拉平。可以预见，照此趋势到2020年左右，出境旅游人数相等或超过入境旅游人数，出国旅游人数更远远超过外国入境旅游人数，国际旅游贸易逆差的趋势难以扭转。

顺便再说一次（本人已说了N次），本人不赞成用"国际旅游收入"来表述包括港澳台游客在内的入境旅游收入，不赞成用"国际旅游支出"来表述包括去港澳台游客在内的出境旅游支出，因为这违背了两岸四地之间民众的来往不属于"国际旅游"这个常识，而应该说"入境旅游收入""出境旅游收入"。这次报告仍然用"国际旅游收入"，如"全年力争实现……国际旅游收入1273亿美元"，至少是个语病。

第四，认为"逆差"说是"错误认识"，不是统计问题，而是心态问题。

最后，再重申一下我在这个问题上的基本观点：不管如何测算旅游贸易顺差逆差，心态比方法更重要；不论顺差还是逆差，都是正常现象，用不着纠结；不论顺差还是逆差，都应该从国家对外贸易总盘子看待，不能就旅游看旅游。认为只有顺差是好事、成绩，心里就高兴；听到说逆差就摇头、就不高兴，斥之为"错误认识""严重的误导"，这不是一个旅游大国的应有心态。

2018 年中国旅游统计的九点辨析[①]

历年国家统计局发布的《中华人民共和国国民经济和社会发展统计公报》一直把旅游业与交通、邮电业放在一起公布。2019 年 2 月 28 日公布的《2018 年国民经济和社会发展统计公报》(以下简称"《统计公报》")中,第一次把旅游业列入"文化、旅游、卫生健康和体育"之内。这显然是与文化和旅游部的组建有关,说明在国家统计体系中,旅游与"文化、卫生健康和体育"等列在一个系列中。

《统计公报》中,2018 年的旅游业数据为:"全年入境游客 14 120 万人次,增长 1.2%。其中,外国人 3054 万人次,增长 4.7%;香港、澳门和台湾同胞 11 066 万人次,增长 0.3%。在入境游客中,过夜游客 6290 万人次,增长 3.6%。国际旅游收入 1271 亿美元,增长 3.0%。国内居民出境 16 199 万人次,增长 13.5%。其中,因私出境 15 502 万人次,增长 14.1%;赴港澳台 9919 万人次,增长 14.0%。"

2019 年 2 月 12 日,文化和旅游部政府门户网站发布的《2018 年旅游市场基本情况》(以下简称"《基本情况》")说:"入境旅游人数 14 120 万人次,比上年同期增长 1.2%。其中:外国人 3054 万人次,香港同胞 7937 万人次,澳门同胞 2515 万人次,台湾同胞 614 万人次""入境过夜旅游人数 6290 万人次,其中:外国人 2364 万人次,香港同胞 2820 万人次,澳门同胞 553 万人次,台湾同胞 553 万人次""国际旅游收入 1271 亿美元""中国公民出境旅游人数 14 972 万人次,比上年同期增长 14.7%"。

比较上述两个统计报告,有以下几点看法:

一、入境旅游和出境旅游主要数据基本相同

入境游客 14 120 万人次,其中外国人 3054 万人次,香港同胞 7937 万人次,澳门同胞 2515 万人次,台湾同胞 614 万人次。入境过夜游客 6290 万人次,国际旅游

[①] 刊登于 2018 年 3 月"新旅界"。

收入 1271 亿美元。这几个数据两份报告完全一致。

二、"出境人数"与"出境旅游人数"不是一个概念

《统计公报》说"国内居民出境 16 199 万人次";《基本情况》说"中国公民出境旅游人数 14 972 万人次",比《统计公报》少 1227 万人次。可以理解为这 1227 万人次不属于旅游者,如政要出访及其随行人员、出境就业、移居、移民和留学一年以上者,以及跨境交通运输人员、军事人员海外值勤等,他们属于"出境"而非出游,接国际惯例不列入游客统计范围。

三、"出境人数"数据与内容不同

《统计公报》说"国内居民出境 16 199 万人次"。其中,"因私出境 15 502 万人次"(占出境总人次的 95.7%),因公出境为 697 万人次。因私出境中绝大多数是游客,因公出境者中不应该有休闲类游客,但有事务类游客。

《统计公报》说"赴港澳台出境 9919 万人次"(占出境总人次的 61.2%),由此赴外国的为 6283 万人次(占出境总人次的 38.8%)。2018 年底全国(大陆)总人口 139 538 万人(《统计公报》)。据此,出境者占大陆总人口的 11.6%,出国人员占总人口的 4.5%。

《基本情况》只公布出境游客总人次,未与入境游客一样公布出境游客中去港澳台与去外国的人次,而在入境游客数据中详细公布了港、澳、台同胞和外国人的分类统计,两者不对称,不知何故?作为政府报告显得不严谨。

根据《基本情况》,出境游客占总人口的 10.7%;而据《统计公报》数据推测,出国游客约 6000 万人次,约占总人口的 4%。

不论以上哪个数据,出境旅游率(出国游客与总人口之比)都低于世界平均水平,更低于发达国家水平。

2018 年世界总人口 76 亿,全球国际旅游 12.23 亿人次,平均国际出游率 16%。据笔者测算,一些国家的"国民出国旅游率"(国民出国旅游人数与该国总人口之比)为:德国为 88%,英国为 95%,加拿大为 88%,意大利为 40%,韩国为 26%,日本为 14%,澳大利亚为 23%,美国为 20%。在金砖五国中,俄罗斯为 34%,印度为 10%,南非为 10%,巴西为 4%。

中国低于俄罗斯、印度、南非,与巴西相近。由此可见,由于我国人口总量大,出境人数总量虽位居全球首位,但以总人口为基数的"国民出国旅游率"仍排在后位。对此应有清醒的认识,不要总把"出境旅游人数世界第一"挂在嘴上。

四、入境过夜游客才是国际公认的旅游者，大多数不过夜入境游客是旅客并非游客

《统计公报》载：入境游客14 120万人次。其中，外国人3054万人次，香港、澳门和台湾同胞11 066万人次。在入境游客中，过夜游客6290万人次。

《基本情况》载：入境过夜旅游人数6290万人次。其中，外国人2364万人次，香港同胞2820万人次、澳门同胞553万人次、台湾同胞553万人次。

据此，入境过夜港澳台共3926万人次，约占入境总数的35%；一日往返的港澳台7140万人次，约占其入境总数的65%。一日往返的人（购物、贩运、上班及上学等）大多数是旅客，不属游客。

《基本情况》载，在3054万人次入境外国游客中，入境过夜外国人2364万人次。据此有690万人次（占23%）是一日游客，其中绝大多数是缅甸、泰国、越南、老挝、朝鲜、印度、尼泊尔、巴基斯坦、俄罗斯、蒙古、哈萨克斯坦等国的一日往返的边民，主要是购物、贩运和探亲访友者。

世界旅游组织每年发布的中国（大陆）的入境游客采用的是过夜游客数据，从不公布或采用一日游的数据。可见，大陆的入境游客中，真正的外国游客只有2364万人次。

五、"入出境旅游总人数"及其"同比增长率"的说法看不出入出境旅游增长的严重失衡

《基本情况》载，2018年"入出境旅游总人数2.91亿人次，同比增长7.8%"。这个数据基于"入境旅游人数14 120万人次，比上年同期增长1.2%"和"中国公民出境旅游人数14 972万人次，比上年同期增长14.7%"。数据本身没有问题。

"入出境旅游总人数2.91亿人次"，无疑是全世界第一。

"同比增长7.8%"，这个增速也是全世界第一。2018年全球国际旅游收入达到1.59万亿美元，增速为3.1%。估计全球国际旅游人数增速在2%左右。

仅从出、入境旅游的成绩来看，发明"入出境旅游总人数"这个新概念无疑是高明的。不了解大陆"入出境旅游"真实情况的人是容易被唬住的。

但是一旦弄清这个"入、出境旅游"的真实构成，就会清醒认识中国（大陆）的国际入出境旅游在全球的真实位次。

如上所述，入境旅游人数14 120万人次，其中，外国人占21.6%；香港、澳门和台湾同胞占78.4%。入境过夜游客总人数6290万人次，其中外国人2364万人次。以入境外国游客测算，低于法国（8690万人次，2017年数据，下同）、西班牙

（8180万人次）、美国（7590万人次）、意大利（5830万人次）、墨西哥（3930万人次）、英国（3770万人次）、土耳其（3760万人次）、德国（3570万人次）、泰国（3540万人次）、马来西亚（2595万人次）等之后，排在世界十几位。

出境旅游人数14 972万人次，其中去港澳台9000多万人次，去外国约6000万人次，少于美国（约7300万人次）、德国（约6500万人次）和英国（约6500万人次），大约排在世界第五位左右。

"入出境旅游同比增长7.8%"这个数据有意无意掩盖了另一个严峻的现实：入境旅游增长疲软（比上年同期增长1.2%），出境旅游增长强劲（比上年同期增长14.7%）。

其实近十年来一直如此。

"入出境旅游总人数"及其"同比增长"这种说法，在国际上也没有见到其他国家使用过。商务部的外贸统计上确实常有"进出口外贸总额"的概念，但用到出入境旅游上尚属首次。

"入出境旅游总人数2.91亿人次""同比增长7.8%"，这种说法让人看不出十年来，入、出境旅游增长失衡的严峻态势，不符合近来文旅部领导首次提出要把"如何提振入境旅游"作为一大课题深入研究的要求。

六、与港澳台相关的表述中，诸如"中国公民出境旅游""国内居民出境"的说法不妥当

《统计公报》称"国内居民出境16 199万人次"，《基本情况》称"中国公民出境旅游人数14 972万人次"，这两种说法都需要斟酌。

2017年7月24日，《新华社新闻报道中的禁用词和慎用词（修订）》明确提出："不得将港澳台居民来内地（大陆）称为来'中国'或'国内'。不得说'港澳台游客来华旅游'，应称为'港澳台游客来内地（大陆）旅游'""不得将适用于国家与国家之间的专属名词用于内地与港澳"。

同理，内地（大陆）居民去港澳台旅游也不能称为"中国公民"或"国内居民"去港澳台旅游。

《基本情况》和《统计公报》里的出入境都涉及港澳台地区，而且港澳台地区是入境游客客源地和大陆居民出境旅游目的地的主体。

规范的用语应该是"中国大陆/内地公民出境旅游（客）""中国大陆/内地的入境旅游（客）"。因为其中2/3的出入境人员都来去港澳台地区，属于中国内部从这一地区（关税区）到另一个地区（关税区）的旅行或旅游。根据新华社的规定，在大陆/内地与港澳台之间的相互关系中不能使用"中国""国内"这种用语来称呼

大陆或内地，尤其在政府文件、官方公报和正式印刷物上。民间日常口头语中如果用"中国公民"或"国内居民"去港澳台旅游尽管不规范但可以理解，但是作为政府文件必须规范，不能给"两国论"留下任何漏洞。

七、"国际旅游收入"应为"入境旅游收入"

《统计公报》和《基本情况》都说"国际旅游收入1271亿美元"，根据前述同样的理由，这个说法也不妥当。

此处应说"入境旅游收入1271亿美元"较为妥帖，因为入境游客中78.4%的港澳台游客不是国际旅游者，他们在内地/大陆的消费不属于"国际旅游收入"，属于"入境旅游收入"，这里的"境"并非国家之间的"国境"，而是一国之内四个关税区之间的"境"。只有占入境游客总数21.6%的外国旅游者的消费才是我们所说的"国际旅游收入"。

八、在公布入境旅游收入数据的同时，应该也公布出境旅游支出的数据

《统计公报》和《基本情况》都公布了入境旅游收入的数据，但都没有出境旅游支出的数据，因而无法判断出入境旅游服务贸易和收支及平衡状况。

联合国世界旅游组织的历年官方报告都采纳我国国家外汇管理局的数据，如2017年出境旅游支出2580亿美元。原国家旅游局认为这个数据包含了出境人员的医疗、求学、购置家产、购买外国股票等非旅游支出，不属于旅游消费支出，宣布2017年出境旅游支出1152.9亿美元。不知是否与世界旅游组织沟通过？让他们不再发布"中国继续引领全球出境旅游，2017年在国际旅游上花费了2580亿美元，几乎占全球总支出的1/5"之类的不准确信息。令人不解的是，国家旅游局一再否认出境旅游支出"2580亿美元"这个数据，同时又在官方讲话、报刊上宣传这个数据，并宣传中国是"第一出境旅游消费大国"，岂不自相矛盾？

按《统计公报》，出境旅游人数超入境旅游人数2079万人次；按《基本情况》，出境旅游人数超入境旅游人数852万人次。以国际出入境旅游人次计算，入境外国游客3054万人次，我国出国游客6000万人次。无论哪个数字，出境人数大于入境人数是个不争的事实。

前几年旅游主管部门对出入境旅游收支方面一直强调是"顺差"，指责"逆差"是"严重的误导"。从去年开始出境人数远多于入境游客，因此出境旅游支出大于入境旅游收入更是不争的事实。至今并未公布2018年出境旅游消费数据，显然旅

游贸易"顺差"论无法自圆其说。

按照"一国两制"的国情，作为国家层面的官方旅游统计公报，应该分为两大类：

第一，外国旅游者在中国大陆的旅游花费（国际旅游外汇收入）与中国大陆居民赴外国旅游的花费（国际旅游外汇支出）以及国际旅游贸易收支的顺差或逆差。

第二，内地与香港、澳门地区的出入境旅游收支，大陆与台湾地区的出入境旅游收支。

如果这样做，两种不同性质的出入境旅游就一清二楚，"一国两制"下的入出境旅游特点就一目了然。

这样做并不难。对内地/大陆游客在港澳台的花费可以通过下述渠道测算：

第一，香港、澳门、台湾旅游主管部门对内地/大陆的入境游客统计十分详细：游客总量、过夜游客与一日游客人次、过夜游客与一日游客人均花费、总花费（相当于港、澳、台的总收入）、游客花费结构（住、食、行、购、娱、医、养和其他花费）等；

第二，赴港、澳、台游客在内地/大陆上的相关花费（办证费、旅行社服务费以及搭乘内地/大陆的飞机、火车或轮船赴港澳台的交通费等）；

第三，通过抽样调查测算赴港澳台游客的人均花费；

第四，通过银联卡、支付宝、微信等电子金融工具的支出等。

通过对上述几个方面的数据进行综合核对、验证，分别得出内地/大陆游客在港、澳、台三地的花费（支出）。

对内地/大陆游客在外国的花费也可以通过这些渠道测算：首先，通过抽样调查测算出国游客的人均花费；其次，通过银联卡、支付宝、微信等电子金融工具的支出了解大陆游客在外国的旅游花费；再次，国内一些著名的OTA旅游服务商、金融服务公司对出国游客花费状况的调查报告；最后，还有一些重要的旅游目的地国家对中国入境游客的消费测算数据。

同样的，综合上述几个方面的数据进行核对、验证，就可以得到出国游客的总花费（支出）和分别在一些重要目的国的花费（支出）。

总之，在大数据时代测算出境旅游的花费（支出），进而测算与相关的国家和港澳台地区的入出境旅游贸易收支的数据，不是能不能为的事情，而是想不想为的事情。

九、旅游业占 GDP 的比例统计口径，内部要协调一致，对外应接轨国际

《基本情况》称"经初步测算，全年全国旅游业对 GDP 的综合贡献为 9.94 万亿元，占 GDP 总量的 11.04%"。

2019 年 4 月 21 日，文化和旅游部部长在中国旅游科学年会上也提到了同样的数据。但是同年 12 月 15 日，由中国旅游研究院、中国旅游协会联合主办的"2019 中国旅游集团发展论坛"上，文化和旅游部部长说："2017 年我国旅游及相关产业增加值达到 3.72 万亿元，连续多年保持两位数增长率，占 GDP 比重达到 4.53%，已经成为国民经济中举足轻重的战略性支柱产业。"显然，国家统计局的旅游及相关产业统计数据已得到文化和旅游部部长的认可。

国家统计局 2018 年 10 月 11 日公布，2017 年我国文化及相关产业增加值 37 210 亿元、占 GDP 的 4.2%；2019 年 1 月 18 日公布，2017 年全国旅游及相关产业增加值 34 722 亿元、占 GDP 的 4.53%。本人认为，考虑到文化产业和旅游产业有部分重叠，由此推测两个产业之和 2017 年 GDP 占比可能在 8% 左右。

但是《基本情况》中称"2018 年全国旅游业占 GDP 总量的 11.04%"。如果由此推断，2018 年文化产业和旅游产业之和难道超过 15%？2018 年全国第三产业增加值 46.96 万亿元，旅游产业的"综合贡献"9.94 万亿元，占第三产业增加值的 21.2%，这个产业真的这么"大"吗？

世界旅行与旅游理事会公布的各国旅游产业产值及其占 GDP 比例时，同时用"直接贡献"、"间接贡献"及"乘数系数"三个概念，其中间接贡献÷直接贡献=乘数系数。以下是中国旅游研究院和旅游数据中心刊物中引用的 2016 年全球和若干国家旅游和旅行业的直接贡献、综合贡献及乘数系数表。

若干国家旅游和旅行业对 GDP 的直接贡献、综合贡献和乘数系数表

国　家	旅游和旅行业对 GDP 的直接贡献（%）	旅游和旅行业对 GDP 的综合贡献（%）	乘数系数（综合贡献是直接贡献的倍数）
全　球	3.1	10.2	3.29
日　本	2.4	7.4	3.08
泰　国	9.2	20.6	2.24
印　度	3.3	9.6	2.91
马尔代夫	40.9	79.4	1.94
埃　及	3.2	7.2	2.25
巴　西	3.2	8.5	2.66

续表

国　家	旅游和旅行业对 GDP 的直接贡献（%）	旅游和旅行业对 GDP 的综合贡献（%）	乘数系数（综合贡献是直接贡献的倍数）
美　国	2.7	8.1	3.00
墨西哥	7.4	16	2.16
澳大利亚	2.9	10.9	3.76
西班牙	5.1	14.2	2.78
德　国	4.0	10.8	2.70
法　国	3.6	8.9	2.47
英　国	3.4	10.8	3.18
意大利	4.6	11.1	2.41

2016 年全球旅游业对 GDP 的直接贡献为 3.1%，对 GDP 的综合贡献全球平均为 10.2%，乘数效应为 3.29。可见，如果对接 WTTC 的旅游卫星账户，就应该公布中国旅游业对 GDP 的直接贡献、综合贡献和乘数系数三个数据，才符合国际标准的要求。

原国家旅游局只在 2015 年公布了旅游业对 GDP 的直接贡献为 3.32 万亿元，占 GDP 比重 4.9%；综合贡献为 7.34 万亿元，占 GDP 比重 10.8%。据此测算，中国（大陆）的旅游乘数系数为 2.21，与泰国、埃及、墨西哥等国相近。不过 2014 年、2016 年、2017 年、2018 年我国旅游部门一直没有公布旅游业的直接贡献数据，而是用一个含糊其词的"综合贡献"表达。

现在文化和旅游部组建了，国家统计局会如何公布 2018 年的我国文化及相关产业增加值、旅游及相关产业增加值，以及其所占 GDP 的比重呢？我们不妨继续观察。

出入境旅游的统计至少涉及国家文旅部、外交部、统计局、外贸管理局、出入境管理局以及港澳办公室、台湾事务办公室，只有部门合作才能解决这些难题。就大陆（内地）、香港、澳门、台湾之间的双方、多边的旅游人数与收支统计而言，还需与港澳台地区相关部门沟通与合作。

依我看，如果有那一天，四地旅游统计机构能建立一种协调机制，互通信息、成果共享，"中华旅游市场"的统计就迎刃而解了。

第四篇　国际旅游

如何看待中国在世界旅游中的排名[①]

近日《中国旅游报》公布《2016年世界旅游十大新闻》，其中之七是："中国旅游收入跃升世界第二，继续位居世界第一大出境旅游消费国。"由中国发布"世界旅游十大新闻"是第一次，把中国在世界旅游中的排名列入"十大新闻"之一也是第一次。

如何看待中国在世界旅游中的排名，是一个统计问题，还是一个视角问题，更是一个心态问题。

一、中国"出境旅游消费"是世界第一吗？

2015年"中国游客旅游花费2920亿美元"，这是世界旅游组织引用中国国家外汇管理局公布的"旅游贸易"的数据。按世界旅游组织的报告，2015年世界前5名出境旅游花费国是：中国2920亿美元，美国1200亿美元，德国760亿美元，英国630亿美元，法国380亿美元。中国位居第一。

但是，国家旅游局《2015年中国旅游统计报告》公布的数据是，2015年中国公民出境旅游人数1.17亿人次，旅游花费1045亿美元。如果以此排名，中国排在美国之后位居第二，就不是"世界第一大出境旅游消费国"了。

这是一个明显的悖论。"解铃还需系铃人"，国家旅游局应该向世界旅游组织提出，请世界旅游组织修改"2920亿美元"这个不实数据，并进而修改中国"对全球旅游收入的贡献年均超过13%"这个不实之说。但是，在"世界旅游十大新闻"又肯定了这个数据，于是陷入了自己制造的窘境。

其实，这个排名与奥运会冠军、亚军的奖牌不同，第一还是第二"含金量"并无多大差异，不必细究。但是既然是一个显示中国出境旅游地位的官方文件，自然应该严谨，在出境旅游消费数字上，只能采用一个数据，而不能有两个官方都认可

[①] 2017年1月13日博客。

的数据。

一方面,在显示中国是"世界第一大出境旅游消费国"时用2920亿美元这个数据,继而认定由世界旅游组织由此推断出的"对全球旅游收入的贡献年均超过13%"之说,彰显中国旅游是"世界第一"的"国际地位";另一方面,在显示旅游业对出入境贸易的巨大"成绩"时,另用了"1045亿美元"这个数据,以认定国家旅游局局长的旅游贸易是"顺差"而不是"逆差"的结论。两个数据各有用处的同时,于是出现了"以子之矛攻子之盾"的窘态。

二、从国民人均出国旅游花费看,中国排在世界第几位?

世界旅游组织年度报告还有一种测算一个国家国民出境旅游消费水平的方法,这就是以该国总人口为分母、出国旅游总消费额为分子,测算该国全体国民人均出境旅游的花费水平。以UNWTO的《2015全球旅游报告》为例,该报告第13页有如下说明2014年十大顶级旅游支出国的一张表:

序号	国家	出境旅游支出（亿美元）	占世界份额（%）	人口（亿人）	人均出境旅游支出（美元）
1	中国大陆	1649	13.2	13.68	121
2	美国	1108	8.9	3.19	347
3	德国	922	7.4	0.81	1137
4	英国	576	4.6	0.65	893
5	俄罗斯	504	4.0	1.44	351
6	法国	475	3.8	0.64	747
7	加拿大	338	2.7	0.35	951
8	意大利	288	2.3	0.35	473
9	澳大利亚	263	2.1	0.24	1114
10	巴西	256	2.1	2.03	126

资料来源:《世界旅游组织：2015全球旅游报告》,2015年10月2日。

由此可见,如果以出境旅游支出总量排名,中国大陆为第一;如果以全体国民的人均出境旅游支出排名,中国大陆为第十。

这与GDP排名一样,以总量排中国大陆为世界第二,以人均GDP排,中国大陆在一百位左右。以GDP总量排,是世界经济大国;以人均GDP排,是中等发展中国家。两者一起看才是中国大陆经济的全貌,这样才不至于过低或过高评价自己。

三、大陆出国旅游人数世界排名第几？

在公布大陆出境旅游数据时，官方从来不公布这样一个基本事实：其中去港澳台地区的多少，出国的多少？2016 年一位公安部副部长透露，全国有护照和港澳台出入境证 1.2 亿张。今年 1 月 10 日新华社报道，从公安部获悉，"近年来，随着我国社会经济的发展，公民出国（境）办证量大幅增长，其中港澳台旅游签注占总量的一半以上，年均办理量超过七千万人次"。这就是说，2016 年大陆出境旅游 1.17 亿人次中，出国旅游的不到 5000 万人次。

众所周知，世界其他国家国民的出境旅游就是出国旅游，两者可以画等号，而中国大陆的出境旅客中 2/3 左右是去港澳台地区旅行或旅游。内地/大陆与港澳台之间的出入境旅游，是一个中国四个地区之间的旅游，是同一个国家内部实行不同社会制度和货币及关税制度的四个地区之间的旅游，其本质上是国内旅游（Domestic Tourism），而不是国与国之间的国际旅游（International Tourism）。因此，大陆出境旅游的人数与其他国家国民的出境旅游人数之间没有可比性。只有用大陆出国旅游的人数与其他国家国民的出国旅游人数相比，才能如实评判大陆出国旅游在世界上的排位。

本人主笔的《中国出入境旅游国家（地区）概要》中，引用过国际旅游咨询公司（IPK）的世界十大出国旅游者排名表：

2010 年世界十大出国旅游者排名表

序位	客源产出国	万人次数	占全球比例（%）
1	德　国	7260	10
2	美　国	6400	9
3	英　国	5490	8
4	法　国	3170	5
5	加拿大	2370	4
6	荷　兰	2350	3
7	意大利	2240	3
8	俄罗斯	2170	3
9	日　本	1960	3
10	中国大陆*	1610	2

注：*表示数据中不包括去港澳台游客的人数。

资料来源：国际旅游咨询公司（IPK）2012 年 12 月，转引自《2011 年中国旅游发展分析与预测》（旅游绿皮书），中国社会科学院旅游研究中心，社会科学文献出版社 2011 年版，第 69 页。

这是 2010 年的数据。如果用近年来的各国出国旅游的人次与大陆 5000 万左右的出国旅游人次比较，大陆排在美国、德国和英国之后，为第四位。

四、13.7 亿人口中有百分之几的人出境、出国旅游？

看一个国家国民出境旅游水平，既要看总量和规模，更要看出境旅游者占该国国民中的比例，才能判断该国出境旅游的普及程度。

国家旅游局近日公布，2016 年出境旅游 1.22 亿人次。即是说，出境旅游人数占全国总人口的 8.9%；其中出国旅游约 0.5 亿人次，占全国总人口的 3.6%。

在全国同类教材中，本人主笔的《中国出入境旅游国家（地区）概要》《中国客源国/地区概况》（旅游教育出版社，第 7 版）和《中国客源国概况》（旅游教育出版社，第 7 版），唯一使用了出境旅游与国民总人口的"国民出境旅游率"概念。其中，日本为 14%，韩国为 26%，澳大利亚为 23%，德国为 88%，英国为 95%，意大利为 40%，美国为 20%，加拿大为 88%。在金砖五国中，俄罗斯为 34%，印度为 10%，南非为 10%，巴西为 4%。以"国民出境旅游率"比较，中国高于巴西，低于俄罗斯、印度和南非；以"国民出国旅游率"比较，中国低于俄罗斯、印度、南非和巴西。

还应考虑，1.22 亿出境旅游人次并不等于是 1.22 亿人出境。在国民收入分配不公、地区发展不平衡、行业收入差距巨大、雇主与雇员收入悬殊的社会背景下，在 1.2 亿张出境通行证和护照的持有者中，有的人一年中出境旅游若干次，有的人若干年才出境旅游 1 次。有一种说法"出境旅游迅速大众化"，只不过是坐在书斋里的想象而已。

五、出入境排名第一、第二能代表国家的旅游竞争力吗？

国际上还有一种世界旅游排名方式，那就是世界经济论坛（WEF）每年发布的《旅游业竞争力报告》，即对 139 个国家和地区的"旅游竞争力报告"进行排名。"全球旅游竞争力指数"的一级指标分三大类：

（1）"旅游监管架构"，下设政策法规、环境的可持续发展、安全保障、健康和卫生、旅游的优先次序 5 个分类；

（2）"旅游商业环境和基础设施"，下设空中交通基础设施、地面交通基础设施、旅游设施、资讯科技基础设施、行业的价格竞争力 5 个分类；

（3）"旅游人力、文化、自然资源"，下设人力资源、旅游的亲和力、自然资源、文化资源 4 个分类。

2015年"全球旅游竞争力"前30名依次是，西班牙、法国、德国、美国、英国、瑞士、澳大利亚、意大利、日本、加拿大、新加坡、奥地利、中国香港、荷兰、葡萄牙、新西兰、中国大陆、冰岛、爱尔兰、挪威、比利时、芬兰、瑞典、阿联酋、马来西亚、卢森堡、丹麦、巴西、韩国和墨西哥。

全球旅游竞争力指数中，没有国家或地区接待入境旅游人数、国际旅游收入与支出以及旅游业增加值占GDP份额等旅游经济规模指标，而是自然、历史、人文、社会、经济和政策等多种因素的综合，更能客观地体现一个国家或地区的旅游综合竞争力。可以说，这个"全球旅游竞争力"排名，打破了"唯旅游人数与收支"论，体现了大小国家一律平等的原则。

近几年来，中国大陆的竞争力排名从四十多位、三十多位提前到十七位，可以认为世界经济论坛的这个排名大体上是客观、公正的。这种国家与区域旅游竞争力的排名原则与指标值得借鉴。正在开展的"全域旅游示范区"以5个旅游指数为主要评定指标的做法，此种导向不利于旅游业的良性竞争与健康发展（参见本书第98、107页）。

六、中国大陆旅游在世界上目前处于什么水平？

近年来，本人在各地大学讲台与各种论坛上，表述了对这个问题的基本判断：

从资源品质和游客规模上，处于世界上等水平，这主要得益于国土辽阔、历史悠久和人口众多，也得益于改革开放的国策；

从产品质量和产业效益上，处于世界中等水平；

从国民人均接待人次、人均旅游收入与花费、人均出游人次与人均花费来讲，低于世界平均水平，处于偏下水平。

笔者一直关注世界旅游组织每年发布的各国出入境旅游排名，由我主笔的《中国客源国/地区概况》，每次再版时都补上最新的数据。该书第7版中写道：

> 中国旅游的国际地位日益提高。1980年中国接待过夜入境旅游者人数在世界上的排名第十八位，旅游外汇收入排名第三十四位。据世界旅游组织统计，2014年中国（大陆）入境游客人数世界排名第四位，入境旅游收入世界排名第四位，出境旅游支出世界排名第一位。截至2015年5月，中国公民出国旅游目的地国家和地区（ADS）总数达到155个。中国已成为世界旅游的重要目的地和客源国。世界经济论坛2015年发布的"全球旅游竞争力"排名中，中国（大陆）为十七名。

同时笔者一直对世界旅游组织关于中国大陆旅游的世界排名持审慎态度，认为其中有不当之处，主要是把大陆与港澳台之间的出入境旅游数据不加区分与其他国家进行比较,不能真实反映大陆出入境旅游的实际水平,有拔高之嫌。

对于世界旅游排名,不妨淡定一点、从容一点、理性一点。把它作为"世界旅游十大新闻"之一,其中流露出来的自喜、自大、自慰之心,恐怕不是泱泱旅游大国应有的心态。

中美能成为"引领世界旅游发展的主导力量"吗?[1]

2015 年 9 月 23 日,国家旅游局有关负责人在美国说:"2014 年,中美两国贡献的国际客源和接待的国际旅客合计占到全球总量的 15.40% 和 11.45%。两国旅游合作既是维持和引领世界旅游健康发展的主导力量,也是建设中美新型大国关系的重要内容。"

的确,从建设"不冲突、不对抗、互相尊重、合作共赢"的新型大国关系而言,两国旅游交流合作完全符合这个要求,可以大有作为、作出应有的贡献。

但是,据笔者测算,排除港澳台的游客,以中美两国接待外国入境旅客和出国旅客的规模计算,分别占全球国际旅客的 8.8% 和 9.4%。即使按有关负责人的说法为 15.40% 和 11.45%,由此说"中美两国旅游合作是维持和引领世界旅游健康发展的主导力量",未免有夸大其词之嫌。

中美两国旅游主导不了世界旅游发展。当今世界旅坛以欧洲为主体、亚太与美洲为两翼的格局,没有发生根本变化,虽然欧洲的分量在逐步下降,亚太地区的分量在逐步上升。2014 年,欧洲接待国际游客 5.8 亿人次,占世界总额 51%;亚太地区接待 2.6 亿人次,占 23%;美洲接待 1.8 亿人次,占 16%。这个格局说明亚洲和美洲还不是"维持和引领世界旅游健康发展的主导力量",更不用说中、美两国了。

世界旅游组织预测,从 2010 至 2020 年、2020 至 2030 年,欧洲国际旅游年均增长分别为 2.7%、1.8%,亚太地区分别为 5.7%、4.2%,美洲分别为 2.9%、2.2%,亚太地区和美洲的增速均超过欧洲。预计到 2030 年,欧洲接待国际旅客 7.44 亿人次、占世界总额 41.1%,亚太地区接待国际旅客 5.35 亿人次、占世界总额 29.6%,美洲接待国际旅客 2.48 亿人次、占世界总额 13.7%。到 2030 年,世界旅坛上欧洲为主体、亚太和美洲为两翼的格局也没有根本改变。即使到那时,中美两国旅游合

---

[1] 刊登于 2015 年 10 月 10 日中国经济网。

作也"主导"不了世界旅游发展。

说美国主导美洲旅游发展，可以。2014年美国接待国际游客人数7475.7万人次，占美洲总额18 096.5万人次的41.3%；旅游外汇收入1772.4亿美元，占美洲总额2739.96亿美元的64.7%。美国入境游客中加拿大、墨西哥的游客占一半。美国出境旅游约6000万人次，出境旅游主要目的地是北美、加勒比，约占2/3以上。2014年加拿大接待入境游客1652.08万人次，其中美国游客1147.1万人次，约占2/3。2013年墨西哥接待外国游客2909.1万人次，其中1/2以上来自美国。也可以说，由美、加、墨组成的美洲旅游共同体，主导着美洲旅游的发展。

说中国（大陆）主导亚太地区旅游发展，目前还谈不上。2014年中国接待入境过夜游客5562.2万人次，占亚太地区26 330.5万人次的21.1%；旅游外汇收入569.13亿美元，占亚太地区2894.48亿美元的19.6%。日本、韩国目前与大陆互为第一目的地和客源地，旅游交流最频繁。日本来华旅客占其出国旅客的1/5，大陆赴日旅客也占日本入境游客的1/5。韩国来华旅客占其出国旅客的1/4，大陆赴韩旅客占韩国入境游客的1/3。大陆与日、韩旅游交流合作的重要性不可轻视，但时下还不能称之为"旅游共同体"，也谈不上"主导"亚洲旅游发展。

总之，断言中美"两国旅游合作是维持和引领世界旅游健康发展的主导力量"，要慎之又慎。作为一个负责任大国的旅游部门相关负责人，在国际场合发表正式讲话，更要慎之又慎。

应该把国际市场当作入境旅游营销的战略重点①

一、重新认识中国入境旅游在世界的地位

我国的入境旅游从改革开放以来一直沿用国际市场与港澳台市场合为一体的做法，由此引申出一个问题，我们的入境游客的数量与其他国家的入境游客数量之间没有可比性。如果要比较，只能用入境游客中的外国人数量去同其他国家比，这样才有意义。以 2016 年为例，中国大陆入境外国游客 2815 万人次，其中过夜外国人 2165 万人次，排在法国（8370 万人次，2015 年数据，下同）、美国（7476 万人次）、西班牙（6499 万人次）、意大利（4858 万人次）、土耳其（3981 万人次）、德国（3301 万人次）、英国（3261 万人次）、俄罗斯（2981 万人次）、墨西哥（2909 万人次）之后，是世界第十，而不是世界第四。

同理，在其他国家，入境旅游收入同国际旅游收入可以画等号，而在我国绝对不能画等号。入境旅游收入不能译为 International Tourism Receipt。只有其中外国游客的消费才是"国际旅游收入"。中国旅游研究院《2016 年全年旅游统计数据报告》载，"2016 年国际旅游收入 1200 亿美元，其中：外国人在华花费 668 亿美元，香港同胞在内地花费 305 亿美元，澳门同胞在内地花费 76 亿美元，台湾同胞在大陆花费 150 亿美元"。只有"外国人在华花费 668 亿美元"才是"国际旅游收入"。"2016 年国际旅游收入 1200 亿美元"错了，应称为"入境旅游收入 1200 亿美元"。真正的国际旅游收入是 668 亿美元。

2015 年外国人在华花费 601 亿美元。按这个数据与其他国家比较，我们的国际旅游收入大概是美国国际旅游收入的一半（2015 年 1780 亿美元），略多于西班牙的国际旅游收入（2015 年 570 亿美元），排世界第三。

在世界经济论坛公布的历次《旅游业竞争力报告》中，中国的位次不断提升，2017 年为十五位。我们入境旅游市场中，港澳台游客人数占 4/5，外国游客只占 1/5，

---

① 刊登于北京旅游学会会刊《北京旅游研究与信息》2017 年第 5 期。

入境旅游市场的国际化程度相当低。我国国际入境旅游的综合竞争力大致在世界第一梯队的末位或第二梯队的前列。大力拓展外国人入境旅游市场，提高外国游客在入境旅游市场中的份额，才是发展入境旅游的战略重点。

二、入境旅游早已进入产品吸引和营销推动的常态化发展阶段

入境旅游从1980年的52.9万人次猛增到2007年的2010.97万人次，高歌猛进近三十年，创中外旅游史上的奇迹。但是2008至2015年出现了八年徘徊，入境游客总体上一直在1.2亿至1.3亿人次之间起伏。外国游客更是如此：2007年2611万人次，2012年2719万人次，2015年2598万人次。其外因是国际金融危机，但在同样国际背景下，亚太地区很多国家入境旅游继续增长甚至快速增长，而我们却一直低迷不振，应该正视和研究。

改革开放三十年后，一方面国门大开、外国人对中国的好奇心逐渐降低；另一方面，中国的真实情况逐步显现，加上粗放型高速发展所带来的一系列后果不断暴露，如大气污染、入境签证不便，以及旅游产品老化、外语环境不便等。在外国人从团队游为主向团队、散客并重后，神秘感消失、现实感显露，同时我们入境旅游产品、管理、服务和营销虽有改进但变化不大。2008年国际金融危机以后，许多国家加大了开拓入境旅游市场的力度，我们却忙碌于各种行政评比运动的表面文章、沉迷在出境旅游市场的跃动之中。

入境旅游以"封闭红利"与资源拉动为主的排浪式推进的初发阶段早已过去，从21世纪初开始进入了以产品、服务吸引和营销推动为主的常态化发展阶段。对这个重大转折，我们认识迟缓、行动乏力，总是用"外因"（国际金融危机、人民币升值等）、"入境旅游世界第四"、"入境旅游总量增长"或"出入境旅游总量增长"、旅游贸易顺差100亿美元等自解，回避外国人入境连年下降的严峻现实。

2016年入境游客上升3.8%、外国人上升8.3%，止住了连年下降的势头。但今年上半年入境游客同比增长2.4%，远低于去年上半年8.3%的增幅；外国入境游客今年上半年同比增长3.6%，也低于去年上半年3.8%的增幅。可见，入境旅游、特别是外国游客入境仍在波动之中，并不稳定。断言"入境旅游已经走出萧条，正在从全面恢复走向持续增长的新阶段"，似乎言之过早。

三、国际市场应是入境旅游市场营销的战略重点

港澳台入境市场早已进入常态化阶段，从港澳台居民人口与来内地/大陆的旅客人数相比，已到达或接近饱和。香港人口726万，每年来内地近8000万人次；澳

门人口 64 万,每年来内地近 2000 多万人次;台湾人口 2300 万,每年来大陆近 500 多万人次,其中大多是"旅客"而非"游客"。今后不是在扩大数量上着力,而是在丰富旅游产品种类、提升服务品质上下功夫。扩大外国游客规模、提升外国游客在入境市场中的份额,是增强旅游国际竞争力的重中之重。

在国际入境旅游市场方面,当今的战略格局仍然是一体(亚太)两翼(西欧、北美),拓展重点仍以东北亚、东南亚、南亚、西欧和北美为目标。中亚、西亚、东欧、非洲、南美等在今后一段时间内仍然是有待培育的潜在市场。在"一带一路"上,要因时因地区别传统市场国家、新兴市场国家和潜在市场国家,重点应该开展"一带一路"沿线客源国的国情与市场调研,分国、适时稳步推进。

四、国际入境旅游的核心吸引力仍是以世界遗产为标志的人文山水

2013 年 9 月 Google 发布《中国入境旅游白皮书》,76% 的外国游客认为长城是中国的代表,在他们看来,这不是一个景点,而是古老中华文明的象征。《中国入境旅游发展年度报告 2017》显示:在接受问卷调查的外国游客中,76% 的游客认为长城是中国的名片,此外为熊猫、故宫、兵马俑、黄河、桂林山水、长江三峡等。外国游客对中国的文化元素与山水景观依然神往不已,热情依旧没有减退。须知,近四十年中,来华外国人依然是世界人口中的极少数,而且代际传承、上一辈人来过下一辈人依旧想来。

世界经济论坛公布的《旅游竞争力报告》中,我国的自然和文化资源总排名一直是首位。目前我国有 52 处世界自然与文化遗产,数量居世界首位,以后将会以每年增加 1 处的势头扩展。这些遗产在世界上具有唯一性,只要我们在开展旅游时精心保护、适度利用,对国内外游客尤其是国际游客具有永恒的魅力。这是我们的优势和强项所在,国际入境旅游的核心竞争力所在,应该咬住不放。

对不同外国来华群体应有不同的主打产品。国家旅游局历年入境旅游者调查结果显示,入境游客尤其是观光休闲游客中,首次来华的约占 4/5,随团旅游的外国人中半数以上是首次来华的。在观光休闲需求方面,对首次来华的观光休闲和多次来华的其他客人,以世界自然与文化遗产为代表的资源和产品具有不可替代的吸引力;对一代又一代不断新生的游客,永远具有强大的旅游吸引力。让自然与文化遗产活起来,变浅层观览为深度体验,赋予遗产以现代内涵和时代活力并融入外国游客综合性消费之中,永远是开发国际旅游市场的首位选项。

与此同时,也要着力完善入境旅游的公共基础服务设施和环境,改善城乡居民品质生活空间,开发以生态质量优良、风景秀美的自然与城乡真实生活方式体验为

特色的休闲度假产品，营造吸引国际客人逗留和休闲度假的大环境。这对多次来华的商务客人、访问者、探亲访友者，以及留学、就业者和服务员工尤为重要。

五、国际旅游推广中的国家旅游形象定位

有一种建议，把"'美丽中国（Beautiful China）'和'超乎想象的中国（China, beyond your imagination）'作为中国全新形象的旅游形象"，建议用"中国梦"和"全域旅游""引领入境市场新发展"。

这需要进行深入的市场调研和专业研究，需要广泛向外国旅游业者、已来游客和潜在游客咨询和调研。国内的政治鼓动口号、做法能否搬到国际上去，尤其是国际旅游市场的宣传推广中去，需要慎重研究。这方面，经验不多，教训不少。

国家旅游形象和对外宣传推广用语，国际上大致有两种类型。一种是以精练而形象的文字概括旅游资源、产品或环境的主要特点，使人联想到这个国家与众不同的旅游特色，如"100%纯净"新西兰，马尔代夫"让生活中充满阳光"，"露天博物馆"意大利，"历史的金库"埃及，"欧亚交汇，文明焦点"土耳其，"天生的尼泊尔"，"阳光普照西班牙"（后又改为"西班牙，激情生活"），"世界公园，瑞士，瑞士，还是瑞士"，瑞典"奇妙，即使在冬季"，"加拿大：越往北，越使你感到温暖"，秘鲁"太阳之国"（印加文明的发祥地，崇拜太阳），马来西亚"真正的亚洲"，菲律宾"亚洲之家"，赞比亚"真正的非洲"等。

另一种是以抽象而又能让人引起遐想的鼓动性语言激发游客想象或游兴，如"日本：永无尽头的发现"，"真彩韩国：炫动之旅，想所未及"，"神奇泰国"，澳大利亚"与众不同"，"非凡英国"（近年来使用"时尚英国、年轻英国"），"激情巴西"，"彩虹之国南非"，"不断探索加拿大"，埃塞俄比亚"旅游者的天堂"，墨西哥"超乎你的想象"，"难以置信的印度"，"魔幻般的肯尼亚"，"塞舌尔：地球上最后的伊甸园"等。[①]

笔者认为，从旅游宣传的角度，"美丽中国"不足以凸显我国旅游的特点，哪个国家都可以使用。"超乎想象的中国"，与"难以置信的印度"、"魔幻般的肯尼亚"、"想所未及的韩国"十分类似，作为一个旅游宣传推广口号缺乏新意，China, beyond your imagination 不易传诵，不能令人耳目一新。

国家旅游形象如何定位、表述，国家旅游标识如何选择、设计，不同时期针对不同的游客群体和推广渠道可使用不同的旅游宣传推广口号，其表述不仅要让中国人理解，更要符合他们的语感，简洁有力、朗朗上口，便于传诵。这些都需要广泛

[①] 关于各国的旅游形象用语和宣传口号，请参阅本人所著的《中国出入境旅游国家（地区）概要》，北京化工出版社2014年版。

征求、咨询各方人士（包括外国旅游业者）意见。

在互联网时代，不妨通过网络媒介在国内外广泛征集中国旅游形象用语、宣传口号和标识方案，然后通过筛选、议论、网络投票等环节，使该过程变成中国旅游及形象的宣传过程，可以起到事半功倍的效果。少数主管人关起门来冥思苦想很难搞出好的方案。

六、部门合作、各方联动宣传推广国际旅游

据公安部出入境管理局统计，2016年入境外国人共计3840.61万人次（含边民往来），其中观光休闲占37.0%，访问占1.4%，服务员工占15.5%，会议商务占15.6%，就业占2.3%，学习占0.8%，探亲访友占2.5%，定居占0.8%，其他目的入境占24.2%。公安部的结论是"入境外国人主要来华目的为观光休闲"，同时更多的外国人，特别是越来越多的散客，为各种事务性目的而来的占3/5。

长期以来，国务院各部委局都有国际交流的主管机构，分别承担不同目的、不同职能的外宾接待工作。外国人来华人数的多少、接待服务的效果、外宾的满意度和重访率等，取决于国家实力、形象和外交关系，也取决于各领域的交流、各部门的工作，绝非旅游部门一家之力可以做好。

国务院《"十三五"旅游业发展规划》第六章"开放合作构建旅游开放新格局"中，提到与出入境旅游和旅游宣传推广有关的工作时，涉及国家旅游局、中央宣传部、外交部、国家发展改革委、公安部、交通运输部、中国民航局、文化部、国家民委、财政部、商务部、海关总署、税务总局和中央编办等众多部门，也关系到国务院的各个职能部门。制订入境旅游发展规划应当多部门合作、联动，使之成为国务院各部委局的共同行动纲领。

七、创新国际旅游宣传推广体制机制

部门联动绝不是降低国家旅游局在国际旅游宣传推广中的主导作用，更不能取代建立国家旅游宣传推广专业机构。以往的教训之一是缺少一个市场化、专业性的国家旅游宣传推广机构。十年前，我曾向国家旅游局提交过一份调研报告《各国旅游管理体制评述》，其中专门写了"公私合作、专业促销"一节：

> 旅游宣传推广由政府主管机构包揽向主管机构与行业组织结合转型，从行政式宣传向专业化、市场化促销转型。越来越多的国家建立起政府主导、行业合作、企业参与、专业运作的市场营销的宣传推广机构，最为成功的是日本观光振兴会、韩国观光公社、法兰西之家、德国旅游中心、美国国家旅游组织、

希腊国家旅游组织、加拿大旅游委员会、澳大利亚旅游委员会等。这些专业促销机构一般都成立董事会，由政府主管部门代表、旅游行业组织代表和市场营销专家组成，雇用市场促销专业人员，开展市场调研、制定营销计划、组建国家旅游宣传推广机构，开展符合市场经济规律的专业化宣传推广。宣传推广资金主要由政府财政拨款，同时由行业协会等社会组织资助。[①]

提出这个建议已过去了十多年，但至今一直未见行动。近来又听说文化和旅游部要组建旅游宣传推广机构。笔者认为，这个机构叫"国家旅游推广局"较妥，以便与同原国家旅游局区别，并且实行政府指导、行业合作、企业参与、专业化运作的机制，区别于纯行政式的旅游宣传机构。

[①] 刊载于《旅游调研》2008年第3期；收录于《旅坛忧思录》上卷，第81~104页。

应该明确区分入出境旅游与国际旅游①

在我国出入境旅游与国际旅游统计上，需要弄清"入出境旅游"与"国际旅游"两个有关联又有区别的概念与范畴。

国际上"入出境旅游"的含义与范围十分明确，就是接待外国游客与本国人的出国旅游，完全属于国际市场，入出境市场与国际市场之间可以画等号。联合国世界旅游组织《关于旅游统计的建议》认定，"入境旅游，非居住人口（作为游客）在本国的旅游""出境旅游，居住人口在本国以外的地方（作为游客）的旅游"。②美国旅游学者查尔斯·格德纳提出，"国际旅游"分为入境旅游与出境旅游两大类。"入境旅游，指非该国居民来访该国的活动""指某一国家的居民去另一国访问的活动"。③由此，在国际旅游界，入出境旅游就是国际旅游，入出境旅游服务贸易就是国际旅游服务贸易，入出境旅游服务贸易顺差与逆差就是国际旅游服务贸易顺差与逆差。

中国大陆则不然，入境人员中包括国际人士入境与港澳台居民入境两大部分，出境人员中包括去外国和去港澳台两大部分。这是世界独有的现象。

"国境"与"关境"虽然都有一个"境"字，但性质完全不同。对外国人士来中国大陆而言，无论是入境还是出境这是国境之"境"；对港、澳、台人士而言，往返内地/大陆这是中国范围内四个不同关税区、货币区和经贸区之"境"；对内地/大陆人士而言，去回港澳台也是中国范围内四个不同关税区、货币区和经贸区之"境"。

2016年10月14日"新华社规范新闻报道用语"规定，明确"区分国境与关境概念。国境是指一个国家行使主权的领土范围，从国境的角度讲，港澳属'境内'；关境是指适用同一海关法或实行同一关税制度的区域，从关境的角度讲，港澳属单

---

① 2017年4月15日博客。
② 世界旅游组织《关于旅游统计的建议/旅游统计数字的收集和编纂之一》，中国国家旅游局译印，1996年1月，第26页。
③ [美]查尔斯·格德纳等：《旅游学》，第10版，中国人民大学出版社2008年版，第7页。

独关税区，相对于内地属于'境外'""将港澳台业务单列为国内业务的特殊类别加以规范管理"。国家民航局每年发布的统计公报一直把内地/大陆往返港澳台的航线航班与乘客明确列为"国内航线、航班"，如"2016年，全行业完成旅客运输量48 796万人次。国内航线完成旅客运输量43 634万人次，其中港澳台航线完成985万人次；国际航线完成旅客运输量5162万人次"。这样做符合国策。

这个原则也完全适用于旅游业。内地与港澳之间、大陆与台湾之间的相互旅游，其性质是国内旅游，是一国两制国情下特殊形态的国内旅游，而不是国际旅游。港澳台人往返大陆/内地本质上属国内旅客或游客，大陆/内地人往返港澳台也属国内旅客或游客，都不是国际旅客与游客。

由此，在中国存在两类不同性质的入境旅游与出境旅游。第一种是外国游客到中国（包括大陆、香港、澳门和台湾地区）的入境旅游和中国人（包括大陆人、香港人、澳门人和台湾人）去外国的出境旅游。这里的"境"是国境之"境"，属于国际旅游。第二种是香港人、澳门人、台湾人来内地/大陆的入境旅游和大陆人去香港、澳门、台湾的出境旅游。这里的"境"是中国一个国家内四个地区之间的边境之"境"。这是两个性质完全不同的"境"。

如果说在香港、澳门回归祖国之前，人们不注意区分这两种"境"还情有可原；如今香港、澳门回归祖国已十多年，还不注意区分这两种"境"就不适宜了。尤其在目前面临反对"港独""台独"的严峻任务之际，再不注意区分这两种"境"就更不妥当了。如2015年9月23日国家旅游局在庆祝举行"中美旅游年"的国际活动时，有关负责人说："2014年，中美两国贡献的国际客源和接待的国际旅客合计占到全球总量的15.40%和11.45%。"这里用了"国际旅客"，2014年大陆接待入境旅客12 849.8万人次，其中港澳台同胞9677.2万人次、占75.3%；大陆出境旅客10 727.6万人次，其中去港澳台的6846万人次、占64%。显然这些来内地/大陆的港澳台人并非"国际旅客"，去港澳台的内地/大陆人也不能称为"国际旅客"。在报刊上，不区分这两种"境"，在谈到出境旅游1.07亿人次时，说成"出国旅游1.07亿人次"；谈到入境旅游1.2亿人次时，说成"入境外国人1.2亿人次"，这种口误甚至笔误的例子，并不少见。

"旅客"与"游客"虽然都有"客"字，但性质完全不同。"旅客"，泛指在异地行走的人；"游客"，特指在异地观光休闲的人或参加事务会议的人。据公安部出入境管理局统计，2016年入境外国人中，观光休闲1419.74万人次，访问52.13万人次，服务员工594.36万人次，会议商务598.02万人次，就业86.78万人次，学习32.43万人次，探亲访友96.44万人次，定居29.27万人次，其他目的入境931.44万人次。显然其中"服务员工""就业""定居"的不属于游客，"访问"者中的部长以上的随员及媒体人士等不属于游客，"其他目的"中也有不属于游客的。在港澳台入境者中，这些人员更多，港澳居民中的一日往返者绝大部分不属于游客。

当今及今后一个相当长的时期里，中国存在着两岸四地、一国两制的现实。两岸四地是四个各自独立核算的经济体和关税区，各自发行、流通自己的货币，四个地区居民之间的旅行需要办理"通行证"（但不叫"护照"），并兑换货币（但不叫"外币""外汇"），于是产生了入境旅游与出境旅游贸易的结算问题。

两岸四地都是一个中国不可分割的一部分，四个经济体都属于中华民族经济。2013年4月8日，习近平总书记在博鳌会见台湾两岸共同市场基金会荣誉董事长萧万长一行时再次重申，"两岸同胞同属中华民族，两岸经济同属中华民族经济"。

从这个角度观察两岸四地之间的旅游交往，从性质上界定是"中华民族经济"的一部分；两岸四地之间的入出境旅游是"中华民族旅游"的一部分，两岸四地之间的旅游贸易是中华民族经济范围内的收入与出支，其性质不同于两岸四地与外国之间的国际旅游贸易。因此，笔者从2008年起，一直主张把大陆出入境旅游统计框架调整为"国际旅游"与"中华旅游"两大部分，而不是用"入境旅游""出境旅游"把两类不同性质的入出境旅游混在一起统计，进而提出"对旅游贸易逆差作结构分析"[①]。笔者也一直不赞成原国家旅游局的各种文件、报告、资料中，把入境旅游收入称为"国际旅游收入"，不赞成中英文版的《中国旅游年鉴》（英文目录）和《中国旅游统计年鉴》《中国旅游统计便览》中，把包括港澳台游客在内的"入境旅游人数"译为 International Visitor Arrivals to China，把包括港澳台游客花费在内的"入境旅游收入"译为 International Tourism Receipt，把"入境旅游者人均天消费"译为 The Average Daily Per Capita Expenditure by International Tourist，把"各地区接待入境旅游者"译为 International Tourist by Locality。

---

① 2008年3月《关于调整三大旅游市场统计框架的探讨》、2008年6月《用中华市场表述两岸四地旅游市场》、2010年3月《对旅游贸易逆差作结构分析》、2010年8月《呼之欲出的"中华旅游共同体"》，参见《旅游忧思录》下卷，第12页、24页、93页、97页。

对外旅游交往中慎用"旅游外交"

一、"旅游外交"不适用港澳台地区[①]

2015年《全国旅游工作会议报告》（以下简称"《报告》"）明确提出"旅游外交"，这在国家旅游局的文件中尚属首次。该报告多次讲到"旅游外交"的"影响"、"功能"和"角色"。

"外交"的本义是指"一个国家在国际关系方面的活动，如参加国际组织和会议，跟别的国家互派使节、进行谈判、签订条约和协定等"。[②]一般来说，"外交"一词是国家与国家之间交往的总和，是国际关系中的特定概念，不能把它延伸在国内关系中。

《报告》对"旅游外交"的内涵与外延没作明确的限定，其中多次提到出入境旅游、出入境市场与国际游客、国际旅游市场。细加琢磨，发现常常把两者混淆起来。如《报告》说，旅游"在国家外交中正在扮演着越来越重要的角色。过去由于国际旅游市场规模小，使得我们很少从大外交的角度来审视我国的入出境旅游。现在每年我国近2.5亿人次的入出境市场规模，已成为我们发出中国声音、讲好中国故事、加强与世界联系的重要平台，已成为新阶段我国对外交往合作的重要内容"。这里把"近2.5亿人次的入出境市场规模"与"国家外交""国际旅游市场"联系在一起，给人的印象是"近2.5亿人次的入出境市场"是"国际旅游市场"。

事实上，公安部网站公布的文件表述是：2013年，全国出入境边防检查机关共查验出入境人员4.54亿人次，其中内地居民1.96亿人次、占43%，港澳台居民2.06亿人次、占45%，外国人5250.91万人次、占12%。这就是说，大陆的出入境4.54亿人次中，只有12%的外国人才是"国际游客"。而在内地居民出入境1.96亿人次中，其中1.24亿人次往返港澳台的不是"国际游客"，只有往返国外的0.72亿人次才是"国际游客"。因此不能把出入境人员都说成是"国际游客"。

[①] 2015年3月2日博客。
[②] 商务印书馆《现代汉语词典》，2012年版，第1335页。

对于港澳台和华侨同胞的方针政策，历来是与外国人有严格区别的。在改革开放前，接待港澳台和华侨同胞属于统战工作的一部分，由国务院港澳台和侨务办公室主管，其接待由中国旅行社（前身华侨服务旅行社）承担。那个时期接待外国游客属于外事工作的范畴，由国务院外事办公室主管，外国人的接待则由中国国际旅行社承担。

由于特殊的历史轨迹与现实国情，内地、香港、澳门、台湾四个经济体、关税区的局面将长期存在，"一国两制"的国策深刻影响我国现代化的发展进程，关系国家统一与中华民族复兴的伟业。与世界其他国家的出入境旅游就是国际旅游的情况不同，大陆的出入境旅游与国际旅游不能画等号。其中，外国游客来华、中国公民去外国旅游属于国际旅游，两岸四地之间民众的旅游不属于国际旅游。因此"旅游外交"的概念不能用于两岸四地旅游，两岸四地之间的旅游事务不能用"旅游外交"来表述，这在目前香港、台湾的政治生态状况下尤为重要。

显然，这 2.5 亿人次的出入境人员中，大多数属于大陆与港澳台之间的"同胞之旅"，不能与"旅游外交"挂钩。

二、旅游进入外交主战场了吗？[①]

2015 年全国旅游工作会议首次提出"旅游外交"，其后"旅游外交"提得越来越多、调子越来越高。2016 年 1 月 26 日全国旅游工作会议报告指出，"旅游从外交边缘向外交前沿转变"。这就值得探讨了。

国际旅游交流在国与国的关系中属于什么范畴？2016 年 9 月 7 日李克强总理在第十九次中国—东盟（10+1）领导人会议讲话中，其中的"第四点建议"是："打造人文交流合作新支柱。以教育和旅游合作为优先方向，进一步拓展人文交流合作内涵，丰富交流形式，提升合作水平，将人文交流打造为中国与东盟合作第三大支柱。"[②] 这里明确把国与国之间的旅游来往归入"人文交流合作"之列。

至今，在党和国家文件和领导人讲话中，本人尚来见到"旅游外交"这个提法，也很少见到经济外交、贸易外交、军事外交、文化外交、人文外交、教育外交诸如此类的提法，一般提交流、交往、合作。除了与对方签订政府间的旅游交流协定，国家间非政府旅游组织、旅游企业交往与合作、双方游客的往来不用"旅游外交"。

至于 2015 年 7 月国家旅游局局长作为习近平主席特使出席汤加国王加冕典礼，是因为旅游业是汤加国民经济的三大支柱产业（农业、渔业和旅游业）之一，旅游

---

① 2017 年 7 月 3 日博客。
② 2016 年 9 月 8 日中国政府网。

业是中加交流的重要内容，派国家旅游局局长当特使最合适，但也不必过分解读为"旅游外交"。新华社对"国家主席特使"曾作过解释：一般可分礼仪性特使和政治性特使两种。礼仪性特使的出访任务比较单一。除参加相应活动外，他们在与外国领导人会面时，主要是转达国家主席的祝贺或问候，礼节性地表达对两国关系发展前景的良好祝愿。国家主席特使以省部级正职官员为多，如教育部长、水利部长、人力资源和社会保障部长、司法部长、商务部长等。本人尚未看到因派了一名有关部长当一回主席特使，那个部门就大说特说"教育外交""水利外交""人力资源和社会保障外交""司法外交""商务外交"。相比之下，政治性特使则带着更为清晰的目的，外交色彩更为浓厚，对促进双边关系发展发挥重要的沟通、协调作用。

至于旅游是否已走向"外交前沿"，这个话最好旅游部门自己不要说。如果一定要说的话，不妨问问外交部的意见。毕竟外交无小事，在外交这个领域内国家旅游局与外交部不是平起平坐的关系。

笔者认为，国际场合少用、慎用"旅游外交"。不妨设身处地想一想：你与一个国家合办一个旅游活动、派旅游团互访，就说这是我们之间的"旅游外交"活动，有这个必要吗？即使双方互派的旅游官方机构，也不承担国家外交的职能，而是旅游业务联络机构。显而易见，在驻外使馆中的大使、领事、文化参赞、商务参赞、武官、一秘二秘等属于外交官，派往各国的经贸、文化事务机构及其成员不属于外交官。领事亦区别于外交官，一般不享有外交豁免权。国家旅游局驻外旅游办事处也不是外交机构，而是从事旅游宣传推广和业务的联络机构，其成员不享受外交特权、外交豁免权。

国内外实践表明，旅游交流具有很强的弹性，灵活多样，植根于民众交往。在双边关系良好时，旅游交往可以成为发展国家关系的加速器；在双边关系不畅时，旅游交往可以成为改善国家关系的润滑剂；在双边尚无正式外交关系时，可以先行开展旅游交往，使民众交往成为国家关系正常化的导航器。例如，1992年9月24日中国与以色列正式建交前，中以两国的人员交往就是通过"旅游"方式进行的。国际旅游无疑是对外交流的重要渠道，但提高到"外交"的范畴需慎重斟酌。

三、建议文化和旅游部明确分设国际合作局和港澳台事务司[1]

目前文化和旅游部把港澳台办公室设在国际交流与合作局之中，正式称为"国际交流与合作局（港澳台办公室）"。这种设置和表述实际上把对港澳台的文化和旅游交流与合作放在"国际交流与合作"的大框架之中，尽管加了括号仍然有可能被

---

[1] 2019年7月4日发给国务院服务网站的信函。

误解为内地（大陆）与港澳台的文化和旅游交流与合作是"国际交流与合作"的一部分。

党中央的外事工作委员会办公室与台湾工作办公室早就明确分开，国务院的外交部与港澳事务办公室也早就明确分开。建议文化和旅游部分设国际合作局与港澳台事务司，上与党中央、国务院的相关部门相对应，并避免把与港澳台的文化和旅游事务当作是"国际交流与合作"一部分的嫌疑。对港澳台同胞来说，这种机构设置与名称也会引起误会。在当今"台独"猖獗、"港独"嚣张的形势下，更应严格区分港澳台事务与国际事务是两类不同性质的事务。

第五篇　区域发展

《总规》视角下北京文化旅游发展的再思考[①]

2017年9月，经中共中央国务院批复的《北京城市总体规划（2016年—2035年）》（下文简称"《总规》"），站在新时代的历史起点上确定了北京市的发展目标、总体格局和建设方针，同时也为全市文化旅游勾画了清晰的发展蓝图。《总规》为新时代下研究北京文化旅游发展提供了新的视角。

一、"四个中心"与文化旅游

《总规》确定北京是"全国政治中心、文化中心、国际交往中心、科技创新中心"。这个定位确定了北京旅游业的使命和职责，"四个中心"也是北京最重要的社会旅游资源，成为经久不息吸引国内外游客最重要的动力。

作为政治中心，北京是中国的心脏，这里的一景一物、一举一动都被国人、世人关注。随着中国的兴起和社会现代化进程的推进，首都的重大政治事件和活动，必然会成为国内外游客的关注点。

作为文化中心，厚重的历史文化令人神往，浓郁的文化气息使人迷恋，对国内外游客具有永恒的旅游吸引力。

作为国际交往中心，北京年年都有重大的外事、经贸、文化和科教等国际交流活动，是国际交往活跃、重大国际活动的聚集之都。历来北京的入境游客中，商务会展等事务性客人占1/3以上。

作为科技创新中心，北京是国内外高端企业总部的聚集之都、高端人才的聚集之都，必然是国内外科技人员的聚流高地。

《总规》提出建设"国际一流的旅游城市"是"四个中心"的必然和必须。旅游业是"四个中心"不可或缺的有机组成部分，为"四个中心"服务是旅游业最重要的职责。同时"四个中心"也是北京最重要的社会旅游资源，并为北京提供最丰

[①] 《北京旅游绿皮书2018》，社会科学文献出版社2018年版，第86~98页。

厚的客源市场。北京旅游业与"四个中心"息息相关,旅游业者必须牢牢地树立"四个中心"意识。

二、城市空间结构与文化旅游布局

《总规》确定北京城市空间结构为"一核一主一副、两轴多点一区",并且确定了每个区轴与文化融为一体的旅游功能,为全市文化旅游业的布局定了位、画了线。

首都功能核心区:以各类重点文物、文化设施、重要历史场所为带动点,以街道、水系、绿地和文化探访路为纽带,以历史文化街区等成片资源为依托,打造文化旅游魅力场所、文化旅游精品线路、文化景观网络系统,建成"具有一流文明风尚的世界级文化旅游典范地区"。由东城区和西城区组成的首都功能核心区,就是北京文化旅游的核心区域。

中心城区:海淀区建成"历史文化传承发展典范区",石景山区建成"山水文化融合的生态宜居示范区",朝阳区建成"国际一流的商务中心区、国际科技文化体育交流区、各类国际化社区的承载地",丰台区建成"历史文化和绿色生态引领的新型城镇化发展区"。中心城区是北京文化旅游和商务会议展览的集中承载区域。

北京城市副中心:"建设水城共融的生态城市、蓝绿交织的森林城市和古今同辉的人文城市",深入挖掘、保护与传承以大运河为重点的历史文化资源,建设好北京环球主题公园及度假区等功能节点。北京城市副中心是运河文化旅游和现代休闲度假的新兴旅游区域。

两轴:南北中轴线及其延长线以文化功能为主,既要延续历史文脉,展示传统文化精髓,又要做好有机更新,体现现代文明魅力。依托奥林匹克森林公园、北部森林公园等增加生态空间,结合南海子公园、团河行宫建设南中轴森林公园。东西长安街及其延长线以国家行政、军事管理、文化、国际交往功能为主,高水平服务保障中央党政军领导机关工作和重大国事外交活动举办。两轴是北京传统与时尚文化旅游、国事活动与森林游憩交织的两条主脉。

多点:顺义、大兴、亦庄、昌平、房山五个位于平原地区的新城,加强平原地区农田林网、河湖湿地的生态恢复,构建滨河森林公园体系以及郊野公园环,为市民提供宜人的绿色休闲空间。

生态涵养区:门头沟区、平谷区、怀柔区、密云区、延庆区以及昌平区和房山区的山区,要"发挥自然山水优势和民俗文化特色,促进山区特色生态农业与旅游休闲服务融合发展。形成文化底蕴深厚、山水风貌协调、宜居宜业宜游的绿色发展示范区"。门头沟区建成京西特色历史文化旅游休闲区,平谷区建成特色休闲及绿色经济创新发展示范区，怀柔区建成服务国家对外交往的生态发展示范区，密云区建成特色文化旅游休闲区，延庆区建成国际文化体育旅游休闲名区，昌平和房山的山区构建较高品质的特色历史文化旅游和生态休闲区。生态涵养区既是首都的生态屏障又是绿色休闲的基地。

《总规》既有全局视野下的总体布局，又有重点文化景观区域的具体界定，提出打造老城、三山五园、长城、大运河、京西、燕山、房山、南苑、国际文化（北京商务中心区及三里屯地区）和创意文化（望京、酒仙桥及定福庄地区）等十片传承历史文脉、体现时代特征各有特色的重点景观区域。

三、发展原则与建设方针

《总规》确定的北京建设的一系列原则和方针完全适用文化旅游的建设，是北京文化旅游业发展的指针。

世界眼光与首都风范。《总规》提出坚持世界眼光、国际标准、中国特色、高点定位，以创造历史、追求艺术的精神，以最先进的理念、最高的标准、最好的质量推进首都建设，"塑造首都风范、古都风韵、时代风貌的城市特色"。

弘扬传统与时尚创新。北京是个历史文化厚重的古都，也是一个充满活力、日新月异的时尚新城。《总规》要求处理好继承和发展的关系，把北京建设成"传统文化与现代文明交相辉映，历史文脉与时尚创意相得益彰，具有高度包容性和亲和力，充满人文关怀、人文风采和文化魅力的中国特色社会主义先进文化之都"，活化文化遗产、激发文化创意产业创新创造活力，"使北京成为传统文化元素和现代时尚符号汇聚融合的时尚创意之都"。

城市观光与自然游憩。北京是个人口密集、瑰丽繁华的世界大都会，又应是依山傍水的田园之乡。《总规》指出，恢复山水田园的自然历史风貌，"中心城区以外分别打造平原休闲农业旅游区、浅山休闲度假旅游区和深山休闲观光旅游区"。将风景名胜区、森林公园、湿地公园、郊野公园、地质公园、城市公园六类具有休闲游憩功能的近郊绿色空间纳入全市公园体系，着力建设以绿为体、林水相依的绿色景观系统，构建文化观光型、带状廊道游憩型和河道滨水休闲型绿道体系，让市民更加方便亲近自然。

都市旅游与乡村休闲。《总规》首次专门设置"加强乡村观光休闲旅游设施建设"章节，按照城乡发展一体化方向，坚持乡村观光休闲旅游与美丽乡村建设、都市型现代农业融合发展，推动乡村观光休闲旅游向特色化、专业化、规范化转型，将乡村地区建设成为"宜居宜业宜游的绿色发展示范区""提高市民幸福指数的首选休闲度假区域"。《总规》要求建设一批有历史记忆、地域特色的旅游景观小镇，以传统村落保护为重点，培育一批有特色、环境优雅、食宿舒适的高端民俗旅游村。

客源市场与旅游产品。目前北京市年接待游客近3亿人次，其中入境游客约400万人次，国内来京游客近1.8亿人次，本市在京游游客近1.2亿人次。《总规》从供给侧与需求侧相对接的角度确定全市旅游的大思路："以国内外来京旅游为重点，做强古都文化游、长城体验游、皇家宫苑游、卢沟桥—宛平城抗战文化游以及现代文化游等特色旅游板块；以服务北京市民京郊休闲度假为重点，加强休闲游憩环境建设，打造古北口—雾灵山、房山世界地质公园、京西古道、雁栖湖、通州运河等休闲旅游板块。"

四、中轴申遗与首都旅游新标志

《总规》从"构建全覆盖、更完善的历史文化名城保护体系"角度，要求以更开阔的视角不断挖掘历史文化内涵，推进中轴线和大运河文化带、长城文化带、西山永定河文化带的保护传承与合理利用。"一轴三带"从时间上串联起北京从远古至今的历史脉络，从空间上展示了北京从北到南、从东到西"城、河、山"相依的总格局，时空交织呈现出北京文化的全貌，构成首都文化旅游的纲目。

北京中轴线始于元代、成于明代、集大成于清代，南起永定门，经过正阳门、紫禁城、景山到钟楼鼓楼，全长大约为7.8公里。2011年6月正式启动中轴线申遗工程，确定的中轴线申遗核心区面积468.86公顷，建设控制与缓冲区面积4674.58公顷，总面积5143.44公顷，涵盖3/5的北京老城面积。其中，既包括古老的明清古建，也有民国风貌建筑，还有人民英雄纪念碑等现代优秀建筑，呈现出城区的历史层次与演进轨迹，是历史与现代的延续、传统与时尚的交融、物质和非物质文化遗产结合的活的文化遗产。"会呼吸的城市轴线"，一位古巴世界遗产专家曾这样评价中轴线。

申遗成功后，北京古城区的世界文化遗产将从故宫、天坛、玉河遗址三个点变成一条南北中轴线，并向两侧延伸成为一条带，将从点上游拓展为带状游、网状游，打造中轴线文化旅游新名片、新品牌，使之成为世界独有、中国唯一的标志性文化旅游产品。

以中轴为主体形成南中北三大文化旅游区、串联起13个文化精华片区：

以故宫、天安门为核心的古城文化旅游中心区。历史上前门以北至景山是元明清朝廷的核心区，现在是国家政务的核心区，是展示皇城历史文化、现代文化艺术和时尚商业的区域，包含皇城、天安门广场和东交民巷三个文化精华片区。

以雍和宫、孔庙、国子监和钟鼓楼为核心的北部儒佛文化和雅致生活体验区。

历史上景山以北至国子监、雍和宫和钟鼓楼是皇家宗教祭祀、教育科举及贵族官宦的生活区。规整的棋盘式胡同和四合院,形成了北京独特的民居风貌,时代的发展又赋予时尚的文化风采,展示了悠闲宜居的雅致生活,包含什刹海—南锣鼓巷、雍和宫—国子监、张自忠路北—新太仓、张自忠路南—东四三至八条、东四南和白塔寺—西四六个文化精华片区。

以天坛、前门、大栅栏和天桥为核心的南部京味市井文化休闲区。历史上前门以南至永定门是皇家祭天和市井生活区,文人商贾云集、会馆梨园聚汇、商贸餐饮繁荣,现在发展为传统与现代并存的商贸、餐饮和文化休闲的特色街区,包含琉璃厂—大栅栏—前门东、宣西—法源寺、南闹市口、天坛—先农坛四个文化精华片区。

目前北京古城旅游集中在天安门、故宫、天坛、雍和宫和什刹海等中轴线的几个点上,长期以来成为节假日旅游的拥堵地。引导亿万游客从这几个文化遗产点向中轴南北整体延伸,向中轴东西两侧扩展,既是当前降低故宫、天坛、天安门、王府井、前门等热点景区的旅游密度、疏解客流的需要,更是应对未来更大游客潮并提升旅游品质、深化文化体验的需要。

以南北中轴世界文化遗产为核心吸引物,通过智能信息网(APP、导航仪)和微行交通网(巡回旅游巴士、自行车、三轮车、步行道等)引导游客走向各片区的景物景点、胡同街区、名人故居、博物馆、寺院教堂、剧院书店、创意作坊、精品酒店、风味餐饮和特色商铺等,伴随老城区疏解提升工作的进展,开辟更多与市民生活相融的社会人文旅游点,营造主客交流的观光休闲环境,建成主客共享的全景式旅游城区。

2020年将开通贯通南北的地铁中轴线,该线有鼓楼大街、南锣鼓巷、中国美术馆、王府井北、王府井、前门、天桥、永定门等站。提前做好调研和准备工作,与交通管理部门合作,届时开辟"乘地铁游中轴"的新型观光线,配置旅游咨询点和志愿者服务站,提供共享单车停靠点,使之成为一个中外新老游客必选的便捷、绿色的品牌旅游线。

五、三条文化带与首都旅游新架构

《总规》首次提出三条文化带整体保护利用的战略构思,突破了以古城文化旅游为主的地域范围,空前拓展了北京文化旅游的地理空间和历史纵深。

大运河文化带:以北京城市副中心建设为契机,以元明清时期的京杭大运河为保护重点,以元代白浮泉引水沿线、通惠河、坝河和白河(今北运河)为保护主线,推动大运河遗产保护与利用,加强路县故城遗址保护,全面展示大运河文化魅力。大运河文化旅游带要找准运河文化与现代游客需求的契合点，以现代旅游方式诠释运河历史文化，把运河文化糅合进行游住食购娱等全过程之中，使运河文化深厚历史内涵鲜活起来。按历史原貌修复大运河的重要历史节点、河段和相关建筑，逐步恢复玉带河故道、明清通惠河和北运河故道三条古河道，以及运河沿岸码头和渡口，分段开辟运河水上观光游线。在通州环球影城中专设运河文化专题乐园，把大运河的历史、人物、故事、传奇融入园中，让环球影城彰显中国特色、北京风貌和通州印记，让古老的东方运河文化与现代西方娱乐文化架起沟通的桥梁。

长城文化带：长城文化带由长城历史文物遗产系统、山地沟壑森林草甸的自然生态系统和与长城相关的民俗文化系统组成，有效保护、综合利用这三大系统，深入挖掘与长城相关的地方民俗、历史传说、民间技艺、人物传说等无形资源，用非物质文化遗产活化长城物质文化遗产，深化游客的文化体验。长城八达岭段已列为全国十大国家公园试点之一，试点区内长城总长度27.48公里、总面积59.91平方公里。在现有开放的长城段落基础上，整合周边村庄和自然资源，设计合理的旅游路线，有序引导游客出行等，实现人文与自然资源同步保护、有效利用，建成世界文化遗产型的国家公园。

西山永定河文化带：永定河是北京的母亲河，与西山相依孕育了华北地区的古人类和燕京城，是北京的文明之源和历史之根，现今是首都和京津冀的生态屏障。这条文化带集自然生态与文化遗产资源于一体：以周口店猿人遗址为代表的古人类文化，曾以舟楫、灌溉为功能的水利文化，以潭柘寺和大觉寺为代表的宗教文化，以"三山五园"为代表的皇家园林文化，以金、明皇陵为代表的皇陵文化，以妙峰山和历史文化名村为代表的传统民俗文化，以卢沟桥、宛平城为代表的全民抗战文化，以房山世界地质公园为代表的天然地质博物馆，以上方山等多个国家森林公园为代表的自然生态资源，以丰台园博园、延庆世博会为代表的现代园林文化等。按《总规》要求修复永定河生态功能，恢复重要文化景观，整理商道、香道、铁路等历史古道，形成文化线路，因地制宜、有序开发这条集自然生态与历史人文于一体的旅游带。

在《总规》指导下，及早启动三大文化带的旅游发展规划编制工作，使三大文化带的保护建设与旅游发展相辅相成、融为一体，形成北京旅游的大架构、新品牌。

六、一轴三带与京津冀旅游协同发展

突破市域行政范围，着眼京津冀协同发展，是《总规》的又一亮点。在生态环境建设上，《总规》要求"协同构筑显山露水、品质优良的生态体系""强化燕山—

太行山生态安全屏障、京津保湿地生态过渡带建设，建设环首都森林湿地公园，建设以区域生态廊道、水系湖泊为纽带的区域绿道网"；在文化建设上，《总规》提出"建设京畿文化圈，形成彰显大国首都文化形象的文化网络体系。推进体现京津冀历史文化遗产精粹的文化带建设。协同实施历史文化遗产景观廊道、生态文化保护精品、现代文化功能区等区域重大文化工程"。

京津冀山水相连、文化同源，在历史长河中从来是一个整体，一轴三带历来是联结京津冀的地缘、生态和人文纽带。开发一轴三带文化旅游为京津冀旅游一体发展开拓了广阔的前景。

南北中轴线的明清皇城文化与京津冀的历史文脉相通。以南北中轴游为核心，把颐和园、圆明园、长城（拱卫京都）、运河（滋养京都）和十三陵皇家陵园等相关的文化遗产整合为完整的皇城旅游区，进而以北京皇城遗产为核心，把承德避暑山庄、外八庙、天津盘山静寄山庄、河北清东陵和清西陵等相关景区相整合，形成囊括明清皇朝政务、休闲和墓葬在内的京津冀皇家文化旅游圈，完整地展示从1151年金天德三年迁都燕京到1911年辛亥革命清帝逊位760年的金元明清京都历史长卷。

京杭大运河贯通京津冀三地。北运河京津冀三地通航工程复建正在推进中，有望在2020年实现"通州—香河—武清"段的观光通航，打造京津冀运河文化休闲观光带。京津冀应合力建设一座以北段为主要内容的京杭大运河博物馆，全面、系统展示中国大运河，尤其是展示与京津冀大运河紧紧相关的茶叶之路、瓷器之路、海盐之路和漕运之路等内容，以此推动中蒙俄三国联合申报"万里茶路"世界文化遗产。

长城历史上是拱卫以京都为核心的华北屏障，红石门长城敌楼上的京津冀三地界碑，是长城联结京津冀的地标。蓟州区城北的黄崖关长城与北京近在咫尺，长城在河北境内横贯秦皇岛、唐山、张家口、承德市四市，金山岭、山海关是最有代表性的两段。对具有历史情结的游客而言，京津冀的长城文化带是一个完整的旅游目的地，京津冀携手共建中华长城博物馆，重点展示东段长城延续两千年的文化遗产，共推长城旅游线（点）。

永定河发源于山西宁武县，流经内蒙古、河北、北京、天津五省市，在天津汇入海河至塘沽注入渤海。永定河水浸润了华北平原，永定河文化滋养了华北人文。京冀两地永定河两岸的旅游开发已纳入河北环京津休闲带范围，谋划永定河休闲旅游带已摆到京津冀协作的面前。

以一轴三带为共同品牌，在历史文化遗产整体保护基础上，京津冀连接部因地制宜共建共推观光游览休闲度假点，串点成线、由线带面逐步推进，形成京津冀一轴三带文化旅游圈，应是京津冀旅游一体化进程中的重要一举。

无论与北京市过去的多版城市总规相比，还是与国内其他大都市的城市总规相比，本版《总规》在文化与旅游的融合基础上，为北京文化旅游划定了总格局、主轴线和重点片区，确定了旅游业发展的原则、方针和路径，在北京城市总规编制中尚属首次，足见旅游业在"四个中心"中的地位和分量。在文化旅游业的论述部分，视野之宽广、起点之高远、定位之精准和举措之翔实，在以往《总规》中前所未有。

旅游业从来是城市政治、经济、社会、文化和生态文明建设的一部分，丝毫离不开城市的总体建设。旅游业发展规划是城市总规不可缺少的一部分，任何离开城市总规的旅游规划无论多么炫目都是空中楼阁。《总规》为城市建设多规合一、旅游业规划融入城市总规、文化与旅游的融合发展提供了一个范本。

从海上走向世界[①]

——山东半岛旅游开发纵横谈

5月21日下午4时许,北京第二外国语学院旅游研究所原所长、山东省旅游规划咨询委员王兴斌抵达青岛,作为重要嘉宾出席"蓝色经济大家谈暨首届半岛市长论坛"。王兴斌教授是一个充满激情的人,刚下飞机安顿好后就答应了记者的专访。

王兴斌教授对记者说,几千年前李斯在成山头写下"天尽头",而现在海洋将不再是尽头,而是"蓝色经济"发展的大舞台。

山东半岛有国际视野和广阔腹地两大优势,要建成北接南联的中国海洋经济枢纽。

"山东半岛有一个滨海城市群,'青烟威'早就是一个城市链,并且正在向日照、营口等新兴城市延伸。"这个城市群凝集了山东主要发达城市。"山东半岛北边是辽东半岛,是东北地区经济最发达地区,接着环渤海区域,南边连着长三角地区城市群。山东半岛在这两个中国经济发达区域之间,起着上下衔接的作用。所以说,中央把'蓝色经济'的突破口、前沿阵地放在山东半岛,这个决策是经过深思熟虑的,是中国海洋战略里的一个核心。"王兴斌说,抓住山东半岛的开发,就可带动我国东部南北两地的开发,进而带动全国经济的发展。

王兴斌对记者坦言,五千多年来,中华民族一直生长、生活在广阔的大陆上,是一个典型的大陆民族,对蓝色大海的认知不多。许多人知晓中国有960万平方公里的土地,但有多少人晓得还有360万平方公里的海域?山东人知道山东面积15万平方公里,又有多少山东人晓得还有16万平方公里的海域?这说明我们是以农耕和游牧为主的大陆民族,也反证了我们缺乏海洋意识。

蓝色,首先意味着海洋。从历史到现在,从荷兰、葡萄牙、西班牙、法国、英

[①] 2010年5月,参加"山东半岛蓝色经济大家谈暨首届半岛市长论坛",山东多家媒体报道本人在论坛期间的多次发言。

国到美国，都是面朝大海而发家、发达，从这个意义上讲，打造山东半岛蓝色经济区，是一个重大突破性战略，堪称改革开放的一个深入转折点。领会这一重大战略，首先要从观念上冲破大陆文明思维，树立海洋文明思维。

沿海七地市都有发展蓝色经济的独特优势，也都有属于自己的"蓝色"。专家王兴斌建议，希望七地市能形成合力，"和而不同""不能一样蓝""成为赤橙黄绿青蓝紫的七颗明珠"，也就是说，七地市要形成合力的同时，要有自己的特色。

7个城市都一样"蓝"那就不行了，近距离、同质化的竞争是互相杀伤，近距离、异质化的竞争就是互补。经济业态如此，产业形态如此，文化样式亦如此。对山东半岛7个城市来讲，要走合而不同的发展路子，在自然生态、产业核心竞争力、优势产业布局、文化特色凸显等方面，突出自身优势，各有侧重，将优势以叠加效应的形式反应在发展成果上。

蓝色开发，一定要找到爆发点，这一点很重要。一个国际旅游岛概念将海南岛"点燃"了，半岛蓝色经济区需要这样一个燃爆点。可否借鉴韩国济州岛的开发模式，参照海南国际旅游岛的政策，开发一个国际旅游区或者叫国际旅游试验区？我设想，这个"试验区"主要面向日本、韩国、俄罗斯、朝鲜、蒙古游客，资金主要来源于国内和韩国、日本。在岛上，上述各国游人落地签证，实现人员自由流动；岛上买日本、韩国、蒙古、中国的商品，完全免税，实现商品自由流通；外国企业自由投资，这样就能够逐步将这个岛由自由旅游岛屿，最终形成东北亚自由贸易区。

对于蓝色经济区的开发，王兴斌还提出了自己的见解——五个结构联动。

第一个结构是动力结构。要使我们蓝色经济区持续发展，在发展动力上一定要解决好我们经常讲的投资拉动、出口拉动、消费拉动，并让消费拉动成为主力。

第二个结构是产业结构。要把三产作为一个非常重要的重点加以突出。海洋经济的三产无非是五个"流"：第一流是信息流（以互联网为代表的现代信息流）；第二个流就是物流（交通业），海洋交通运输和陆地交通运输相连接；第三个流是商品流（内外贸易业）；第四个流是资金流（适当发展金融业）；最后一个流就是人流（大力发展旅游业）。这五流构成我们蓝色经济三产的骨干。七个城市在部署产业项目、考虑产业结构的时候，应发展三产的这五个"流"，并以信息流为统领。

第三个结构就是能源结构。蓝色半岛再不能走高能耗、高排放、高消耗资源的老路，走低碳经济新路。

第四个结构就是所有制结构。蓝色经济区的开发，国有企业为主导，但不是主体，关系国家安全的部分由国家投资，在GDP总值、就业总数中占百分之三四十就可以了，其余的百分之六七十，让民营、合资、股份制、外资企业来搞，这样蓝色产业才有希望。

第五个结构就是体制机制结构。一定要走政府引导、市场运作、企业主体的路子，政府不要大包大揽。

王兴斌认为，海洋经济本身就是开放型经济，更加需要改革精神和开放力度。海洋是没有边界的，海洋是五大洲连接的，有海洋意识的人是比较开放的。改革开放30年为什么我们能迅速发展起来？主要原因是我们通过开放走向了世界。因此，建设半岛蓝色经济区，需要坚持更加深入的开放战略，以大陆文化为基础，吸收海洋文化，吸收四海文化，让我们的文化基因更具活力。山东是孔孟文化发源地，山东人依然保持着淳朴的民风。讲究秩序、相对保守的齐鲁文化与开放、慕远、冒险的海洋文化实现有效对接，是蓝色经济建设所应具备的思维基础。为此，我建议山东半岛蓝色经济区7个地级城市的党校，要开辟蓝色经济学专业科目，强化蓝色经济知识。海洋意识应"从娃娃抓起"，在小学课本里，也可以增加蓝色经济有关知识篇章，让中小学学生从小了解蓝色经济知识。同时，媒体要重视蓝色经济和海洋知识的宣传，引领蓝色经济建设走向高潮。

从文化来讲，青岛的文化脉络有两个：一个就是欧陆之风，还有就是本土的崂山道教。近代有很多的文人，这些文人接受西方教育，又有中国传统文化传承，在这些文人身上体现了中西文化的交流。这些文人在青岛有所成就，就是中西文化交流的结果。

百年青岛、扬帆之都。历史上这个扬帆是被迫的，现在的扬帆是主动的，这一套历史线索把文化串联起来了，文化休闲、文化创意也许是青岛旅游最亮的亮点。

关键是发展现代服务业。青岛20世纪90年代实行东扩西移之后，市南区怎么发展一直是大家关心的问题。目前市南区服务业的比重已经达到了88%，这是很典型的都市型的产业经济结构。从数量上来讲，应该可以了，但是现在的问题是，这个服务业当中，现代服务业占了多少？现代服务业首先在青岛，在山东，是领先的，甚至在全国是领先的。大力发展现代服务业，用现代服务业来提升传统产业，不在于数量，而在于质量。

青岛的德国文化遗迹如何开发？我认为可以借鉴北京的798艺术区开发式样。北京的798艺术区是前民主德国援助建设的"北京华北无线电联合器材厂"。在进行开发利用的时候，整片建筑的架构完整保留了最初兴建时德国独特的艺术风格。

王兴斌认为，现在的青岛还可以向天津学习，天津把百年老街尽可能地恢复了，有几个老街已经搞得相当不错。一些历史街区对青岛来说也是最宝贵的文化财富。

王兴斌建议，明年如果大家再聚在这里，就进行一个"蓝色文化大家谈""这个蓝色经济的发展，没有蓝色文化的繁荣是不行的，可以把搞文化的、搞艺术的、搞科技的、搞教育的都请来"。

关于西藏建设著名世界旅游目的地的思考[①]

一、旅游与治边、稳藏、治国

2010年2月,中央第五次西藏工作会议对西藏建设的定位是:重要的国家安全屏障、重要的生态安全屏障、重要的战略资源储备基地、重要的高原特色农产品基地、重要的中华民族特色文化保护地、重要的世界旅游目的地。这六个"重要的"中,旅游排在最后。前面五个"重要的"是建成"重要的世界旅游目的地"的前提与基础。没有前面五个"重要的","重要的世界旅游目的地"就成了无本之木、无基之房。在谋划发展旅游的时候,不可忘记旅游要服务、服从和受制于前面五个"重要的"。

同时,建设"重要的世界旅游目的地"对建成前面五个"重要的"具有不可缺少的推动作用,在某种意义上甚至可以发挥主导作用。旅游可以促进高原特色农牧业、藏医药业和传统手工艺发展,可以弘扬藏民族的特色文化,可以促进生态屏障建设、强固国家安全屏障。可以说,西藏是否建成"重要的世界旅游目的地",是体现前面五个"重要的"是否建成的标志。西藏真正成了"重要的世界旅游目的地",中外旅游者可以通畅地、快乐地、安全地到西藏旅游,才算真正建成了重要的国家安全屏障、生态安全屏障、高原特色农产品基地和中华民族特色文化保护地。

最近习总书记又提出"治国必治边、治边先稳藏"的重要战略思想,把六个"重要的"定位上升到一个新高度,也把发展旅游的战略作用提升到一个新高度。建设"重要的世界旅游目的地"是治边、稳藏、治国方略中的一个重要环节。

[①] 2014年5月16~17日,西藏在北京举行《西藏建设重要的世界旅游目的地总体规划》咨询会,自治区主席洛桑江村自始至终出席会议。本发言稿吸取了2002—2004年本人作为规划组副组长撰写的《2005—2020年西藏自治区旅游发展战略规划研究》中的相关内容。

二、旅游与西藏社会的跨越式发展

迄今为止，西藏社会经历了两次跨越式发展。第一次是从农奴制社会直接向社会主义社会的跨越，这是社会制度的跨越。第二次是从农牧业主导的经济向以服务业主导的经济跨越，超越了传统的工业化阶段，从贫困落后进入初步小康，实现了经济形态的跨越。在第二次跨越中，旅游业的先导、引领、支撑作用是有目共睹的，正是迅速崛起的旅游消费带动了西藏第三产业的巨大发展，促进了民族手工业、特色农牧业、绿色食（饮）品、藏医药等特色产业的发展。2008年全区生产总值中，第三产业增加值比重为55.5%，首次超过 GDP 的一半以上，并远超出全国平均水平。目前，旅游收入相当于全区 GDP 的 15% 左右，相当于全区第三产业的 30% 左右。

当前，西藏面临着实现新型城镇化、国民经济信息化、现代化的第三次跨越，与全国各族人民同步实现全面小康、进入现代化。在这个新跨越中，旅游业将从西藏服务经济的龙头、国民经济和社会发展的战略支柱产业，进一步提升为西藏国民经济和社会发展的主导产业。西藏的区情决定了工业、农牧业、商业、金融等产业均难以支撑西藏国民经济的现代化，仅靠西藏本地的 300 万常住人口的消费也难以做大做强现代服务业，只有数倍于本地人口的国内外游客的巨大消费才能构成拉动西藏经济发展的强大内需。旅游是西藏实现第三次跨越式发展的主要动力产业。

国内外发达国家和地区的现代旅游业是在基本完成城镇化和现代化的基础上发展起来的，因而具备较完善的城镇化基础和公共服务体系。西藏特殊的发展轨迹使旅游发展面临诸多瓶颈，如城乡基础和公共服务设施不完善，市场机制的不发育，特殊的因素导致对外开放度不高、出入境不方便，居民文化水平不高，旅游资源品位高而服务条件差的二元结构制约了西藏旅游的量的扩大与质的提升。西藏旅游需要在转型升级中增量提质，实现旅游信息智能化、产业现代化和服务精细化，在实现新型城镇化和现代化中发挥引擎作用。

三、三"神"旅游资源与三"品"旅游产品

西藏独有的藏族文化和风土人情，植根于有"世界屋脊"之称的雪域高原。高原自然生态与藏族人文生态的融合构成了世界独有的"天人合一"的传统旅游资源；西藏社会的跨越式发展不断创造具有时代特征的新型社会旅游资源（如青藏铁路和城乡新貌），展示了神奇净土上古老民族的时代新貌。自然生态、历史文化与社会资源的组合完全可以培育成世界级的旅游精品、特品和极品。西藏旅游的特质符合当代人呵护环境、返璞归真的共同追求，也符合人们寻求独特体验、寻找人生价值

和探索自然、人文奥秘的精神需求，铸就具有世界知名度、吸引力和竞争力的旅游品牌。

神奇、神圣和神秘的旅游资源并不等于旅游产品，把这些资源转化为旅游精品、特品、极品，关键是实现旅游产业的现代化，带动服务业的现代化。"精品"是指极其精致的文化旅游产品，以布达拉宫、大昭寺、扎什伦布寺和江孜古城等为代表；"特品"是指非常奇特的旅游产品，如印度教、藏传佛教徒的共同圣地神山圣湖组合，古格遗址与扎达土林的组合，神湖、宁玛派古寺与工布村落组合的巴松错等；"极品"是指世界唯一或世界第一的旅游产品，以珠穆朗玛峰、雅鲁藏布大峡谷为代表。这些在高原自然生态与藏民族人文生态中都是具有代表性的旅游珍品。

无须讳言，西藏自然和人文资源与环境具有脆弱性、敏感性与舒适度不高的制约因素。在发展旅游中化解这些不利因素，在走向现代化中能否保护高原自然生态的原真性与藏族人文生态的独特性，使传统在现代化中得以弘扬而不是异化，是西藏旅游可持续发展的生命所在，也是建成神奇、神圣和神秘的世界旅游目的地的根本所在。在这方面，西藏旅游面临着严峻的挑战与考验。

四、总体格局

一个中心：拉萨市，全区的政府、文化中心，国家历史文化名城与国际旅游城市。

两个副中心：国家历史文化名城日喀则市、新兴生态旅游镇八一镇。

两轴：沿 G318 和待建的拉日、拉林铁路的东西发展轴，东连昌都通四川、云南，西通阿里，北联新疆；沿青藏铁路、公路的南北发展轴，北连青海，南至聂拉木、亚东并通往尼泊尔、印度。

三条旅游环线：东南环（拉萨—山南—林芝—拉萨），西南环（拉萨—日喀则市—萨迦—江孜—拉萨），北环（拉萨—羊八井—当雄—林周—拉萨）。

五条跨省区、跨国旅游廊道：青藏、川藏、滇藏、新藏和通往尼泊尔、印度的南亚国际走廊。

六大旅游区：藏文化核心旅游区（包括拉萨市区、山南泽当与日喀则市、萨迦县和江孜县，构成藏民族的发源、发展和繁荣的完整历史），珠峰山地生态探险旅游区（日喀则的拉孜县、聂拉木县和岗巴县等），林芝森林生态旅游区，藏北羌塘草原和象雄文化旅游区，阿里原野生态和古格文化旅游区，昌都峡谷生态与康巴文化旅游区。

西藏旅游总体上应从以拉萨为核心的中部地区突破，沿着陆、空交通主干线向东、西、南、北分期、逐步、重点扩展，与国内外客源市场相对接，并预留足够的旅游储备资源和后发地区，保持世代相承的可持续发展态势。

五、特殊的市场格局与客源群体

市场需求决定市场供给。客源市场是旅游经济的消费主体，也是旅游市场的核心要素。市场在资源配置中起决定性作用，客源市场又是决定各种资源要素与服务要素配置的决定性环节。找准西藏游客的特殊品位与消费需求，是开发适配旅游产品、开展精准市场营销的关键。

（1）入境客源市场。西藏入境游客中外国游客占九成、港澳台游客占一成，与全国入境游客中港澳台游客占七成、外国游客占三成相反，表明西藏入境市场的国际化程度高于全国平均水平。外国游客中，北美、西欧游客合占五成，亚太游客约占三成，与全国入境游客以亚太为主体、欧美为两翼相反，以远程国际游客为主体，表明西藏国际游客的分布不以空间距离远近为主要因素，而以游客对西藏自然生态与人文社会的兴趣为主要因素。入境游客大多以良好教育、旅游经历丰富、收入富庶的中老年为主，同时青年背包族不断增多。由于入境政策规定，目前以团队为主。旅游目的以观光考察、人文体验、宗教朝拜或考察及探险为主要取向。

（2）国内客源市场。进藏的国内游客中，观光团队与单位接待的事务客人的比例高于全国；旅行社接待人数占国内游客人数比重高达66%，居全国第一位；几乎都是过夜游、多日游游客，国内游客人均停留天数、人均花费高于全国平均水平。自驾车和自由行散客增长较快。西藏游客以文化水平较高、旅游经历较丰富、旅游消费较高、体质较好的群体为主，对高原生态、西藏历史、人文风情具有特殊的爱好与个性的追求。

（3）区内客源市场。西藏常住人口约300万，在以往的旅游规划中往往忽视这个市场。区内市场由区内旅游与出藏旅游两大部分构成，虽然规模不大，但有潜力，并将与时俱增。重视区内客源既是市场需求，也是民生需求。

区内旅游者大致有三类：一是会务、商务和经济文化交流的事务游客；二是观光、购物、医疗等休闲游客；三是宗教朝拜者，西藏本区，也包括从四川、云南、青海、甘肃、内蒙古等地区来的藏传佛教信仰者。随着经济发展、民生改善，宗教朝拜旅行的条件与需求正在提高。发展旅游、编制《规划》要关注这个规模巨大、稳定增长和需求变化的客源市场，提供各种便民服务。

出藏旅游包括去国内其他省区市和出境旅游两种，正在较快发育之中，是西藏旅游不可缺少的一部分。

要重点研究客源市场与旅游产品之间的对应关系，以细分客源群体，开发特定产品，开展精准营销。如林芝的生态旅游以国内市场为主，阿里神山圣湖以印度、尼泊尔宗教朝拜游客为主,珠峰以登山探险游客为主,雅鲁藏布江大峡谷、阿里原野、羌塘草原以探险、摄影游客为主,寺院以宗教徒的朝拜和社会人文学者及相关兴趣者的考察为主,西欧游客中多为藏学研究和关注者等。

六、旅游主题形象与宣传口号策划

西藏旅游总主题:

世界屋脊,圣地西藏

圣地西藏游

基本问候语:

西藏欢迎你,扎西德勒!

宣传口号(针对不同时期、不同游客对象、不同类型产品,选用不同宣传口号):

西藏:神奇·神秘·神圣
Tibet:Magical,Mystery,Sacred

不可思议的西藏
Tibet,Mystery

西藏之旅:寻梦者的乐园
Tibet Tour:Dreamer's Eden

西藏之旅:追梦者之旅
Tibet Tour:Dreamer's Journey

西藏之旅:人生之旅
Tibet Tour:Life Journey

西藏之旅:攀登地球第三极
Tibet Tour:Climbing the Earth's 3rd Polar

西藏之旅:漫游地球之巅——
Tibet Tour:Wandering on the Top of Earth

西藏之旅：漫步世界屋脊
Tibet Tour：Stroll on the Roof of Earth

西藏之旅：跨越喜马拉雅
Tibet Tour：Surmounting Himalayas

西藏之旅：攀登珠穆朗玛峰，穿越雅鲁藏布江
Tibet Tour：Climbing Qomolangma，Surmounting Yalu Tsangpo

自治区七个市地的旅游主题定位（主要用于国内市场宣传）：
拉萨市：雪域圣城，阳光拉萨
日喀则市：高原古城，世界巅峰
山南市：雅砻胜地，藏族之源
林芝市：雪域绿海，氧吧林芝
阿里地区：神山圣湖，神奇阿里
那曲市：唐蕃古道，羌塘草原
昌都市：茶马古道，康巴风情

七、高端取向与转型升级

　　西藏的旅游发展应以"精品、特色、高端"为取向。坚持高端取向，是指旅游资源利用和产品开发要高质量，旅游管理和经营要高水平，客源市场要以成熟的旅游群体为主要目标，从而建成世界高端旅游目的地。以旅游列车为例，被称为"天路"的青藏铁路在技术上、列车设备上是国际一流的，有条件开发成为豪华型、自由行的高档旅游专列。列车上提供高档住宿、餐饮和民族文化休闲服务。西宁与拉萨之间可实行"分段乘坐、一票通行"的自选式车票，旅客在格尔木、沱沱河、安多、那曲、当雄等站下车、逗留和观光游览，通过电脑预订乘往下一站的日期。向乘客提供沿线的导游、汽车、住宿、餐饮、高原游览考察用具等综合服务。这类旅游专列能满足特定旅客群体漫游青藏高原的需求，创造中国的"东方快车"旅游专列品牌。

　　西藏以生态旅游与文化旅游为核心的旅游，不以追求数量、规模为导向，而以数量与质量的统一、规模与综合效益的统一为导向，是由西藏的环境与资源特点决定的，也是与旅游产业优化结构、转型升级的要求是完全一致的。西藏旅游资源与

环境的特点与弱点，要求必须走资源节约型、环境友好型的高端、优质之路。绝不能用削价竞争和廉价出售优质资源的办法，片面地追求游客数量而过度损耗资源、破坏环境。

八、扩大开放与发展旅游

旅游产业是一种天然开放性的经济，内外开放是旅游业活力的源泉。1980年西藏接待入境游客1059人，2011年西藏接待入境游客27.08万人次，2012年19.49万人次，2013年入境游客继续下降。当今西藏旅游的大发展是不断开放的结果，今后西藏旅游的更大发展要求更大的开放。

西藏国际游客份额难以较大提升的根本原因在于，对于入境游客进藏实行严格的管控措施。入境游客的管制已经成为制约西藏入境旅游发展的首要瓶颈，不符合中央确定的将西藏建设成"重要的世界旅游目的地"的目标。

胡锦涛总书记曾经说过，西藏诸多弊端都源于封闭。百闻不如一见，各国旅游者的走访会促进海内外人士对西藏的了解，有力地推动西藏走向世界和世界了解西藏。让更多的境外人士到西藏来走一走、看一看，活生生的现实能更有力地击破谎言、纠正偏见。应该以更自信的心态、更包容的气度，吸纳更多的国际人士到西藏旅游。相信我们有智慧、有能力掌握扩大开放与维护稳定的平衡点、结合点，以开放促发展，以发展保稳定。

不久前中共中央和国务院颁布的《国家新型城镇化规划》确定，重点建设樟木、吉隆、亚东、普兰和日屋五个面向南亚的陆路边境口岸城镇。目前的周边形势有利于西藏的进一步开放。中印面向和平与繁荣的战略合作伙伴关系的建立，中尼世代友好的全面合作伙伴关系的建立，为西藏的发展提供了良好的睦邻友好环境。去年李克强总理提出，中印双方共同倡议建设中印缅孟经济走廊，推动中印两个大市场紧密连接。这些都要求进一步释放西藏作为南亚陆路贸易大通道集散基地的效应，推动西藏与印度、尼泊尔、不丹等南亚邻国的旅游交流与合作。

西藏自治区在旅游国际合作上以尼泊尔为近期重点，并谋划与印度的战略合作。尼泊尔与西藏近邻，共享珠穆朗玛峰、喜马拉雅山，地缘相近、史缘相连、文缘相近。尼泊尔社会人文资源以印度教与佛教文化的融合为特征，高原生态资源以雪山、热带、温带与寒带森林植被为特征。2012年尼泊尔接待国际游客84.82万人次，旅游外汇收入超过4亿美元，均为西藏的4倍。

尼泊尔是西藏自治区国际游客重要的出入境中转地，约有三成入境外国游客从尼泊尔转道而来，是西藏国际旅游的战略合作伙伴。阿里的神山圣湖是印度、尼泊尔人的朝拜圣地。尼泊尔开展生态旅游、文化旅游和国际市场营销的经验对西藏有直接借鉴作用。2020年中尼建交65周年，中印建交70周年，从现在起就要开始谋划与这两个国家的旅游合作活动。

西藏自治区的进一步对外开放无疑要因时度势、稳步推进。笔者建议当前可做的有：一是放宽对印度、尼泊尔和其他友好国家国民的入境条件，二是放松边境口岸城镇的出入境的管控，三是适当扩大自治区内对外国人开放的地区，四是把港澳同胞的入藏办法适用于台湾同胞。

九、发展旅游与新型城镇化

目前西藏七成以上人口在农村。没有农牧民的小康，就没有西藏的小康；没有农村的现代化，就没有西藏的现代化。这是历史留给西藏的课题，也是实现第三次跨越式发展的核心任务。以藏族农牧民为主体的乡村风光与拉萨、日喀则等城镇风貌，共同构成一幅西藏民俗风情的全景画，是国内外游客了解西藏、体验西藏的不可缺少的一部分。藏乡旅游永远是西藏旅游的重要内容。

西藏不可能走传统的主要以工业化推进城镇要素集聚的城镇化之路，可以走以发展旅游推动城镇要素的发育和城镇功能的完善，形成以服务经济为主导的新型城镇化之路；旅游可以引导农牧民"就业不离乡""转型不离土"，加速农村从自然经济向市场经济转型，从单一农牧业向现代服务业转型，提高农牧民的生活质量和综合素质，造就亦农亦牧亦旅的新型产业队伍。

西藏创造了城市旅行社、饭店、旅游公司与农村旅游点多种形式的业务协作，加强了城乡交流与合作，以城市反哺乡村、服务业促进农牧业的新方式。因地制宜倡导农牧民自愿选择个体、合作社、入股、企业就业等多种方式参加旅游服务，探索西藏特点的乡镇旅游路径。

西藏地广人稀，新型城镇化的重点只能是以建设小而美、小而特、小而富的小城镇为主，不可能把大部分人口集中到大中城市中去。发展旅游与新型城镇化之间有高度的契合点与互动力，小城镇是发展旅游的重要支撑，发展旅游是推进小城镇建设的重要动力。西藏旅游地区、城镇、景区之间路程跨度大，发展旅游只能由点成线、以交通通道为主要布局方式。旅游小镇和农牧旅游村落的建设应在城镇郊区、旅游景区和旅游干线上慎重选择、重点开发。防止不顾主客观条件盲目铺开、互相攀比，不切实际地追求"百""千"之类的数量指标。

西藏城镇化离不开中央支持和各地支持，在城镇的基础设施与公共服务设施建设上，需要按现代化的要求引进先进理念与技术，但文化内涵与乡镇风格要保持本土风貌，尊重本地居民的意愿，不搞千镇一面的旅游小镇建设，不生硬移植对口支援地区城镇和农村建设的做法，防止"建设性"的破坏。

十、发展旅游与建设国家公园

西藏在全国率先推出了珠穆朗玛、纳木错和雅鲁藏布三个国家公园。十八届三中全会《中共中央关于全面深化改革若干重大问题的决定》提出"建立国家公园体制"。建立国家公园体制完全符合西藏的六个"重要的"定位,无疑应该把推进国家公园建设放在全区社会、旅游与生态发展的重要位置上。

在国家公园问题上如何破题面临着四个问题:一是"国家公园"的主体资源与核心功能是什么?国家公园属于国家规定的"禁止开发区"。在国家公园的申报、考核、评比中,应以生态、社会、文化和经济等综合效益为导向,在国家公园中开展自然旅游、生态旅游、探险旅游应严格遵守相关准则,不以接待规模与经济收入论"英雄"。二是"国家公园体制"还应包括其内部的管理体制与运行机制,其中涉及地方政府、社区居民、经营企业和外来游客四方面的相关利益主体,关系到资源所有权、政府管理权、企业经营权、居民参与权和国民游憩权,这是国家公园体制中的核心问题。三是国家公园主要由中央政府管理,还是实行属地管理(主要由地方省级政府管或地级行政区管)?四是由哪个行政主管部门管?是由城乡住建部、环保部、国土资源部还是林业部门主管?《国家公园法》、标准等谁来主持制定?从国家层面上解决这些问题需要时间。西藏试建国家公园以高原自然生态资源为主体,已列入世界文化遗产名录的可暂不考虑。

在国家公园开展旅游必须是负责任、可持续的旅游。一是政府首先要负责任。按"保护、公益、发展"相结合的理念,突出国家公园的生态性、公益性和可持续性,摒弃急功求名、追逐GDP增量的传统思维。二是经营企业要负责任。按照"保护为先、有限开发"的原则,把生态的保护度、游客的满意度与社区居民的幸福度作为天职,把保护自然与人文生态作为企业发展的生命线,摒弃急功逐利、杀鸡取卵的掠夺性开发方式。三是旅游者要负责任。要以敬畏的心呵护生态,以虔诚的心尊重民风,摒弃"到此一游、垃圾一地"的不文明旅游行为。四是社区的民众要负责任。在参与旅游服务的过程中,发挥优势、扬长创新,把大自然与老祖宗留下的珍贵遗产代代传承下去,摒弃破坏生态、背离传统的方式。总之,建设国家公园心要热、头脑要冷、步子要稳。当前西藏主要做好各方面的前期准备工作,谋定而后动、蓄势而待发。

十一、人力资源开发与发展旅游

人才是西藏发展旅游的一大瓶颈。藏族管理、服务人员对国内外游客具有特殊的亲和力,藏族导游是西藏旅游的形象使者,藏族导游的眼神是观察西藏圣地的窗口。内地导游援藏解旺季燃眉之急，功不可没，要长期边坚持、不断完善，但从根本上解决西藏本土旅游人才（包括在西藏扎根落户的汉族人）的问题，必须培育一支以藏族为主体的旅游管理、经营和服务队伍。

造就西藏旅游产业队伍需要各行各业和全社会的共同努力。建立政府、学校、行业、企业和社会相结合的旅游人力资源培养体系：

政府：党校、行政学院编写《西藏旅游读本》，培训中增设旅游专题；重要旅游地区的中小学编写当地的旅游乡土教材，结合文、史、地教学，增加旅游教学内容。

学校：建立大学与职业教育相结合的旅游培训教育体制。把西藏大学外语学院列为藏大的重点学院，把旅游管理列为藏大的重点专业，利用西藏大学综合型大学的优势，把旅游与外语、藏文化和高原生态教学研究结合起来，建成西藏特色的旅游管理学院，设立西藏特需的旅游专业，培养旅游高级管理、研究人才。近中期不需要另建西藏旅游学院、旅游大学。加强旅游职业教育，拉萨建旅游高职学校，各地区建旅游中职学校，培养中低级旅游管理、服务人员。

行业协会：对旅游在职人员开展职业培训和继续教育。

企业：有条件的大中型旅游企业设立人力资源部，进行岗位培训。

社会：西藏文化、民族和宗教部门培养文化旅游景点管理与导游，体育部门、登山协会和登山学校培养登山管理、服务人员，商业部门和商业协会培养商贸餐饮管理服务人员，交通运输部门培养旅游车船驾驶服务人员，农牧、林业部门和学校培养农业旅游、森林旅游管理、服务人员等。部分一线旅游管理和服务人员要会用外语与外国游客交流。

桂林旅游：保持定力，走自己的路[①]

今年是桂林向外国人开放 45 周年、改革开放 40 周年。"三十而立，四十不惑，五十而知天命。"桂林旅游已走完"而立"之年，正在从"不惑"走向"知天命"。此时此刻，需要回顾以往，更需要展望未来；需要总结成就，更需要思考新课题。

一、阶段与目标

千余年来，桂林一直是国人的旅行游览胜地，有众多的碑林石刻为证。1973 年，桂林正式对外国人开放，以产业形态为特征的现代旅游业真正起步，同时也是建设国际旅游胜地的起点。45 年来一直朝着这个目标前进。2012 年国家批准《桂林国际旅游胜地建设发展规划纲要》（以下简称"《规划纲要》"），确定了"世界一流的旅游目的地"的发展目标。

笔者认为，目前桂林旅游业已经进入基本成熟期。旅游吸引物的国内外知名度、接待国际政要名流的数量、入境游客的规模、举办国际旅游会议的规格、旅游智能化管理的能力等方面，足以说明桂林已经是一个世界著名、在某些方面已进入世界前列的国际旅游目的地。

至于"世界一流"，没有公认的标准，也没有评标机构，更没有谁来发牌子。"世界一流"是动态的，不是静态的；是不断提升的，没有恒定的指标。"世界一流"是一个永不停步、持续追求的理想境界。

目前，桂林旅游业已经进入基本成熟期，这是思考桂林旅游业的一个基本判断。桂林市要超脱旅游业起步或初步发展阶段的发展思路、做法或模式，要以成熟的心态、从容的步伐，保持定力，坚定地走自己的路。

[①] 2018 年 10 月 27 日，在"以国际一流为目标打造桂林国际旅游胜地学术讨论会"上的主旨发言。

二、旅游业 GDP 占比的高与低

把"旅游总收入占 GDP 20%"作为"国际旅游胜地"的指标之一，值得斟酌。旅游业增加值占 GDP 的比重是衡量一个国家和地区旅游业的发展水平和经济贡献的重要指标，但不是主要指标，更不是唯一指标。该指标的高低与该地的产业结构相关，不完全取决于旅游业本身。但凡现代工业、农业、科技、商贸和金融业发达的国家和地区，旅游业即使很发达，占 GDP 的比重也不会很高；反之，旅游业占 GDP 的比重过高，往往说明它的经济结构有缺陷。上海的旅游业只占 GDP 的 6%，能说它的旅游业不发达吗？马尔代夫的旅游业占 GDP 的 30% 以上，表明它的国民经济结构单一。把旅游业占 GDP 的比重作为衡量旅游业发展水平和评比达标的指标是一种误导。

"世界一流的国际旅游胜地"是旅游品质与美誉度的形象概括。旅游业占全市 GDP 比重、税收比重、就业比重等都不是国际旅游胜地的本质属性。桂林市在发展旅游支柱产业的同时，"聚焦实体经济""重振桂林工业雄风，着力构建现代产业体系"的方针完全正确，因而不必太在意"旅游总收入占 GDP 比重"多少，况且这个提法并不恰当，因为"旅游总收入"不是增加值，与作为增加值的 GDP 没有可比性。

三、速度与质量、规模与效益

对于桂林而言，今后旅游业的发展不必太在意速度与规模，在保持一定速度的同时应更关注质量与效益，以提高游客、居民和旅游员工的满意度为重点，以旅游业的综合效益（社会效益、经济效益、文化效益、生态效益和国际影响等）和行业效益（行业和企业的经营效益）相结合作为评价和衡量的指标，正视全国普遍存在的"宏观报喜、微观报忧"的不正常现象。查阅近年来《中国旅游统计年鉴》（副本），桂林市旅游企业的利润率、人均劳动生产率、人均实现利润等指标均高于全自治区，在全国同类风景旅游城市中处于中位，高于大连、苏州、宁波、黄山，低于无锡、厦门、青岛、珠海。包括酒店客房出租率等在内的行业和企业的经营效益，桂林与国内外旅游发达城市相比还有一定的差距。

品质是品牌的基础，品质旅游是国际旅游胜地的核心。世界一流的旅游目的地建设重点，不在投资规模和建设项目上，而在投资的经济效益和项目的品质上。桂林今后的提升不在于短期内再建多少新景点、上多少新项目、增加多少投资额，而在于完善、提升已有景区景点、城镇公共设施和旅游企业的经营效益。建新项目要慎之又慎、精之又精，谨防投资商的跑马圈地。桂林旅游业要切实从高速增长阶段转向数量与质量、速度与效益统一，并以高质量发展为导向的阶段。

作为一个日趋成熟的旅游目的地，稳中求进、稳中向好应该是工作的总基调，不与其他城市比速度、拼数量。桂林旅游过去从"有没有"到"快不快"，现在要从"快不快"向"好不好"提升。

四、观光与度假

"甲天下"的桂林山水既适宜观光，又适宜度假，更可以在观光中度假、在度假中观光，或者第一次来观光，第二第三次来度假。观光度假结合，为国内外游客提供赏心悦目的休闲环境、活动场所，能深度体验桂林水山风光与人文气质。观光与度假只有休闲的方式之别，无高低、优劣之分，不存在"从观光向度假转变"的问题。愚自乐园地中海俱乐部即是变存量为增量、融艺术观赏与休闲度假于一体的成功之例。桂林应该是一个集山水观光与文化休闲于一身为特色的国际旅游胜地。

让游客流连忘返才是旅游目的地的魅力所在。过夜游客才是真正的旅游者。过夜游客规模与比重是旅游吸引力、服务水平和经济效益高低的重要指标。一个过夜游客的花费是一日游客的数倍，延长人均停留天数是提升旅游业经济效益的关键。

目前全国及地方的国内旅游统计没有区分过夜游客与一日游客的数量与比例，只有一个含糊的 50 亿人次的总数据。按前几年多次公布的"黄金周"的数据，过夜游客与一日游客的比例为 1∶4。桂林接待游客总量已突破 8000 万人次，《2018 年上半年桂林旅游大数据报告》显示，其中停留 2~5 天的游客占 64%。

桂林有条件在完善旅游统计方面在全国先行一步。建议依托已经建立的旅游大数据中心，今后年度及"黄金周"的统计数据中公布这几个数据：人次、人天次、人均停留天数和人均花费等。做到这一点在技术手段上并不困难，把各类旅游住宿中的过夜人数综合就可以得出过夜游客人数、人均停留天数以及游客年龄、性别、客源地等数据，并使之成为客源市场分析的可靠依据。

国内游客统计以过夜游客为主，这是国际旅游统计的惯例。英国规定，国内游客指在外逗留一夜以上的游客。按外出时间分为 1~3 夜短期和 4 夜以上长期两种。澳大利亚规定，"离开自己的惯常居住地至少 40 公里以上，在该地至少停留 24 小时，但最多不超过 12 个月""当地居民对本地旅游景点的访问不应该包括在内"。世界旅游组织《世界旅游统计概览》中，国内旅游统计指标包括：①酒店和类似住宿设施接待人天数（万人天）；②酒店和类似住宿设施接待人数（万人数）；③所有旅游住宿设施接待人天数（万人天）；④旅游者在所有旅游住宿设施平均停留时间（天）。桂林在旅游统计方面正在与国际接轨，期待桂林在这方面创造经验。

五、全域旅游与景点旅游

现在桂林6区11县都搞起了旅游，市区和县城的建设都注重旅游景观与服务功能元素，A级景区达63家，乡村旅游点星罗棋布，已经是"全域旅游区"了。广西和桂林早就开始的"特色旅游名县"建设是个创举，实际上就是在建设县域"全域旅游示范区"。我认为桂林无须另起炉灶再搞申报、检查、评比，为此耗费许多宝贵的人力、物力、财力。近日中共中央办公厅发出通知《统筹规范督查检查考核工作》，规定国家每年只搞一次综合性督查检查考核，"对县乡村的检查考核减少50%"。桂林正在建设的"世界一流国际旅游胜地"，比这个那个"示范区"的含金量高出不知多少倍。

代表性的旅游景区、景物、景观是旅游目的地的标志性吸引物，构成旅游的核心竞争力，是国际旅游胜地的支柱。没有出色的景区景点客人不会来，尤其不能吸引客人远道而来；没有好的社会和生态环境，看完景点就走人，不能留住客人，走了也不会再来。不存在"从景点旅游向全域旅游转变"的问题，景点旅游永远不会过时。除商务、医疗、探亲等以外，绝大多数旅游者也不会选择"无景点旅游"。

旅游目的地建设永远要抓重点、抓节点、抓通道，不要"村村点火、户户冒烟"。完善重点景区、城镇、乡村及连接它们的廊道、绿道、交通站、咨询点、自驾营地等，开辟类似大城市里的观光巴士，类似遍及我国台湾的31条"好行旅游路线"，串联主要城镇、景点，准点发车、循环行驶、一票通用，可多日、多次上下车乘用，为游客多天停留、自由游览提供便捷服务。

六、专业教育与大众教育

人力资源是决定国际旅游胜地建设的基础性要素。旅游教育是个系统工程、全民工程，要高等教育与职业教学并重，专业教育与大众教育并重，把全民、全行业的旅游培训教育作为国际旅游胜地建设的基础工程。

首先，要高度重视全市民众的旅游意识教育。建议旅游和教育部门合作，编写旅游乡土教材，在全市中小学开设桂林旅游常识课，从小开始培养旅游服务意识。"最美的风景是人"，桂林也应该这样。

其次，更加重视中高等职业教育和员工继续教育，提高一线员工的素质。具有职业素养的一线员工不足影响旅游服务水平，在全国是个普遍现象。桂林在这方面也应有所创新。全民教育和职业教育抓好了，国际旅游胜地就有了雄厚的人力资源基础。

当然，还应高度重视桂林旅游学院等院校的提升，像洛桑旅游学院和夏威夷旅游学院那样成为著名的国际旅游学院，建成西南地区的旅游教育科研的高地和东盟地区旅游人才培训和研究咨询的基地。广西师范大学、桂林理工学院、桂林旅游学院、桂林电子科技大学和桂林产业研究院应各有特色、优势互补，并为以后建立桂林旅游大学共同奠定基础。

七、入境游客与外国旅客

就全国而言，至今入境客源中外国人仅占1/5，年接待量不足3000万人次、过夜游客2250万人次，不及泰国（3500万人次），与马来西亚（2600万人次）相近，说明入境市场的国际化程度很低，因为只有外国游客才是国际游客。

"国际旅游胜地"的核心在"国际"。1973年桂林市对外开放的本意是对外国人开放。20世纪80年代外国客人一直占全部入境游客的七成左右，2010年外国游客占60%。桂林旅游具有与生俱来的国际市场的基因。目前桂林市接待入境过夜游客中外国游客与港澳台游客各占一半，虽然外国游客的比重高于全国，但是对标"国际旅游胜地"仍有相当大的差距。入境过夜游客人均逗留2.3天，与国外著名国际风景旅游城市相比差距不小。

港澳台市场本质上是一国两制下的国内市场，只不过由于实行不同的关税和使用不同的货币，港澳台游客被称为"入境游客"。但正如习主席所说，台湾经济是中华民族经济，港澳台市场当然是中华市场。至今港澳台游客仍然络绎不绝，说明桂林山水在那里已家喻户晓，只需做好服务营销，形成无成本的口碑营销，客流会长流不断。

近十年来，全国入境市场增长缓慢，外国游客市场低迷，桂林入境游客却逆势上扬，从2008年的125万人次增长到2018年的274.70万人次。其中，外国人141.90万人次，占入境游客的51.7%。十年翻一番实属不易。着力开发国际市场，扩大规模、提升外国人在入境游客中的比重、延长人均停留时间，是"国际旅游胜地"的题中应有之义，也是桂林旅游人的应负使命。开发国际市场是桂林市场的先中之先、重中之重。优化国际旅游市场开发的体制机制，建立政府指导与市场运作协作、官企结合的市场营销体制，提升市场营销的精准度与投入产出率，桂林旅游界已有成功案例。

建议桂林市在旅游客源市场统计框架中率先把"国际旅游市场"单列，与港澳台旅游市场、国内市场并列，更加鲜明地树立国际旅游胜地，即国际旅游目的地的形象。

八、东盟合作与海上丝路

40多年来,一体(亚洲)两翼(欧洲和美洲)一直是桂林国际旅游市场的基本格局,东北亚的日本和韩国,东南亚的马来西亚、新加坡、印度尼西亚和泰国等,欧洲的英、法、德和北美的美、加等国,历来是最重要的传统客源国。

继续依托中国—东盟自贸区、大湄公河次区域合作、中国—东盟博览会等为旅游合作平台,在市场推广、旅游投资、客源互送、商贸会展、企业合作、人才培训和咨询规划等方面加大与东盟国家的合作力度。与东北亚国家的关系虽时有波折,但和平友好、交流合作的主流依旧,日、韩游客对桂林山水的钟情不变。欧美是桂林的传统客源地,异域风貌和文化对欧美人更有吸引力。

桂林国际市场要紧紧抓住"一体两翼"和主要客源国不松手,把有限的国际宣传资源集中到关键性的目标市场上。建议谋划在欧、美设立旅游办事处,像海南引进世界旅游名企托马斯·库克公司一样,筛选、引进欧美经营中国市场的龙头旅游经营机构与企业。目前,桂林只有连通东亚的10条国际航线。国际市场开发的短板仍然是航线太少,实现欧美国际航线零的突破不宜拖延。

海上丝绸之路连通东亚、南亚、西亚、南欧和非洲,既带来空前的机遇,也面临着不容忽视的挑战。几百年来,这是一条经济航道和文化通道。沿线国家政治制度不同、经济水平悬殊、宗教与种族冲突不断、国际博弈与内部利害交织,也是一条不平静的"地震带"。海上丝路前景光明,但道路曲折而漫长。

21世纪海上丝路正处在启航期。交通大道开到哪里,商贸之道通到哪里,旅游之船跟到哪里。总体上旅游在海上丝路中不是先导,也不能超道,只能随道而行。桂林对接海上丝路要审时度势、递次推进,优势和重心在东南亚和东北亚地区,南亚、西亚和非洲是有待谋划的后续潜力市场。

九、旅游与文化

今年是文旅融合年。近日,文化和旅游部的领导同志说,文旅融合要贯彻"宜融则融、能融尽融"的工作理念。旅游与文化的融合是如此,旅游与其他产业和部门的融合也是如此,要尽力而融、顺势而为,但不能不顾时间、地点、条件到处搞"拉郎配"。桂林文旅融合的重点在旅游与山水文化、历史文化、民族文化的融合,把桂林的特质文化有机地嵌入行游食宿购娱、信息和公共服务的各个环节、企业和项目之中,如全国首创的《印象·刘三姐》;融入旅游产品、购物、服务的细节之中,如王城游览与文创商品。

党政机构改革近在眼前。深圳市从建市起就设置文体旅游局,统管文化、旅游、体育、广播影视、新闻出版、文物博物等工作。近日海南省设置旅游和文化广电体育厅，最近广西已组建文化和旅游厅。这些都值得桂林市借鉴。叫"文化和旅游局"还是"旅游和文化局"并不重要，关键是新机构如何统筹全局把握好在理念、机构、产业、产品、市场、企业等各方面推进文旅融合的进度与力度、广度与深度。政府部门的执政理念、机制和方式的改革比机构改组更重要。从建设国际旅游胜地的角度考虑，笔者认为文旅体媒一体、组建旅游文化体育广电局更为适宜。从文旅融合不在形式而在内容而言，桂林也不妨在部门合作上多探索，提供文旅融合的新经验。

1973年，桂林市只有1家旅行社、18名导游、1家涉外饭店、248张床位、1条漓江、8艘游览木船。45年间翻天覆地的变化应该系统记录在案。建议修订1999年出版的《桂林旅游志》（续编），申报1973年榕湖饭店旧楼为桂林市级文物保护单位，建设桂林旅游博物馆，或建设桂林博物馆的旅游分馆。

"桂林山水甲天下"，南宋嘉泰元年九月十六日（1201年10月14日），南宋提刑官王元功赴任时写下的这一千古名句，是桂林的最佳形象口号，已成为今天桂林旅游的金字IP。建议把独秀峰下王元功诗碑的拓片作为"桂林山水甲天下"的标准字体，以表示对这位先辈的敬意和怀念。

八百年间，从"桂林山水甲天下"到"世界一流的国际旅游胜地"，"甲天下"与"世界一流"相对，"桂林山水"与"旅游胜地"相对，先人与我们在这里相知，历史与现实在这里相连。建成"世界一流的国际旅游胜地"，是今人对这片山水的一份责任，也是对先人的一个交代。

十、上面给与自己创

对外开放方面，写入2012年《规划纲要》的若干重大政策仍未落地：建设国家一类铁路口岸、出口加工区或综合保税区；引导境内外知名旅行社到桂林投资、设立具有独立法人资格的分支机构；设立免税购物场所，实现离桂旅客购物退税全覆盖；发行旅游彩票、竞猜型体育彩票和大型国际赛事即开彩票；开放第五航权，开辟更多的国际航线；旅游服务项目建设进口设备及入境展览用品享受进口税收优惠政策等。虽然有对51国游客实施72小时过境免签、对东盟十国实施6天入境免签的政策，但是由于国际直航航线很少而实效不大。

可以说，易于落实和桂林自己可以落实的政策大多已经和正在落地，剩下来未落地的大多是桂林市自己难以办到的。《规划纲要》要求"充分发挥市场配置资源的基础性作用，着力破除制约发展的体制机制障碍，通过自身努力与国家支持相结合，确保实现本规划确定的各项战略目标"，还有不少"难啃的骨头"。

乘国家扩大改革开放的大势，比照中央支持海南全面深化改革开放的政策，桂林应该力争一批新的政策落地，如：

设立免税店、推动免税城建设，使用国家税务总局统一版的离境退税信息管理系统，实现广西地区间离境退税的互联互通；

扩展入境旅游团免签国家名单，延长免签停留至 144 小时，建立涵盖南宁、北海、柳州、桂林等城市的过境免签城市间联动机制，实现"此进彼出"；

允许外资在桂林文化旅游产业集聚区设立演出场所、经营节目演出；

争取更宽松的外籍人才引进政策，试办永久居留证；

申报首批国家绿色金融和文旅金融改革创新试验区，加大金旅融合的力度等。

上述这些扩大开放政策虽不可能一步到位，但也不能坐等"钦赐"。有的可以自己搭桥牵线，如参照今年海南与英国托马斯·库克达成战略合作的做法，争取在桂林设立中外合资旅行社。有些积极创造条件，做好可行性研究和政策落地的各项准备，如免税店（城）建设、延长 72 小时为 144 小时过境免签、竞猜型体育彩票和大型国际赛事即开彩票等。总之，既要积极向上要，更要努力自己创。

海南旅游"特"在哪里?[1]

中国经济网文化产业频道记者： 3月中旬以来，海南省高层提出建设"中国的旅游特区"，已成为海南各界特别是旅游界的热门话题。您对这个问题跟踪研究多年，能说说事情的由来吗？

王兴斌： 1992年秋冬，应三亚市政府邀请，本人主持《三亚市旅游业发展战略》课题研究，认为"创新体制是旅游发展的关键"，提出"争取把亚龙湾国家旅游度假区的开放政策扩大到整个三亚市，进一步争取建立三亚特别关税区，成为类似香港式的自由港，实行资金、商品、人员自由流动，使三亚旅游业直接进入国际旅游市场"。2002年由世界旅游组织专家主持编制《海南省旅游总体规划》，在研讨会上我建议，"海南省要充分利用经济特区宽松开放的条件和孤悬海外的地理特点，争取类似我国香港和韩国济州的自由贸易区政策，从经济特区走向国际自由旅游区"。2005年，我向三亚市政府提交了一份咨询报告，建议"三亚建设国际旅游特区试验区"，在《三亚晨报》全文刊登。2010年1月在海南经济特区成立20周年之际，《中国旅游报》发表了我的《海南发展的新起点、新征程》一文，提出"海南的最终出路是建成以旅游服务业为龙头的自由贸易区"。2013年1月在《旅游卫视·看今天》节目中，再次提出海南需要"国际自由旅游岛"的顶层设计。我之所以如此关注这个问题，一是海南特殊的岛情、省情，二是中国改革开放的趋势，三是世界旅游发展的经验。

中国经济网文化产业频道记者： 您说的"海南特殊的岛情、省情"指什么？

王兴斌： 一是1988年从广东省分出来，中国最年轻的省，省岛合一，省就是岛、岛就是省，与大陆隔海相对，采取特殊体制机制和政策便于掌控，游客的出入境容易管理；二是建省时基本上是农业经济区，缺乏工业、贸易基础；三是中国独一无二的热带海洋海岛生态环境，最适合建成旅游岛；四是建省之初就列为"经济特区"，而且涵盖全省，享有特殊的开放政策。这几点可以说"中国独有、世界

---

[1] 2015年4月下旬，在三亚市旅行社协会发展论坛和海口市政府座谈会上，本人先后做了关于海南旅游特区的发言，中国经济网文化产业频道记者采访稿刊载于5月19日中国经济网。

少有"。

二三十年来，海南省的产业定位经历了多次演变，建省时提"工农贸旅（以农业为基础，以工业为主导，以贸易为重点，以旅游为龙头）"，后来又提"一省两地（中国新兴工业省、中国热带高效农业基地、中国度假休闲旅游胜地）"，都没有摆脱"以农业为基础、以工业为主导"的传统思路，想在3.4万平方公里、700多万人口的岛上走"小而全"的经济发展常规之路。

在世界经济一体化、全国经济市场化的时代，"小而全""大而全"的自给自足式的发展模式早已过时，培育优势产业、发展特色经济成为各国、各省、各地的首选。海南作为一个陆地面积和人口较少的特区省，完全可以超越经过工业化阶段，以旅游为龙头，大力发展服务贸易、服务经济，以较小的环境和资源损耗代价，达到富甲天下，实现城镇化、国际化、现代化。2000年，海南省一、二、三产的比例是38∶20∶42，2014年为23∶25∶52。特殊的省情决定了海南只能以旅游产业为主导产业，而旅游经济的核心是人的流动。国内外旅游者的自由流动，带动商品流、资金流、信息流、人才流、科技流。要实现这一点，设立"国际旅游特区"是最优的选择，甚至是唯一的选择。

中国经济网文化产业频道记者：在您看来，什么是"国际旅游特区"？

王兴斌：2005年，我在《三亚建设国际旅游特区试验区的若干意见》中提出，"在改革开放方针指导下，以社会主义市场经济为基础，在旅游经济管理与运行、旅游产品设计与开发、旅游客源市场宣传与营销、旅游服务规范与水平、旅游管理体制与经营机制等方面，与世界旅游界通行的国际规则、惯例和做法全面接轨，逐步实现国际与国内客源自由出入、资金自由流动、旅游企业自由经营、旅游商品自由通关，并在旅游经营和服务方面实行特殊政策、特殊项目与特殊做法，率先建设成为现代化、信息化和国际化的旅游经济特区"。

用一句话来概括，就是建立以中外旅游者的自由流动为核心的自由贸易区，也就是旅游经济特区。"旅游特区"的"特"，在于高度的开放，旅游者、旅游执业者、旅游企业、旅游交通、旅游商品、旅游资本自由流通，提供海南特质的观光、度假和特种旅游产品，旅游管理、经营和服务与国际接轨，融入世界旅游市场。

我认为，海南的发展可以概括为"三步曲"：经济特区→国际旅游岛→国际旅游特区。也可以说，经济特区是海南的1.0版，国际旅游岛是海南的2.0版，国际旅游特区是海南的3.0版。

中国经济网文化产业频道记者：您认为现在海南提建设国际旅游特区有什么新的含义？

王兴斌：我认为可以用"一带一路"和"互联互通"这八个字来解读。党中央提出的"一带一路"，既是事关国内发展格局的国家发展战略，将有力地推进国内东西、南北协同发展,也是事关国家外交格局国际战略,并将深刻地改变全球政治经济格局,促进世界东西互进、南南合作和南北共赢。"一带一路"的精髓是"互联互通",就是破解地理、国界、政策、制度和意识形态等各种藩篱和障碍,促进和实现信息、交通、资金、商品、服务和人员等方方面面的"互联互通",实视经济自由化、一体化。今年3月习主席在亚洲博鳌论坛上指出,"中国和东盟国家将携手建设更为紧密的中国—东盟命运共同体,东盟和中国、日本、韩国致力于2020年建成东亚经济共同体"。现在可以看到,在这个总战略格局下,国内自由贸易区建设和与外国共建自由贸易区,已成为当前国内外工作中的重要抓手。

首先是国内加快了自由贸易区建设,上海、广东、天津和福建四个自贸区的建设全力推进。离海南最近、与海南密切相关的广东三个自贸区片区中,珠海横琴新区片区以旅游休闲健康、商务金融服务、文教开放为主导。广东自贸区已取得港澳旅行商对内地居民出境旅游(除台湾)的经营。福建自由贸易区正推进海峡两岸的旅游互通互联,支持在自贸区内设立外资合资旅行社经营大陆居民出国(境)(不包括赴台湾地区)团队旅游业务;允许三家台资合资旅行社试点经营福建居民赴台湾地区团队旅游业务;支持台湾合法导游、领队经培训认证后在自贸区所在设区市(或试验区)执业,支持在自贸区内居住一年以上的台籍居民报考导游资格证,并按规定申领导游证后在大陆执业;支持平潭国际旅游岛建设,将在改革试验、资金安排、规划及实施、国际旅游市场拓展、人才培养等方面给予大力支持;促进特色医疗、娱乐演艺、职业教育、旅游装备等领域进一步开放;推动实现自贸区口岸过境免签或自贸区所在省市长时间停留等更加便捷的签注措施;探索实现区内区外联动,支持邮轮、度假区、低空飞行等领域的企业纳入自贸区框架管理;鼓励旅游金融创新,开拓适合旅游业特点的对外投资、融资、并购多种渠道,提升旅游产业的国际化和现代化水平。国家旅游局已经专门出台了旅游支持自贸区发展的意见,希望上海自贸区在旅游资本市场方面做出探索,积极发展旅游金融、产权交易、投资担保等;在旅游新产业新业态发展方面有所突破,积极推进邮轮与游艇、航空与露营等旅游经济发展;探索推动旅游业和其他产业的融合,将上海自贸区打造成今后我国旅游业进一步开放的政策示范区。可见,沪、津、粤、闽四省市自贸区的改革开放深度与广度已远远超出了海南国际旅游岛所享受的政策框架。广西、云南也正在积极探索在中国—东盟自由贸易区框架下旅游的改革开放与区域合作。

在国内推进自贸区建设的同时,对外与相关国家和地区签订了12个自由贸易协定,正在谈判的自贸协定9个,涉及23个国家。其中与海南直接有关联的有:内地与香港、澳门的更紧密经贸关系安排(CEPA),大陆与台湾的海峡两岸经济合作框架协议(ECFA),中国与东盟、中国与韩国、中日韩自贸协定等。

我国正面临新一轮对外开放的大走势。这一轮对外开放的特点,一是"请进来"与"走出去"并举、互动;二是陆上与海上的全球交流合作;三是以"一带一路"为主轴,推动中国与亚、欧、非、美及大洋洲的全面双向开放;四是以信息、交通、人员、商品、资金、政策、机制等各领域的"互联互通"。这轮对外开放在深度、广度与持续度方面是过去从未有过的。

在这个大背景、大趋势、大潮流面前,海南不能错失这次机遇。于是,"国际旅游特区"再次摆到面前,应该在新时期、新形势面前走上新台阶、采取新举措、迈开新步伐。

比起国际贸易、金融和科技等领域,旅游贸易合作各方互利的共赢点远大于竞争点,建设"旅游共同体""旅游合作区""旅游合作体",阻力较小、动力较大。世界上绝大多数的自由贸易区是以实物商品的免税进出口贸易为主体的,目前已设立的沪、津、粤、闽4个自由贸易区以生产性服务业为主导。

海南的特殊省情需要审慎考虑建成什么样的自由贸易区。海南孤悬大陆南端,自身不具有建成高科技工业的人才、技术、资金和资源基础,紧邻的北部湾沿岸也不是高科技的现代产业基地,无法就近生产可与国际市场交换的商品;海南又远离国内的现代工业产业基地,如果想建成面向国内外的货物空运与海运枢纽,那高昂的运输成本可想而知。20多年来洋浦经济开发区之所以没有能建成上海浦东、天津滨海新区、宁波港区、大连港区那样的保税区,并不是由于海南的政策不优惠,而是因为海南本身不具备可以建成可双向交流的现代科技与工业相结合的商品贸易基地。海南不可能成为以加工、贸易、金融、科教等生产性服务业为主导的自由贸易区。海南唯独在建立以旅游为龙头的生活性服务业为主导产业的自由贸易区方面有优势。海南自由贸易区以旅游为主导的生活性服务业为主体,建设成面向国内外游客的"国际旅游特区",其特点在于不是以物流为主体,而是以人流为主体;不是以物流来带动资金流和人流,而是以人流带动资金流和物流。这个"人流"就是旅游服务经济的主体——游客。这是海南扬长避短、趋利避害的唯一选择。

中国经济网文化产业频道记者:海南建设国际旅游特区有哪些优势与基础?

王兴斌:优势主要如下:

——拥有中国独有、世界一流的热带海岛与海洋旅游资源。

——拥有中国最佳、世界一流的空气、阳光、绿色与长寿的生态环境资源,有"长寿岛"之称。

——拥有中国其他省区没有的隔海自在的地理空间,可以营造国际旅游者自由往来的地理与人文环境。

——毗邻我国自由贸易港香港和澳门,直面东盟,是中国与东盟建立自由贸易区的前沿。

——岛内伊斯兰古墓群、南洋风格的骑楼老街等表明,历史上海南是海上丝绸之路上的一个重要支点，在近代与东南亚各国有广泛的交流，又是当今海上丝绸之路经济带上的重要一环。

——2009年国务院《关于推进海南国际旅游岛建设发展的若干意见》（以下简称"2009年国务院《若干意见》"）定位，海南是"我国旅游业改革创新的试验区""立足亚洲、面向世界的重要国际交往平台"。基础是：海南建省和经济特区成立后，在诸多方面率先实行了具有全国性示范意义的改革开放措施，已具有若干"国际旅游特区"的重要元素和显著特征。

——2000年率先实行落地签证政策。180多个与中国有外交和经贸关系的国家和地区的人员可以在海口、三亚口岸落地签证。26个国家2~5人的旅游团可享受15~21天的落地签证待遇。

——2003年率先实行第三、四、五航权开放试验等。

——2001年博鳌成为全国第一个国际会议的永久性会址。

——2009年三亚率先开始旅游协会与政府主管部门"三脱钩"。

——2012年率先开展境外旅客购物离境退税和离岛旅客免税购物。

——全省及三亚市建有国内档次最高、数量最多，并由众多国际著名酒店集团管理的度假酒店群，在全国十多个国家旅游度假区中居领先地位。

中国经济网文化产业频道记者：海南建设国际旅游特区需要从哪些方面入手？

王兴斌：最重要的是立法。建议由全国人大制定《海南旅游特区法》，或由国务院颁布《海南旅游特区管理条例》，并由海南省人大或政府制订实施细则。

从法规、政策和制度方面，主要有以下十个方面：

（1）实行更加开放的出入境政策，更大范围地对外国游客实行落地签证或免签入境。首先对港澳台同胞实行免签证，依次对东盟、东北亚、金砖国家和上合组织、亚投行和"一路一带"国家游客实行落地签证，最终实现大多数国家游客入境免签证；开展国内游客从海南出境（首先是香港、澳门、台湾地区和东盟国家）旅游业务，逐步实现国内外旅游者双向自由出入，使海南成为国际国内无缝连接的旅游集散地和中转站。

（2）进一步开放航空航权，并扩大国际航线，开通更多的低成本航空、旅游包机。完善三亚邮轮码头，建成中国邮轮始发港之一。

（3）扩大免税商品类型、品种和产地，对境外旅游购物商品实现零关税进口，对国内外旅客实行更大额度的离境、离岛购物退税。放开旅游购物免税业务经营权，打破免税业务独家经营的状况。1992年8月，国务院《关于试办国家旅游度假区有关问题的通知》规定（以下简称"1992年国务院《通知》"），"区内可开办外汇商店"，把该政策扩展到海口市、琼海市。

落实2009年国务院《若干意见》规定："完善外汇支付环境，开展居民个人本外币兑换特许业务试点。推动开展跨境贸易人民币结算试点，改善结算环境。完善外汇支付环境，开展居民个人本外币兑换特许业务试点。鼓励保险机构创新旅游保险产品。探索开展离岸金融业务试点。"

（4）落实2009年国务院《若干意见》关于"在海南试办一些国际通行的旅游体育娱乐项目，探索发展竞猜型体育彩票和大型国际赛事即开彩票"政策，允许在海南某些地段（如海岛、人工岛或邮轮）开放某些特种娱乐和康体项目。此类项目由政府授权有关机构特许专营，赢利收入建议反馈给弱势群体的社会福利基金或福利旅游基金。

（5）向境外旅游商（首先是港澳台旅游商）开放旅游经营权，并逐步放开外国人入境旅游经营权，进一步放开中国公民出境旅游经营权。1992年国务院《通知》规定，国家旅游度假区"区内可开办中外合资经营的第一类旅行社，经营区内的海外旅游业务"，把该政策扩展到海口市、琼海市。《通知》还规定，区内可开办使用国产车的中外合资经营的旅游汽车公司。对其购置的国产车，在核定的数量内，国家免征横向配套费、车辆购置附加费和特别消费税。该政策也可扩展到岛内其他地区。落实国务院2009年《若干意见》"支持海南在境外主要旅游客源地设立旅游推介分支机构"。

（6）对用于建设和生产旅游设施的进口设备实行免税政策。首先对港澳台进口旅游设备和项目免征关税，进一步对外国进口旅游设备和项目免征关税。1992年国务院《通知》规定："区内的外商投资企业在投资总额内进口自用的建筑材料、生产经营设备、交通工具和办公用品，常驻的境外客商和技职人员进口的安家物品和自用交通工具，在合理数量范围内，免征关税和进口工商统一税。为生产出口旅游商品而进口的原材料、零部件、元器件、配套件、辅料、包装物料，海关按保税货物的有关规定办理。建设度假区基础设施所需进口的机器、设备和其他基建物资，免征进口关税和产品税（增值税）。"

（7）首先对港澳台人员开放旅游执业，进一步对外国人开放旅游执业，从事旅游经营管理和接待服务。1992年国务院《通知》中准许"区内的常驻的境外客商和技职人员"在国家旅游度假区内执业。

（8）落实2009年国务院《若干意见》的要求，"推进旅游服务标准化和国际质量认证，在旅游餐饮、住宿、交通、景区、旅行社、导游、购物及应急管理等方面，加快建立与国际通行规则相衔接的旅游服务标准体系"。按国际惯例旅游从业人员实行市场化管理，导游员成为自由职业者，鼓励国内外游客对服务满意的导游、客房、餐饮、大堂服务员自愿支付小费。

（9）进一步发挥市场对资源配置的决定性作用和更好地发挥政府作用，公布政府旅游管理"负面清单""权力清单""责任清单"，进一步简政放权、转变政府职能，建立政府引导、市场主导、企业主体、社会团体自治的旅游管理体制机制。完善和加强旅游行业组织的协调、服务、自治、自律的功能，加快承接市场调研、培训咨询、资质认证、等级评定和品质监督等工作，并与境内外旅游行业组织开展交流合作。

（10）建立官企结合、公私合作的市场化、专业化的旅游目的地营销体制机制，把海南旅游形象宣传与旅游产品促销结合起来，改变目前政府主导下的行政式的宣传推广模式，提高旅游宣传促销水平和效益。

在我看来，这十方面勾画了"国际旅游特区"打造的主要方面，是一个长远目标，不可能一蹴而就、一步到位。这是一个先易后难、逐步推进、滚动发展的过程，但又不能左顾右盼、谨小慎微，进一步退两步、停滞不前。

从对外开放与交流合作的区域方面，可分以下几个步骤：

第一步，对港澳台同胞、企业、资本先行先试，构建"琼、港、澳、台旅游共同体"；

第二步，对东盟国家开放，构建"海南—东盟旅游合作区"；

第三步，对上合组织、金砖国家成员国开放，构建"海南—上合国家旅游合作体""海南—金砖国家旅游合作体"；

第四步，对"一带一路"和亚投行成员国开放，构建"海南——带一路旅游合作体"。

参照广东、福建自贸区各有三个片区的做法，以三亚为海南国际旅游特区的试验区，各种政策、措施、项目、体制机制在三亚先试先行，接着在海口、琼海和三沙推开。三亚以休闲度假、健康养生为主导，海口以商务、文教与文化休闲旅游为主导，琼海以国际会议展览和医疗养生为主导，条件成熟时三沙开辟为国际海洋生态旅游区，在中国主权管辖下向国际游客开放，在全岛形成各有重点与特色的格局，最终成为欧亚海上丝绸之路经济带上的国际旅游特区。包括三沙市在内的海南省旅游越开放就越彰显中国在南海的主权，越能体现"使海洋成为连接亚洲国家的和平、友好、合作之海"。

中国经济网文化产业频道记者：国际上关于"旅游特区"有什么通用的做法？

王兴斌：世界上没有公认的"国际旅游特区"的标准。我国的澳门、香港特别行政区，韩国的济州岛，美国内华达州的拉斯维加斯市，欧洲的摩纳哥公国，我认为都是各有特点的"国际旅游特区"，其中韩国济州岛与海南岛有些类似，成绩显著，值得海南借鉴。

2002年初，韩国政府制定《济州国际自由都市特别法》，确定济州以国际交流、文化旅游为主导功能，成为具有"文化特色、生态环境优美、服务良好的国际自由都市"，发展4+1产业（观光＋教育＋医疗＋尖端技术）。建成自由贸易区，"最大限度地保障劳动力、商品、资本的国际性流动与企业活动的便利性"。为了吸引投资，韩国向国内外投资者提供了诸多优惠政策，制定《投资促进法》；修改了《外币交易法》和《外国人土地法》，取消了对外国人投资的大部分限制。在吸引人才方面，济州岛对外语教育、信息通信、生物工程等方面的专门人才给予了特别的欢迎政策，并延长了外国人的工作居住许可期限。为吸引外国游客，济州岛对包括中国在内的外国游客实行落地签证，并延长逗留时间。去过济州岛旅游的人，都对那里的旅游留下深刻的印象。

中国经济网文化产业频道记者：海南要建成八大"天堂"，您对此有什么建议？

王兴斌："旅游特区＝休闲天堂、人居天堂、购物天堂、美食天堂、医疗天堂、养生天堂、娱乐天堂、特色文化天堂"，海南高层用这个公式说明"旅游特区"，简单明了、通俗易懂。我认为，这是对海南主要旅游产品的概括，或是对旅游目的地建设目标的具象化，更确切地说，是海南旅游的宣传用语。但是这几个"天堂"没有充分体现海南旅游的特色。

本人建议，应加一个中国唯一、世界不多的"热带海岛生态天堂"。这是海南旅游环境、资源和产品独有的最大特点。没有"热带海岛生态"这个"天堂"，就没有这八个"天堂"。

我认为，"特色文化天堂"没有说清海南文化的特点，不如改为"天涯文化天堂"。海南文化源远流长、内涵丰厚，融中原文化与南疆文化、大陆文化与海洋文化、汉族文化与黎苗回族文化、中华文化与伊斯兰文化、历史文化与时尚文化、田园文化与城市文化于一体，并与"天涯海角"这一中国陆地最南端的极地景观和意象相结合，形成了中国唯一、别具一格的"天涯文化"。"天涯文化"纵贯古今、联通南北、兼容中外，融地理区位、自然生态与社会人文于一炉，具有多元性、包容性、开放性的特点，是绚丽多彩的华夏文化巨树上璀璨的一枝。用"天涯文化"来概括海南文化的内涵、特征和核心，最为确切、鲜明，也最具形象，与全国其他省区的文化形象定位不雷同，具有独一性、形象性、不可复制性和易于识别性。我曾撰文用"天涯文化"概括三亚文化，其实也可用来标示集海洋与海岛于一身的包括三沙在内的海南文化。

此外，"医疗天堂"与"养生天堂"可合并为"健康天堂"。"健康"可涵盖健身、体育、医疗、养生、长寿等多方面内容，更好地展示海南是个"长寿岛"。"娱乐天堂"可改为"育乐天堂"：包括"教育"与"娱乐"两个方面，寓乐于旅、寓教于游，大力开发独具热带海岛海洋特色的科教旅游、研学旅游。

20多年的跟踪研究使我深信，着力发展以旅游为龙头的现代服务业，最终把海南建成以服务贸易为主导的国际旅游特区，是海南自身发展的最佳选择，也是海南旅游走向和融入世界旅游的必由之路。

被绑架的海南生态[①]

官商功利的叠加

王兴斌教授,曾经担任过国家旅游局规划专家、海南省旅游规划顾问,曾主持编制过广西壮族自治区、西藏自治区、福建省、天津市,以及海南省三亚市、海口市等几十个省市县旅游发展规划。

在接受《中国新闻周刊》采访时,王兴斌直言这次被中央环保督察组点名的海南几个地方都是最近公布的《海南省旅游发展总体规划(2017—2030)》中提到的重点项目。"海南省要建成全国全域旅游示范省,这样搞下去会示什么'范'呢?"

1988年4月,海南从广东省分出来,建省后成立了海南经济特区。

王兴斌称,海南建省后,经济上经历了两次大规模冲击。1992年时,因为过度开发房地产,被叫停了一次。海南省花了大概10多年时间处理后遗症。最终,这些房地产项目,有些沦为烂尾楼被拆了,有些被别的开发商接手。那次,对海南经济的冲击来自房地产泡沫的破灭。

"这次涉及的范围更大一些,因为上一次主要在三亚和海口南北两个城市,这次牵扯到海口、三亚、儋州、文昌、琼海、万宁等多个城市,而且项目造价成本更大。"

王兴斌认为,作为中国最年轻的省,目前看海南的海域、河水、空气等总体上还是全国最好的,但局部破坏已经很严重。这些年来,盲目的房地产开发对海南生态环境的破坏,大致分三个阶段:

最早表现在海滩上。海南从东北部到东部再到南部,好的海滩几乎被酒店和房地产项目占尽。"海滩在国际上都属于公共浴场,但是在海南却被一段段分割了。这些海滩变成了酒店等开发商的领地。现在在海南,几乎找不到保持原生态的沙滩海域。"

[①] 《中国新闻周刊》2018年1月22日第4期,记者周群峰。

海滩几乎被分割完了，又向近海"进军"——大建人工岛，这几年出现了人造岛的热潮。他认为，众多的填海造岛工程对海水流向、岸线侵蚀、海边的树林与动植物等都会造成不可逆转的影响。凤凰岛、海花岛等这类大面积的人工岛，若干年后对海岸生态的负重影响会逐步显现。

现在又开始转向山地热带雨林的开发。"据我所知，五指山市等海南中部地区正在大规模开发热带雨林房地产和旅游酒店。"

2010年1月4日，国务院发布《国务院关于推进海南国际旅游岛建设发展的若干意见》。至此，海南国际旅游岛建设再次加快了步伐。

王兴斌认为，海南国际旅游岛的提出，把海南旅游发展提高到国家战略层面，很多大的房地产商看准了海南，纷纷到此抢滩并盲目开发。他们把旅游开发当作房地产来开发，用的也是房地产开发的思路和路子。他们最先是拿地，拿不到地了，现在就在海上造岛了。而地方主政者又在政绩的驱动下，都想在自己任期内搞大项目。政府和开发商，两种急功近利汇集一起，导致了旅游开发中对生态破坏。

在这个过程中，承担规划、设计、评审等相关单位也有责任。"他们没有勇气抵制住开发商和政府的冲动，反而迎合了这种冲动。"

王兴斌还称，过分看重一些有经济实力的开发商，不仅仅是海南省的责任，国家一些部委局也存在着把手伸向市场、支持市场的越界行为。

他说，2016年4月，国家旅游局印发《关于2016全国优选旅游项目名录的通知》，与国家开发银行等10家银行共同组织专家遴选了747个"优选旅游项目"，确定为《2016全国优先旅游项目名录》，其中就有海花岛项目。

王兴斌称，这次中央环保督察组的海南报告是经党中央国务院批准的，可见分量之重、教训之痛。怎么处理好旅游开发和环境保护的关系，怎么看待眼前的经济利益和长远的发展利益的关系，值得旅游界深思。

在这次环境督察报告引发的讨论中，海南的多个项目被指严重偏离了海南生态省和国际旅游岛的定位。

王兴斌认为，多年来，人们总是强调旅游业是绿色产业，在"生态文明建设中大有作为"。但无数事实表明，若不遵循自然生态规律，盲目或过度开发，或者经营管理不当，发展旅游业同样会对生态环境与自然资源造成破坏，旅游业并非是"无烟工业"和天生的绿色产业。

他呼吁由国家发改委牵头，环保部、国土部、住建部和国家旅游局等共同出台类似《关于规范推进特色小镇和特色小城镇建设的若干意见》的文件，规范旅游综合体、旅游度假区、旅游休闲示范城市等建设，减少层层评比活动，刹一刹攀比之风。

改变政绩导向

多位受访者称，督察组这次的严查刹住了海南大规模生态破坏的浪潮，非常及时，但是后续问题又非常复杂。

王兴斌称，关于这些被点名的项目，下一步如何解决，这是摆在海南省面前的一大难题。这些岛大部分已经施工多年，耗费了大量人力、物力、财力。对凤凰岛、海花岛等这些被叫停的大项目，以后不论是停工、拆除还是修复生态都会带来很多社会和经济问题。

他以海花岛为例说，海花岛现在停工，就必定不能如期交房子。业主和开发商购房时有协议，开发商和政府间也有协议，停了或拆除都会产生相关纠纷，牵扯到很多法律问题、经济纠纷。项目停工，几万名工人的生计也是问题。

王兴斌称，现在被叫停后，相关区域的海洋生态修复工程，无论由政府还是开发商谁来埋单都很棘手。"对开发商而言，尽管有暗箱操作等行为，但从形式上看也都履行了法律程序。"

督察组的报告指出，"儋州市政府及海洋部门化整为零违规审批海花岛填海项目，项目施工造成大面积珊瑚礁和白蝶贝受损"。正如督察组所说，"房地产企业指到哪儿，政府规划跟到哪儿，鼓了钱袋、毁了生态"。舆论普遍认为，海南这次环保事件，与 GDP 主导的政绩考核观有关系。现在海南省也力图转变政绩考核标准，做一些亡羊补牢的动作。

鼓浪屿风景名胜区发展规划纲要[①]

一、鼓浪屿发展目标

1. 性质定位

以国家重点风景名胜区为基础、高品位社区为依托、旅游产业为主导、文化和艺术教育为支撑、特色商贸业为配套的旅游与文化产业经济区。

2. 旅游发展目标

中国音乐旅游名岛;

亚太地区著名的音乐与艺术旅游目的地。

3. 文化教育发展目标

建设福建省和中国东南地区的音乐、美术和其他艺术名校,引进若干所国内国外著名艺术院校,建名校、汇名师、育英才、出精品,建成以音乐为特色的文化、艺术与工艺方面教育、培训、比赛、演出、研究、创作、交流和经营基地,争创国家文化产业示范区。

4. 商贸业发展目标

主要面向游客的厦门风味餐饮与特色商品服务基地。

5. 社区建设目标

环境优美、文化发达、温馨和谐、健康宜居的文明社区。

6. 环境保护与生态建设目标

全岛空气质量、水环境质量、噪声质量和污水排放达到国家一级标准,继续保持"ISO 14000 国家示范区",建成四季有花、绿树遍地的海上花园岛。

[①] 2004年秋,受厦门市鼓浪屿风景名胜区管理委员会委托,本人执笔鼓浪屿风景名胜区"十一五"期间旅游经济发展研究报告,全文 14.8 万字。

二、鼓浪屿风景名胜区总体布局

鼓浪屿风景名胜区总体布局

功能分区	重 点 项 目
东部音乐文化和中心接待区	龙头路旅游与公共码头、游客中心、音乐大道与音乐广场、海底世界、鹭江滨海休闲酒吧街、八卦楼音乐水景广场
南部历史文化区和滨海观光度假带	延平文化园、租界历史文化园、名人名楼风貌园（之一）、欧亚风情街区、南部滨海康体度假带
中部风貌建筑与音乐艺术休闲区	八卦楼管风琴博物馆；笔架山艺术休闲度假别墅区；名人名楼风貌园（之二）；厦门第二中学改建为音乐/艺术类学院，保留人民小学、日光幼儿园
西部滨海森林与艺术/康体度假区	兆和山—燕尾山森林与康体休闲度假区、西苑渔人码头休闲带、福州大学工艺美术学院、浪荡山雕塑艺术园、亚热带珍奇植物园、百鸟园、英雄山纪念园

三、鼓浪屿主题旅游产品系列

鼓浪屿主题旅游产品系列

产品体系	产品名称	产品主题	主要景点与项目	应对主要客源市场	开发时序
基础产品↓观光游览	海上花园漫步游	相约琴岛漫步花园	南亚热带海岛风光、海底世界、亚热带珍奇植物园、百鸟园、古树名木、闽南盆景园、开设更多的专题博物馆	国内、国外大众市场	近期主打产品，中远期为辅助性产品
基础产品↓观光游览	海湾群岛探奇游	遨游海湾群岛探奇	鸡屿、大屿、猴屿、大小兔屿、火烧屿、镜台屿、漳州隆教国家地质公园	青少年群体	
基础产品↓观光游览	英雄山红色游	缅怀先辈继往开来	英雄山纪念园、革命活动遗址、"鼓浪屿好八连"营地	本地和周边青少年群体	
品牌产品↓文化体验	音乐/艺术之旅	音乐圣地艺人摇篮	音乐厅、音乐广场、音乐大道、钢琴博物馆、风琴博物馆、音乐港湾、音乐花园、音乐学校、演艺学院、工艺美术学院、浪荡山雕塑园、国际钢琴节、家庭音乐会、社区音乐会等	国内、国外音乐/艺术工作者、爱好者和研修者	近期重点开发产品，中远期为主打产品
品牌产品↓文化体验	延平文化之旅	闽台同根海峡一家	日光岩、皓月园、延平公园、郑成功纪念馆、古城风云、博饼节	海外华人华侨，国内大众游客和史学工作者、爱好者，以及外国游客	
品牌产品↓文化体验	租界历史之旅	租界遗迹百年风云	外国领事馆、警察署、会审公堂、洋行、"猪仔"码头、教堂、教会学校、医院等遗迹	海外华人华侨，国内大众游客和史学工作者、爱好者，以及外国游客	
品牌产品↓文化体验	名人名楼之旅	名人遗踪名楼风貌	民主人士、爱国侨商、艺术家和知名人士故居、别墅、重点保护风貌建筑	国内外大众游客，建筑学研究者、爱好者	
品牌产品↓文化体验	一衣带水鼓金之旅	双"门"对开两岛一家	日光岩、皓月园、菽庄花园、闽南风情街、古城风云馆、闽台游民俗馆、金门环岛游、金门宝岛游	国内大众游客、史学爱好者及外国游客	

续表

产品体系	产品名称	产品主题	主要景点与项目	应对主要客源市场	开发时序
核心产品↓艺术/康体度假	琴岛度假	花园度假艺术休闲	海底世界、南亚热带珍奇植物区、沙滩运动、航海俱乐部、艺术家创作公寓、滨海森林艺术度假区	国内中高层文化和收入的游客、艺术界人士	近期为辅助产品，中期重点开发产品，远期为主打产品
	会议/奖励度假	精英荟萃企业家园	以中小型文化艺术方面的专业性会议为主，中外企业、科研教育单位优秀员工奖励旅游	中外企业界人士、艺术界学术界人士	
	修学度假	琴岛学艺怡情益智	学艺、学史、学军，学习革命传统，学习海洋、植物、地质知识	东南亚、东北亚和国内学生	
	家庭度假	四季花园欢乐琴岛	家庭游、亲子游、情侣游、亲朋好友结伴游，"五一"春游、"十一"秋游、盛夏消暑、严冬避寒	国内中高文化和收入的家庭	
	婚庆度假	结缘琴岛相伴一生	新婚蜜月旅游、中老年结婚纪念旅游	青年情侣、中老年夫妇	
	康体度假	花园氧吧康体健生	中老年保健、养生和疗养，产妇休假，避寒消暑	中老年、孕妇产妇、慢性病患者	

第六篇　学术探讨

"旅游"定义之辩[①]

2018年出版的《当代旅游学》第一章第一、二节梳理了古今中外关于旅游的定义，属于旅游学的开篇之作，是三大卷的序论之篇。读了之后疑惑不少，提出来求教于该书主编和该章主笔。

一、旅游是"经济社会活动总和"，不能没有"文化"

《当代旅游学》提出，旅游是"观光、休闲、商务、游学、康养等经济社会活动总和"，把旅游概括为"经济社会活动总和"。本人认为，应该加上"文化"，概括为"经济文化社会活动总和"。文化是旅游的灵魂已成社会共识。旅游活动从运行过程上说是一种经济活动，从价值观上说是一种文化活动。从离开家到回到家，旅游本质上是一种人文活动和文化消费。

二、旅游定义中不能没有"不以谋求职业、获取报酬为目的"

用"观光、休闲、商务、游学、康养等"表述旅游活动，也值得商榷。

1995年世界旅游组织和联合国统计委员会的定义是：旅游是"人们为了休闲、商务（business）和其他目的，离开他们惯常的环境，到其他地方去以及在那些地方停留的活动，且访问的主要目的不应是通过所从事的活动从访问地取得报酬"。这里business译为"事务"更贴切。文化科技交流、会议展览、探亲访友、康养医疗、宗教朝拜等旅游不能归为"商务"，但可以归为"事务"。

国家统计局2015年发布、2018年修订的《国家旅游及相关产业统计分类表》认定，"旅游是指游客的活动，即游客的出行、住宿、餐饮、游览、购物、娱乐等活动；游客是指以游览观光、休闲娱乐、探亲访友、文化体育、健康医疗、短期教

[①] 2018年7月20日博客。

育（培训）、宗教朝拜，或因公务、商务等为目的，前往惯常环境以外，出行持续时间不足一年的出行者"。

原国家旅游局的国内旅游的统计标准是："我国大陆城乡居民中，不以谋求职业、获取报酬为目的，离开惯常环境10公里以上，停留时间超过6小时但不超过12个月，从事参观游览、度假休闲、探亲访友、健康疗养、考察、会议等活动，以及从事经济、科技、文化、教育、体育、宗教等活动的人。"

比较上述几个旅游的定义，世界旅游组织（UNWTO）界定"休闲、事务或其他目的"简洁而明确，基本上把旅游分为休闲与事务两大部分，具体的旅游目的或活动大多可分别归入休闲与事务之中，已成为各国旅游界的共识。

国家统计局的定义对游客的活动具体、明确，并包括"因公务、商务等为目的"，并规定"出行持续时间不足一年的出行者"，是规范的统计分类和标准。

《当代旅游学》的定义中没有"不以谋求职业、获取报酬为目的""访问的主要目的不应是通过所从事的活动从访问地取得报酬"，联系到上述"在一定时间内"的模糊说法，很容易把外出经商贸易、就业谋利、农民外出打工、移居甚至移民等活动都列为"旅游"。本人认为，如果把"谋求职业、获取报酬为目的"的旅行也列为"旅游"，那么就应该如世界旅行与旅游理事会（World Travel & Tourism Council，WTTC）那样，把文化和旅游部改名为文化与旅行旅游部，把"当代旅游学"改名为"当代旅行旅游学"，把全国陆、水、空运输的客人全部列为"旅客"和"旅行者"。

作为一本官方版本的教科书而非个人著作，对旅游的定义似乎应该与世界旅游组织和联合国统计委员会的定义基本保持一致为好。

三、旅游的时间不能连续超过1年以上

《当代旅游学》的"旅游"定义中用"在一定时间内"表述旅游的时间概念，取代上述世界旅游组织、国家统计局和原国家旅游局关于"出行持续时间不足一年的出行者""不超过12个月"的界定，理由是"随着当今交通的便利、空闲时间的增加等外部因素的变化……旅游活动的时空规定性也因时而变、因势而变。具体离开惯常环境时间的长短，不同国家、不同地区可以结合其旅游产业发展程序有不同的技术性定义"。这一点有待商榷。

首先，许多国家对出游时间的长短固然有不同的界定，但有一点是共同的，即不超过一年（或365天，或12个月）。之所以如此规定，因为"从统计学的角度看，居住超过12个月，旅游者就可被视为该地的常住居民了"。即使是外国籍人士，"在过去一年（12个月）的大部分时间居住在该国""他就可以被视为一国的常住居

民"。① 即是说，如果一个"旅游者"去某地停留 1 年以上，对他而言该地就成为他的"惯常环境"了，他的身份就从该地的"旅游者"变成了该地的"常住民"了。

其次，国际通行的旅游签证（Tourist Visa）规定，游客在目的地的停留期较短，大多为 15 天或 30 天，最长为 90 天，一般不能延期。持旅游签证者不能在当地打工或从事与旅游无关的活动。申根旅游签证的有效期一般是 90 天。有些国家的签证虽然可以多年有效，但必须多次出入境，对一次入境签证停留时间有严格要求。B-2 类美国旅游签证可分为 3 个月有效、1 年有效、3 年有效、5 年有效、10 年有效和永久性有效，入境次数也分为一次和多次入境有效。中国大陆居民申请 B-2 美国旅游签证规定一次或多次入境有效期为 3 个月至 1 年。来我国的入境外国人持 L 字签证，在华延长停留期限不超过 30 日。可见，以 1 年作为旅游的最高日期能涵盖世界绝大多数国家。

最后，从旅游统计工作看，世界旅游组织每年发布各国出入境旅游人数必须有一个共同停留时限，各国共同执行才有可比性。中国作为该组织成员国，在出入境旅游统计上无疑应该执行世界旅游组织的标准。在国内旅游统计上，只有各省、市、县共同执行国家的统一标准，才能取得有效的数据。《当代旅游学》绕开现行的国际、国内旅游统计标准，用"在一定时间内"这种含糊的概念对实际工作没有任何意义，只能造成混乱。

四、旅游的"典型特征"中不能没有"体验性"

《当代旅游学》认为，旅游有三个典型特征，即异地性、幸福性、综合性。本人认同"异地性"和"综合性"这两个旅游的典型特征，但主张再加上"体验性"这个典型特征。

1999 年，本人在《风景文物旅游资源管理体制和经营机制改革探讨》一文中提出，"旅游本质上是向游客提供一种离开惯常居住地的新鲜经历，一种以一定的物质条件为依托的服务。旅游者得到的是游历过程中的印象、感受和体验，而不是具体的资源和设备"。②

2003 年，本人在《"体验经济"新论与旅游服务的创新》一文写过："旅游就是异地体验。旅游是什么？中外多少专家和旅游机构对'旅游'下过种种定义、作过各种诠释，各有其理，都有其可取之处。1995 年世界旅游组织和联合国统计委员会的定义是：旅游是'人们为了休闲、事务和其他目的，离开他们惯常的环境，到某些地方去以及在那些地方停留的活动'。这个定义可简述为'旅游是人们到异地的

---

① 伦纳德·J. 利克里什，卡森·L. 詹金斯：《旅游学通论》，中国旅游出版社 2002 年版，第 44~45 页。
② 《旅游产业规划指南》，中国旅游出版社 2000 年版，第 242~243 页。

活动'，以便于对旅游活动进行界定、调查和统计。旅游是人们离开惯常环境到其他地方去寻求某种体验的一种活动。体验的基本要素是人的参与，人又是各有个性的。商品与服务对消费者来说是外在的，而体验是内在的，存在于人的内心中，是人的心境与外在环境互动中的内心感受。因而体验的特点是个性、参与、互动。从这个意义上延伸，体验经济的最大特征是生产与消费的个性化、参与性、互动性与同步性。正是在这个意义上，'旅游'的本质可以用一句话来概括：旅游就是异地体验。旅游经济就是人们去异地体验的全过程中的服务经济。"①

当然，从消费方出发，还应加上"非谋利性"这一典型特征。如果把为就业、商贸、创业而外出的旅行活动都算作"旅游"，就失去了旅游的休闲娱乐和追求体验的本意，而成了一个谋生的手段。

从旅游的"异地性"出发，旅游消费还具有暂时性、重复性的特征。旅游将成为越来越多人生活的一部分或生活方式的一部分，但只是生活中的一个小部分，是一种短暂的、非惯常的生活方式。除了以旅游为职业生涯的极少数人，绝大多数的人在一年或一生之中出游的时间只是很少的、有限的一部分，极大部分光阴是在常住地度过的。对一个人来说，闲暇时间的休闲活动基本上是在常住地进行的，异地休闲的旅游只占他闲暇时间的一小部分。因此，旅游是一种短暂的、非惯常的生活方式。同时旅游又是多次性的反复性的休闲方式。在家待腻了想出去旅游，旅游了一段时间又想回家，这是绝大多数人的感受。未来越来越多的人将会以居家—旅游—居家—旅游……的方式生活，可能旅游的次数会越来越多、时间会越来越长，但总的来说，旅游还是一种短暂的、非惯常的生活方式。

五、"幸福性"和"精神活动"不是旅游的典型特征

《当代旅游学》认为，旅游有三个典型特征，即异地性、幸福性、综合性。本人认为，"幸福"完全是一种主观感受，过于抽象，人们对"幸福"的理解各不相同，不能概括为旅游的本质特点。"幸福性"的提法是从"幸福产业"中引申而来的。旅游、文化、体育、健康、养老是关系民生幸福的五个事业或产业，但不能由此引申出"幸福性"是这五方面的典型特征。"幸福性"是旅游、文化、体育、健康、养老等民生的共同特征，但并非是旅游的典型特征。

"旅游精神活动"没有全错，但也不全对。"旅游本质上是向游客提供一种离开惯常居住地的新鲜经历，一种以一定的物质条件为依托的服务。旅游者得到的是游历过程中的印象、感受和体验，而不是具体的资源和设备"，上文中引述的这段文

---

① 《桂林高等旅游专科学校学报》2003 年第 3 期；收录于《旅游忧思录》上卷，第 415~416 页。

字表达了本人对旅游供给与消费中物质与精神关系的认识。无论是交通、游览、住宿、餐饮、购物、娱乐等经典的旅游服务六要素，还是本书提出的第二要素"厕所"，无一不是物质设备与服务接待的结合，是物质消费、享受与精神消费、享受的统一。精神消费与享受一时一刻离不开物质消费与享受，寓精神消费与享受于物质消费与享受之中。

关于旅游的定义，历来仁者见仁、智者见智，过去如此，今日如此，今后亦如此。正如本书所说，"随着旅游业的不断发展，人们对'旅游'定义的认识逐步加深，并被赋予新的内容"。本书的定义似乎有了"新的内容"。如果是个人著述，不论学者与官员，都有发言权。但是考虑到本书的编写阵容和用途："高校涉旅专业学生学习参阅""旅游行业干部职工的培训教材"。本书对旅游的定义必然成为权威解释，将统一旅游界的认识、指导我国的旅游业发展，并作为学生考评的标准答案，因而必须字斟句酌，不能等闲视之。据我所知，北京联合大学旅游学院刘德谦教授对英语中旅行、旅游的表述和含义作了细致的考证和分析，该校徐菊凤教授对"旅游""旅行"等也作过深入的研究和系统的研究。此书列举众多学者对旅游定义的探讨，但一字未提他们两位——一位年逾古稀，一位英年早逝，不免有点遗憾。

旅游"六要素"之说"粗浅""滞后"吗?[①]

《当代旅游学》第二章第一节提出,"旅游'六要素'是旅游活动发展的阶段性产物,可以说,旅游'六要素'在当前的大背景下,已远远滞后于旅游产业实践,对旅游现象和旅游产业缺乏足够的解释力,亟待理论突破"。

笔者对此提出以下两点疑问:

一、旅游服务"六要素"何时提出,该如何排序?

本人在2015年1月就全国旅游工作会议报告写了一篇博客,引述如下:至于传统的旅游服务六要素,不知何时、为何在官方文件中用"吃、住、行、游、购、娱"表述,本人仍认为还是用"行、游、住、食、购、娱"表述为好。2011年曾为此写了一篇题为《旅游服务六要素该如何排序》的短文:

"吃、住、行、游、购、娱",时下这种表述越来越流行于旅游界,许多政要、业者、专家这样说;报刊、文件、规划文本这样写。为此,笔者专门请教了国家旅游局原市场宣传司、综合司司长李海瑞先生。他回忆说,旅游服务几大要素的提法,在20世纪80年代后期通常以"交通、游览、住宿、餐饮、购物"五要素表述。大约到80年代末、90年代初,在五要素之后,又加了"娱乐",成了六要素,简化为"行、游、住、食、购、娱"六个字,并广为流行起来。为什么把"行"排在首位?海瑞先生说,"没有行,哪来旅?",这是常识,把"行"排在首位符合旅游活动的基本特点和内在关联。

为了印证海瑞先生的回忆,笔者粗略地查阅了旅游文献。1990年初,时任国家旅游事业委员会主任的吴学谦副总理发表的《努力发展中国的旅游事业》一文中写道:"通过十年的艰苦奋斗,我国已形成了交通、游览、住宿、餐饮、购物和娱乐六大要素初步配套的旅游生产力体系。"(1990年《中国旅游年鉴》,

---

[①] 2018年7月25日博客。

中国旅游出版社1990年版，第3页。）1990年2月12日，吴学谦副总理在全国旅游工作会议的报告中又说："在旅游基础设施建设上，今后要在旅游业发展'六要素'，即交通、游览、住宿、餐饮、购物和娱乐等配套发展上下功夫。"（1991年《中国旅游年鉴》，中国旅游出版社1991年版，第7页。）1990年初，国家旅游局局长刘毅写的《树立信念，重振旅游》一文中也写道："旅游经济运行包括行、游、住、食、购、娱六大要素，涉及国民经济的几十个部门，需要各部门的支持；而旅游的消费，也会促进相关部门的发展。"（1990年《中国旅游年鉴》，中国旅游出版社1990年版，第122页。）1990年10月，由国务院经济研究中心孙尚清副主任主持的《中国旅游经济发展战略研究报告》提出，"旅游产业结构的优化，要六要素配套发展，有效地提高综合接待能力和创汇能力"。（1991年《中国旅游年鉴》，中国旅游出版社1991年版，第3页。）

自此以后，"行、游、住、食、购、娱"六要素的提法被我国旅游界普遍接受并广泛流行。笔者认为，这个表述简明扼要、通俗易懂，从供需两方面精准地概括了旅游活动的基本内容和旅游经济结构的基本框架。旅游是人流的空间移动，因而"行"为前提；"游"是目的，排在第二合情合理；游人在异地活动，必须有"住"、有"食"；购物与娱乐是旅游的必要的配套，有"购"、有"娱"才算为旅游活动画上完满的句号。

不知从什么时候开始，"吃、住、行、游、购、娱"之说在旅游界流行开来，人们亦云而云。不错，中国有"民以食为天"的古训，也素有"衣、食、住、行"的民生之说，这对民众的惯常生活而言，把"衣、食"放在第一、第二位无疑是对的。但是，对"旅游"这种非惯常的休闲性生活而言，把"吃"放在第一位就值得商榷了。对游人而言，外出旅游难道第一位是为了"吃"吗？对旅游活动而言，难道首先安排的是"吃"吗？对旅游产业而言，难道第一位是餐饮业吗？这并不是说"吃"在旅游活动和旅游产业中不重要，但是把它放在首位，就值得商榷了。

与20多年前相比，现在旅游活动丰富得多了，人们对旅游产业、旅游经济、旅游生产力的认识也深广得多了。近年来有的提出，在六要素之外还可加上"讯"（信息）、"智"（智育、教育）、"美"（审美），等等。这些都可以探讨，但把"吃"放在首位，总是不适宜的。

"行、游、住、食、购、娱"这一概括，可以说是对"旅游"供给与需求的中国式表述或创造，是30多年来中国旅游工作者共同探索的一个理念性成果。建议在政府文件、主管领导讲话、旅游发展规划和旅游教科书中，统一用这个表述。至于个人的说话、论著，完全可以各抒己见，不必强求一律。①

二、旅游服务"六要素"是"较低层次和较原始的旅游需求"吗？

《当代旅游学》认为，旅游服务"六要素"是"较低层次和较原始的旅游需求""远远滞后于旅游产业实践"，遇到了"巨大挑战"。这也是值得商讨的。

"行、游、住、食、购、娱"是旅游服务与供给的基本构成要素，是"旅游生产力体系"（吴学谦副总理），是"旅游经济运行要素"（刘毅局长），"旅游产业结构的优化，要六要素配套发展"（孙尚清），不存在"层次"高低、"原始"还是"高级"之分，因为六要素自身是不断完善、提升的，而且永无止境。这里有一个逻辑错误：把六要素自身的完善提高说成是"六要素"为"低层次和较原始"。这是一。

旅游服务与供给"六要素"的概括没有"远远滞后于旅游产业实践"，也没有受到"巨大挑战"。无论游人还是旅游企业和目的地，都十分在意这六个方面的完善与提升。不是"六要素"落后于实践，而是在实践中不断地完善、提升"六要素"。是有人想当"创新者"故意挑战它，而不是"六要素"说法遭到了挑战。此其二。

三、旅游服务需要在"六要素"的基础上拓展和深化

旅游的供给与需求、旅游消费和服务的内涵与外延在不断发展，"行、游、住、食、购、娱"并没有穷尽旅游业的基本要素和全部内涵，必然在逐步丰富、不断升级的旅游服务中拓展与深化。

从现在的认识看，笔者认为应再增加两个基本要素：一是"信息"。电子信息化的发展使旅游的消费、服务、经营、管理发生革命性的变革，正在走向信息智能化的阶段，就其重要性而言"信息"应列为旅游诸要素之首。二是"公共服务"，如游客中心、语言环境、标识系统、咨询系统、环卫系统、医疗系统、安全系统、救援系统、投诉系统、培训系统和出入境管理等。在自主旅游为主的阶段，随着旅游散客化、自助化、个性化和游客国际化的发展，旅游目的地的信息和公共服务显得越来越重要。

把"信息"与"公共服务"列为旅游服务的基本要素、必备要素，有助于推进

---

① 《旅坛忧思录》上卷，第419~420页。

旅游现代化、信息化和国际化的进程。从这个意义上，我认为"六要素"应该发展为"八要素"：在原来"六要素"的基础上加上"信息"和"公共服务"，其中"公共服务"中包括"厕所"，但不是把厕所单列为一要素。之所以提"八要素"，是对"六要素"的补充与完善，而不是"六要素""粗浅""原始""层次低"，落后于"实践"，遇到了"巨大挑战"。

"商养学闲情奇"是旅游发展"新要素"吗？[1]

《当代旅游学》第一篇第二章第三节"旅游要素的拓展与丰富"写道："我们将旅游要素分为旅游基础要素与旅游发展要素。旅游发展要素是应对旅游产业新需求与新常态的拓展新要素，是旅游者在满足了较低层次和较原始的旅游需求以后，提出的更高层次的旅游需要。本书结合产业实际，总结旅游业近些年的发展，将旅游基础要素归纳为'吃、厕、住、行、游、购、娱'，将旅游发展要素归纳为'文、商、养、学、闲、情、奇'，共十四大旅游要素。"

上述观点是 2015 年 1 月 3 日全国旅游工作会议报告中首次提出的，写入了《当代旅游学》并成为一个学术新观点，值得一辩。

文化历来是旅游的基本内涵，旅游是文化的一种重要形式。旅游本质上是了解目的地的文化并进行交流的人文活动。随着旅游者文化素质的提高和游览阅历的丰富，对旅游活动文化品位的要求越来越高，文化内涵也越来越多样化，旅游将成为一种普遍的社会文化活动。旅游的文化内涵必然会与时俱进，但文化并非是旅游的"新需求、新要素"。

商务旅游包括商务活动、会议会展、奖励旅游等旅游需求、要素。稍有旅游常识的人都知道，这些是旅游活动或旅游产品的一个传统形态。无论是世界旅游组织、国家旅游局对旅游活动的定义，还是旅游院校开设的旅游概论、旅游营销课程，都把商务会展列入基本的旅游产品，属于事务型旅游，与观光度假等休闲型旅游产品相并立。商务会展这一传统的旅游产品何以成为旅游"新需求、新要素"？

养生旅游包括养生、养老、体育健身等健康旅游需求或要素。150 多年前，英国最早开展的滨海旅游、温泉旅游就是以康体健身为目的的。近 40 年来中国旅游也是如此。随着走向小康社会，及"亚健康"状态增多，养生旅游受到更多关注。2012 年中国旅游宣传主题就是"2012 中国欢乐健康游"。《报告》提出发展健康旅游是对的，其市场需求会越来越强烈，但未必是"新需求、新要素"。

---

[1] 2018 年 8 月 12 日博客。

研学旅游包括修学旅游、科考、培训、拓展训练、摄影、采风、夏令营冬令营等活动。"读万卷书，行万里路"，历来是旅游的目的和功能之一。"学"就是在行走中"学"。"学"的内容、对象极其广泛，古今中外、天文地理、社会人文无所不包。国务院国发 2014 年 31 号文件早就专门写了"积极开展研学旅游"一条，怎么能说它是"新需求、新要素"？

休闲度假包括乡村休闲、都市休闲、度假等各类休闲旅游产品和要素。休闲度假本身是个传统的需求与产品，并非"新需求、新要素"。从词义上看，笔者一直认为，观光与度假都是"休闲"的方式，"休闲旅游"是与"事务旅游"相对而言的。观光与度假都是异地休闲的基本方式，两者并无高低优劣之分，也无"主体"与"非主体"之分。就旅游者而言，往往是观光与度假结合，或先观光、后度假。把观光与度假相区别，是大陆流行的说法。在我国台湾地区，度假包含在观光之内，旅游主管机构就叫观光局。日本、韩国也用"观光"统称广义的旅游。

情感旅游包括婚庆、婚恋、纪念日旅游、宗教朝觐等各类旅游业态或要素。"情"确实旅游享受的目的。"寄情于山水"，即使一般的观光游览、休闲度假、探亲访友等也都有精神享受、愉悦情感的要求。婚庆、婚恋、纪念日旅游、宗教朝觐等属于特定需求的专项旅游，是早就存在的旅游产品，也并非"新业态、新要素"。

探奇包括探索、探险、探秘、新奇体验等探索性的旅游产品或要素。"新""奇""特"历来是旅游魅力之所在，人们之所以离开惯常居住地去另外一个地方旅游，除了商务会展、宗教朝拜和康体健身等专门目的外，大多为了在新、奇、特的自然、人文和社会环境中获得独特的体验。从这一点来说，"探奇"历来是触发旅游动机的重要因素，也并非"新业态、新要素"。

总之，"商、养、学、闲、情、奇"六要素是旅游市场与产品的具体分类，不是"新"发现、"新"观点、"新"理论，它们已成为旅游教科书中的基本常识。本人在 2000 年出版的《旅游产业规划指南》（以下简称《指南》）第二章第七节旅游产品开发一节中对此作了概述：

旅游产品的类型：

观光型旅游产品

度假型旅游产品

商务会展型旅游产品

文化型旅游产品

绿色生态型旅游产品

健身康复型旅游产品

猎奇刺激型旅游产品

主题公园

当然，旅游产品的类型与特色是无穷无尽、与时俱进的。

　　《当代旅游学》将旅游发展要素归纳为"文、商、养、学、闲、情、奇"，但在旅游业界和学界它们早就是一个基本常识。其实，这是对旅游需求类型的一种表述，也是为满足这些需求而提供的旅游产品类型的一种表述，并非每种旅游都必须具备这七个要素。这些要素本身既可以是"较低层次和较原始的旅游需求"，也可以是"更高层次的旅游需要"，正如"行、游、住、食、购、娱"本身也有高低、雅俗之分一样。《当代旅游学》把"行、游、住、食、购、娱"说成是"满足较低层次和较原始的旅游的需求"把"文、商、养、学、闲、情、奇"说成是"更高层次的旅游需要"，把两者对立起来是站不住脚的。

旅游智库要"五湖四海"更需"百家争鸣"[①]

2015年初举行的全国旅游工作会议提出,"加强旅游业基础研究工作。成立中国旅游学会和中国旅游智库,并逐步构建旅游智库群,推动在全国旅游行业形成研究旅游的良好氛围,为旅游业发展提供理论支撑"。这是第一次在全国旅游工作会议上,提出成立中国旅游智库,说明国家旅游局对旅游研究工作的高度重视。

笔者认为,时至今日,来自五湖四海的旅游智库群出现了官、企、校并存、群雄并起的局面,大致由下列几类智力机构组成:

(1)政府部门直属或直管的旅游研究机构,如中国旅游研究院、国务院发展研究中心内的相关研究单位,以及各级旅游主管部门的旅游研究处室等。

此类机构在现有体制下掌握着研究咨询的主导权,在第一时间获得主管领导的意图与思路,掌握官方的第一手信息资源。其主要任务是为主管部门领导决策与解释决策服务,研究成果颇丰但缺少思想自由的环境(不等于没有思想自由的能力),研究课题选定、论证与结论难以超脱现任主政者的思路框架,有阐述与发挥的余地,无独创与诤谏的空间。

(2)国家和省市政府主办的科研院所的旅游研究单位,如中国社科院财贸研究院旅游研究中心、中国科学院地理科学与资源研究所旅游研究与规划设计中心等。

此类机构视野宽阔,了解国家的大政方针和社会经济发展走势,在某个领域掌握与旅游相关专业研究的信息与资料,有能力承担与旅游相关的某一方面的国家级重大研究课题,研究课题服从并服务于国家与地方的战略任务。在当前体制下,此类机构与第一类机构将是旅游智库群的"国家队",其优势是具有主流发言权,其不足是在研究框架与思路上难以有与现行政策相左的、独立的、突破性的研究成果或创新。

(3)高等院校(含高等职业学院)的旅游教学与科研单位。目前全国有1000余所高校内设有旅游院系或教研室,其中一部分具有科研能力,有条件成为旅游智库

[①] 刊登于2015年2月28日中国经济网文化产业频道。

的主力军。

此类机构人员由与旅游相关的多种专业人员组成，整体上知识结构呈多元化状态；掌握较多国内外研究资料，拥有充裕的研究时间，在选题与研究思路上有较多的自选机会，有较宽松的自主研究环境。擅长于案头研究与按国外学术体例写作，但与旅游业界缺少经常、广泛的联系，研究成果往往坐而论道、少接"地气"。在现行体制下，为了获得官方的科研项目、经费与成果评奖，得到官方点头，在研究咨询工作中难免会跟风随流，缺少国外学府的独立思辨与自主精神。

（4）自主经营的旅游规划咨询机构。目前全国有300多家具有国家旅游局的旅游规划资质，还有若干非旅游专业的社会经济文化咨询机构也承担旅游策划咨询工作，其中一部分具有较强的研发能力。

此类机构情况各异，大致有三种。一是直属地方旅游行政部门的规划机构：形式上与主管部门"脱钩"，但本质仍是主管部门的附属机构，大致与上述第一类相似。二是部省级城乡规划设计院中的旅游规划设计机构，以及某些高校的旅游规划设计机构：大多实行"事业单位、企业机制"，在研究和咨询中有某种独立性，但仍受"大气候"制约，旅游规划或咨询成果多为现行政策或现任主政者的决策服务，因与"甲方"长官没有上下级的隶属关系，比之政府直属的研究咨询规划机构有较大的自主权与机动性。三是为数众多的民营咨询规划机构：在旅游规划机构中占多数，以中青年人员为主，机制灵活、富有活力，已成为规划咨询领域的生力军。这些民营企业的体制机制多样，有创建者个人或家族制的，也有多个创建者股份合作制的，还有个人所有、名为"合伙"实为挂靠的，类似旅行社业中的部门承包或挂靠。某些机构为追求商业利润最大化而批量化、车间化制作，往往模仿与想象并存、标新与拷贝混合，优秀作品与劣质产品兼有，形式重于内容，少有主见与定力，难以抵御长官或资本意志的诉求，不得不迁就迎合，难有称得上具有独创性的智力成果。这三类旅游规划咨询机构人员学历高、悟性强，但缺乏旅游经营的实战经历，擅长图文编制，难出接"地气"的可运作方案，或仿制品多而实创品少。

（5）大型或综合性旅游企业（集团），或房地产企业、金融企业、文化商业企业的研发和策划机构。今后随着旅游行业组织的成熟，将会产生一批旅游研究和咨询机构。

此类机构直面市场、扎根企业，不尚空谈、不求浮华，研究咨询从立题到出方案都是立足于企业或行业的近期需要或长远发展，长处是接"地气"、重实战，不足是缺失宏观视野与非常规思维，不善系统研究、长远谋划。它们不盲信专家之言，但关注官方声音，以企业集团主管的意愿是从。对官方决策的可行性、专家言论的合理性，有本能的直觉判断。它们的意见往往对产业或企业发展最有参考价值，政府主管部门或企业（集团）决策时颇受重视。

以上五种机构的性质、职能、运行机制和人员结构不同，在旅游研究工作方面各有长短，彼此互补但不能取代，从不同的目的、不同的视角，观察与研究旅游发展中的现象、成就、经验与弊端等；它们之间有交流、有合作，也有差异、有碰撞，如主政者引领得法，都是未来中国旅游学会和旅游智库群不可缺少的组成部分。同时还会出现如"中国经济 50 人论坛"之类的非实体机构型的旅游智库，汇集两岸四地著名的旅游人开展旅游理论、政略与实务交流，为旅游界提供思想的盛宴。

时下旅游智库已有雏形，但远未成型；旅游智库群尚在群雄并起的"春秋"时代，远未到达"七国称霸"的"战国"时代。在市场经济多元化、产业主体多样化大势下，智库们的主体多元、利益多元，未来的旅游智库群不可出现"秦扫六合"一统天下、汉武"废黜百家、独尊儒术"的局面。智库的生命力既在"五湖四海"、各尽其才，更在思想自由、百家争鸣。与活跃的经济学界相比，旅游学界显得比较单调、沉闷。虽然各种名目的峰会、论坛连台，但大多是官员宣讲政见、地方宣传政绩、企业介绍产品、专家解读政策，少有思想火花的碰撞、不同见解的交锋。事实证明，以"中国经济 50 人论坛"为代表的各方经济学人的自由研讨以至坦率争论，对中国经济走势与对策提供不同的判断与建言，实际上为主政者在经济决策时起到了集思广益、智库参谋的作用。

"兼听则明，偏听则暗。"高明的主政者或企业家在寻求智库服务时，应该主动渴求听到不同的声音，得到不同的对策，而不能只听到一种声音、一套方案；既要听与自己的政见、决策相同或相似的声音，也应寻求不同的甚至反对的声音。对同一个课题，也可以委托几个机构、得到多个方案，以便权衡利弊、择善决策。

智库与智业本来是旅游产业群的一个不可或缺的组成部分。这个行业的健康发展需要有一个法治规则下公开、公平、平等的自由思想市场，需要形成一套智力市场健康运行和智库建设的制度、规范和程序，如咨询服务的招标、评标规制，咨询成果的公示制度（指政府委托的公共事务咨询成果）和第三方评审程序，对粗制滥造、抄袭、伪造等行为的惩戒规制等。当下社会的不正之风以至腐败之风同样侵蚀着旅游咨询规划市场，如有的政府主管绕过招标程序擅自圈定规划单位，利用项目委办的机会寻租谋利；在招标、评标过程中预先圈定、示意诱导中标对象；有的规划单方用变相手段示好、回馈甲方人员，向评审专家打招呼；评审专家既是"裁判员"又是"运动员"，这次我评审你的成果，下次你评审我的成果；特意挑选评审专家保证过关，会前不送交评审成果，会上不充分展开评论，评审会草率"过堂"，不管质量如何"一致通过"，评审结论充斥溢美之词，你（甲方）好、我好（乙方）、大家（评审者）好，皆大欢喜。此等现象虽不普遍、但绝非个例，侵蚀着正在成长中的旅游智业，尤其是智业机构中的青年人。

对于智力服务机构来说，不论官方机构还是非官方机构，或是有这样那样官方背景的"非官方机构"，想在群雄逐鹿的旅游智力市场上站住脚，最终成为中国乃至国际旅游智库品牌，一不能找官方或"名人"靠山唬人，二不能靠把自己说得神乎其神骗人，三不能造几个新名词当作"创新"蒙人，四不能以"车间流水线"方式和COPY图片案例拼凑出又"厚"又"重"的文本来惑人。这一切都不能持久。只有秉持独立精神、自由思想、克勤职守、敬业如命的品格与作为，拿出经得起时间与实践考验的经典性案例、可行性与前瞻性合一的创新性智力成果，才有希望成为中国旅游智库的长青之树。

中国旅游业发展到今天，成就有目共睹，困顿也无处不在，如强政府与大市场的消长，旧思维与新常态的博弈，规模速度与质量效益的失衡，入境旅游与出境旅游的反差，老产品与新业态的嬗变，产业宏观叫好与企业微观困窘等，如一个硬币的两个方面并存于一体。转型中的中国旅游产业呼唤智力市场的活跃与智库的兴起。一个旅游强国更需要强大的旅游智库群的支撑。提出旅游智库建设时不我待，但如何破题仍在途中。

开放包容的北京旅游学会[①]

各位旅游学会的学友,下午好!

一年一本的《北京旅游绿皮书》今天又与读者见面了。这本年度系列书是记录北京旅游业发展的编年史,也是后人了解北京旅游学术思想发展变化的资料库。这套系列书的编者、作者和读者都是北京旅游业发展的参与者、思考者和见证者。学会每年还编印6期《北京旅游研究与信息》,针对旅游界的热门话题或重大事件组织稿件,是了解中国和北京旅游业最新动态的平台。

感谢会议组织者的安排,要我作为一名绿皮书的作者讲点感想。

1959年夏末秋初的此刻,18岁的我从上海到北京上学。我一直是北京观光游览的享受者。北京有看不尽的景,是一本读不完的书,伴我走过青年、度过中年迈入了老年。1990年后,我转向旅游研究领域后,又成了一名北京旅游的观察者、思考者和建言者。有几件事情是我未曾想到的。

2011年北京旅游委成立,我写了一篇题为《对北京旅游委员会的八点期待》的短文,刊登在《中国旅游报》,想不到此文被市旅委领导批示,人手一份发给全委干部阅读。2016年全域旅游示范区创建活动热火朝天,学会决定为此出一期专刊。安金明会长打电话给我,准备收录我博客上的一篇文章,建议我把题目改一改。我把题目改为《我为什么不赞成运动式的创建全域旅游示范区》,特意署名"北京第二外国语学院退休教员"。当时想此文能排在会刊的最后一篇作为"反面教材"就不错了。拿到会刊后大吃一惊:居然排在第二篇。去年会刊出了一集《十九大报告与旅游业》专刊,我在博客上发的《我国旅游业发展的八个"不充分不平衡"》长文,专门讲旅游业发展中的诸多问题,一字不删被全文选录。今年文化与旅游的关系又成为热门话题,学会举办了一个论坛,会后又出了一期《文化与游游发展研究》专刊。没想到学会根据我的发言录音"原生态"地刊印了记录稿。由于我的上海普通话口音,记录稿出了一点点文字上的小小误差,但不影响内容,反而显得文

[①] 2018年8月31日,在北京旅游学会、社会科学文献出版社共同主办的《北京旅游绿皮书:北京旅游发展报告(2018)》发布会上的发言。

字稿更原真。在这个发言中，我提出文化与游游要"磨合"，在摩擦中走向融合。

前些天，山东省一位前旅游局长到我家叙旧。我给他看了这几期会刊。他既惊讶又羡慕，没想到这些很敏感的言论能在北京学会的会议上公开讲、在会刊上白纸黑字登出来。我对他说，北京旅游学会的领导、主管学会的市旅委领导开明、包容，鼓励会员独立思考、大胆探索，提倡"研究无禁区"，这是思想解放的表现，真正自信的表现。在学会里，不论官员百姓，不论职位、职称高低，也不论年龄大小，在学术面前人人平等，人人有发言权。这种学会才有生命力。

今年3月，国务院办公厅发布了《关于促进全域旅游发展的指导意见》，有关部门的朋友对我说，《指导意见》的内容与原来的提法有很大变化。我细读之后，发现我原来不赞成的几个主要方面，如5个"围绕"、6条"标准"、8条"优惠政策"，还有"1+3"（旅游局改旅游委，组建旅游警察、法庭、工商）等，都找不到了，只提了一句"开展全域旅游示范区创建工作，打造全域旅游发展典型，形成可借鉴可推广的经验，树立全域旅游发展新标杆"。我的理解是，把发展全域旅游纳入正常工作，不再搞"大跃进"式的运动了。我觉得这是一个理性的、降调的、降温的文件。

北京旅游学会成立于1980年，是全国稀有的省级旅游学术组织，后年是成立40周年。我希望，不管下一步北京文化与旅游部门如何组建，北京旅游学会一定要继续办下去，而且办得更精彩！《北京旅游绿皮书》一定要继续编下去，而且越编越好！

谢谢各位！

第七篇　春秋人生

2019年度中国森林公园和森林旅游突出贡献奖颁奖词和获奖感言[①]

颁奖词

王兴斌教授：中国森林休闲旅游热忱的宣传者和理性的思考者

作为我国资深的旅游专家，王兴斌教授一直以极大的热忱关注和支持森林旅游的发展。自1994年中国森林风景资源评价委员会成立以来，他担任历届委员，现在为顾问。他在各种场合，用犀利的文笔、率真的发言、时髦的博客和微信，为森林旅游呐喊助威；他与中青年委员一起跋山涉水，实地考察森林公园，年年参加国家森林公园的申报评议会，实话实说、中肯点评，深受森林公园系统干部的欢迎。

作为我国旅游界的著名专家，王兴斌教授没有门户之见，旗帜鲜明地主张应该由林业部门主导森林旅游发展，加强与文旅等部门合作。他提出森林环境最适宜开展大众休闲，让百姓走进森林、让森林贴近百姓。他认为休闲林业是森林事业和森林产业的结合点，是林业经济内一产、二产和三产的融合部，是林业产业的新业态、新支柱。他建议大胆探索森林公园体制机制改革，开展林地所有权、管理权和经营权分离的改革试验，开展森林公园"一园两制"、事业与产业互补发展的试验。他建议森林旅游要学习旅游宣传营销的经验，把森林旅游融入全国大旅游的体系之中。

近30年来，王兴斌教授是我国休闲森林旅游孜孜不倦的热忱宣传者和理性的思考者。老骥伏枥，志在千里。耄耋之年他依然像青年人一样活跃在我国的旅游学界，依然不懈地关注、推动着我国的森林旅游事业，在论坛、培训和报刊上释放思想火花、贡献忠言良策。我国森林旅游和森林公园的发展中凝聚着王兴斌教授的心血。中国林学会森林旅游和森林公园分会决定授予他2019年度中国森林公园和森

[①] 2019年8月20日，中国森林旅游学会年会授予本人2019年度中国森林公园和森林旅游突出贡献奖。

林旅游突出贡献奖实至名归、当之无愧。

让我们向他致敬，祝他健康长寿！

获奖感言

首先要感谢中国林学会森林旅游和森林公园分会给予我的这份珍贵荣誉，尤其是作为一个旅游研究人能获此殊荣，感到特别的荣幸！这是森林旅游界的朋友们对我的一种信任、一份情谊，更是一个鞭策！

30年前，有幸结识王兴国先生，他领我走进了森林旅游和森林公园的"校门"，进入了森林生态和休闲林业的课堂，使我从一个森林生态领域的小学生，成为一名森林旅游的爱好者、学习者和鼓动者。令我感到惭愧的是，至今还没有写出过一篇像样的森林旅游与休闲林业的学术文章，更谈不上像兰思仁博士那样写出《国家森林公园理论与实践》的教材专著。我是本着一种对森林——人类的绿色家园的钟爱，对"林家铺子"工匠们——无论是体力的还是脑力的工匠们的敬意，对休闲旅游中不可缺少的森林生态休闲旅游的热心，坚持着与林业界的朋友们一起一步一步走过来的。

这30年来，我见证了中国森林旅游从小到大的发展过程，森林公园从少到多的建设过程。现在已经步入大众休闲时代，可以说无人不休闲、无时不休闲、无处不休闲。汉语里"休闲"这两个字里都有一个"木"字，依木而憩，在庭院树下悠然度过闲暇时光，足见古人早就明白"无林不休闲"朴素而深邃的哲理。森林能涵养水源、滋润大地，能过滤雾霾、清新空气，能屏蔽噪声、静心养神，能提供绿色食品、颐养天年。总之，森林可游憩、可度假、可食补、可养生、可徒步、可攀登、可养身、更可养心，是最适宜康体健魄、观光度假的绿色天地。

休闲林业是林业事业和产业的融合点，是林业经济中一、二、三产业的结合部，是大林业（种植护养、木材加工和休闲服务）的三大支柱之一，是三产林业的龙头产业，是后工业社会的公共事业。社会越进步，林业越重要；城市越林立，森林越珍贵；人类越文明，越想回森林。森林休闲旅游是与人类永远相伴的生命幸福事业。我为后半生能参与到森林休闲事业、与森林旅游界朋友一路同行而感到骄傲。

再次谢谢森林旅游和森林公园分会的厚爱与信任，并再次向朋友们承诺：老而不怠、退而不休、实话实说、永讲真话，只要一息尚存就要与你们相向同行。

为森林旅游研究贡献一己之力[①]

2019年8月，王兴斌荣获2019年度中国森林公园和森林旅游突出贡献奖。这一荣誉对他来说，可谓实至名归。

在从事旅游研究工作的近30年间，他走遍了全国31个省（区、市）和港澳台地区，编制过几十个省、市、县的旅游发展规划，写有《旅游产业规划指南》《中国旅游客源国/地区概况》《旅游忧思录》等专著，是国内旅游行业的资深专家。

多年来，王兴斌还参与了一些旅游规划和咨询的国际活动。如1995年参加由联合国发展计划署和西藏自治区政府合作，与美国、澳大利亚、加拿大等国生态旅游专家共同编制了《西藏珠穆朗玛峰自然保护区生态旅游规划》，2003年参与德国欧洲旅游研究所编制的《厦门市旅游业发展总体规划》，2004年与西班牙专家联合编制《三亚市旅游发展战略规划》，2006年参加世界银行集团下属国际金融公司（IFC）中国项目开发公司组织的《四川入境旅游咨询研究》，2009年担任法国国家旅游局开发署援华项目《安徽歙县中法合作乡村旅游开发项目》中方专家等，曾担任过国际性刊物 Pacific Tourism Review（《太平洋旅游评论》）的中国编委。

如今，尽管已经退休19年，但他仍作为北京第二外国语学院中国文化和旅游研究院的特聘教授、中国森林风景资源评价委员会顾问和中国发展网专家委员会旅游经济专业委员会顾问和特约专家，继续发挥着余热，在自己心爱的旅游研究岗位上从事着一些力所能及的研究和咨询工作，为多种报纸杂志撰写稿件。

从事旅游研究工作这么多年来，他最大的感触就是旅游正在成为越来越多的国民休闲生活的一部分，旅游业正在成为越来越重要的中国对外民间交往的一部分。

[①] 刊登于2020年4月17日中国绿色时报，记者张红梅。

从师者到学者再到双重研究者的转变

1964年9月,毕业于中国人民大学的王兴斌被分配到北京第二外国语学院当了一名教师。执教期间,王兴斌先后担任过政治理论课教员、政治理论教研室副主任和主任。1990年调入二外旅游科学研究所任所长。1993年获得国务院政府特殊津贴。20世纪90年代,受国家林业局森林旅游办公室之邀开始参加森林旅游的考察与研究。1997年担任首届国家林业局中国森林风景资源评价委员会委员后,从森林旅游规划、开发、管理和市场营销等方面参与林业旅游的调研、咨询和讲课,至今还担任中国森林风景资源评价委员会顾问。

对于自己从师者到学者再到"旅游+森林"双重研究者的转变,王兴斌表示:"当年,作为国家旅游局所属的二外旅游研究所所长,我是以学者的身份参加中国森林风景资源评价委员会的活动,也就是从那时开始我成为'旅游+森林'的双重研究者。一方面我以旅游研究者的眼光观察森林旅游发展中的成就和问题,思考如何把国家旅游局确定的旅游方针、政策与森林旅游的实际相结合;同时我也思考如何在森林旅游中既体现大众旅游的共性,又突出生态旅游的特点,把旅游中保护的生态性与康体的休闲性相结合,实现森林旅游经济效益与生态效益的互补与统一。这也是我在森林旅游研究中一直重点关注的问题。在这个过程中,我经历了一个旅游与森林的爱好者、研究者与咨询者的磨合过程。"

绿色理念应贯穿森林旅游发展的方方面面

森林旅游发展有创造就业机会、创收外汇、促进不同文化交流、改变经济结构等积极作用,也会造成因游人过分拥挤而干扰环境、影响旅游质量、改变动物行为,以及因过分开发、过多人造建筑,造成不协调的城市化风貌等消极影响。

如何发挥森林旅游的积极作用,减少因开展旅游可能造成的消极影响?王兴斌表示,森林旅游的开发和经营要力争做到"游客满意最大化、消极影响最小化"。

在他看来,森林旅游的本质是绿色体验、绿色享受、绿色教育。森林旅游和森林公园向游客提供的是一种返璞归真的绿色环境、绿色经历、绿色享受。这种体验、感受要贯穿于旅游前的向往,到森林公园去的车上、路上、观光游览、住宿、餐饮、购物、娱乐等各个环节,直到回到家中还能回味无穷。"为了达到这种境界、这种感受,必须把绿色理念贯穿到森林旅游开发,森林公园建设,森林旅游产品、经营、促销、消费、宣传、管理等各个环节,形成完整的森林生态旅游服务链和产业链。"王兴斌说。

森林公园是国家公园保护体制的基础性环节

2019年10月，党的十九届四中全会通过的《中共中央关于坚持和完善中国特色社会主义制度 推进国家治理体系和治理能力现代化若干重大问题的决定》指出，"加强对重要生态系统的保护和永续利用，构建以国家公园为主体的自然保护地体系，健全国家公园保护制度"。

"这一决定的出台，标志着国家公园已进入国策之列。"王兴斌首先亮明了自己的观点，随后又进一步阐述，这其中包括四层含义：一是"国家"，应具有国家级的价值、全国性的意义；二是"主体"，是全国"自然保护地体系"的主体；三是"公园"，应面向公众、具有社会公益使命；四是"体制"，应建立起科学规范的制度，形成完整的"对重要生态系统的保护和永续利用"的"保护制度"。

王兴斌告诉记者，在国家公园保护体制中，森林公园是基础性环节，这也对森林公园建设提出了更高要求。森林公园是以国家公园为主体的自然保护地体系的基础性载体，是生态保护与建设的重要部分。"森林公园建设中如何处理好当地政府、经营企业、社区居民和外来游客四方面的相关利益主体的关系，处理好资源的国家所有权、政府管理权、企业经营权、居民参与权和国民游憩权的关系，将是今后森林公园建设的核心问题。"

改革开放以来，我国已经建立起比较完整的国家森林公园体系，既为全国森林资源保护与利用奠定了基础，也为开展全民森林休闲旅游提供了广阔领域。目前，全国有897家国家级森林公园、1500多家省级森林公园。2018年，全国林业旅游与休闲服务业产值13 044亿元，占林业总产值的22%；森林旅游与休闲旅游共接待游客36.6亿人次，森林公园接待游客16亿人次，约占全国游客总人数的1/4。"可以说，近40年来，森林公园的建设为国家公园建设提供了丰富的实践经验，也为以国家公园为主体的自然保护地体系如何为民众休闲生活服务创造了丰富的经验。"王兴斌如是说。

事业公益性与产业商业性是未来森林旅游的发力点

随着森林公园的规模化发展，当前存在着一些亟待解决的新课题。

王兴斌认为，今后森林公园可以积极探索政事分开、事企分开的路子，实行"一园两制"（林场属事业单位，森林公园中的休闲旅游业务可实行企业化管理）。推进国有林资源有偿使用，拓展集体林经营权权能，鼓励各种经济实体采取独资、合资、合作或特许经营等形式，参与森林公园内景区景点、旅游项目、服务接待、道路等设施的建设与经营。同时，森林公园发展的基础是良好的林业生态环境，发展的关键是客源市场开拓。因此,森林公园不能等客上门,而要积极探索扩大宣传推广的途径,加强市场营销。森林公园的管理机构中,还要有专门负责市场开发的机构或专人,负责调查市场、研究游客,与旅游部门合作,制订和执行市场开发计划,把森林旅游的市场开发融入当地的旅游营销中去,开展宣传公关活动。

森林旅游产业如何才能做到可持续发展?

王兴斌认为,首先要处理好生态保护事业与休闲旅游产业双重属性的关系,创新休闲林业的体制机制,既要用公益性理念指导森林休闲旅游的经营管理,不偏离以保护和公益为主导的方向,也要用商业经营去补贴和增加公共服务经费,找到林业良性循环的可持续发展之路。"多数情况下,森林管理机构可以把部分休闲旅游服务项目的经营权租让给个人、公司或社团,比如提供骑马、游船、漂流或其他服务,经营住宿营地、餐厅、纪念品、书店,提供导游服务以及其他休闲旅游的商品和服务。通过出让部分休闲旅游项目经营权,让当地居民从中获益,并成为自然环境的保护者。同时,着力提升森林休闲质量与效益,大力倡导省、市、县、街区、乡镇因地制宜开辟更多特色各异的中小型森林休闲绿地(如郊野公园),满足各地民众就近回归自然、绿色休闲的常态需求。届时,林地的所有权归国家所有,管理权由各级林业主管部门掌控,经营权依法委托企业运行,并由政府主管部门、环保部门、森林旅游协会、社会公众和媒体机构共同进行环境资源监护。未来,森林休闲旅游要在事业公益性与产业商业性两方面同时发力、取得突破,创立中国特色与地方特点相结合的森林休闲旅游体制机制,使森林休闲旅游充满活力、持续发展。"

同时,还要加强部门协调,促进产业联动,推动森林休闲旅游顺畅发展。林草部门要与其他相关部门广泛合作,形成推动森林休闲旅游发展的强大合力。要开展森林休闲旅游服务业管理社会化的试点,健全包括各类自然旅游、绿色休闲旅游业的统计体系等。根据有关院校的教育科研特长,建立一批森林休闲旅游科研基地,委托相关研究课题。林业院校要办好森林休闲专业,开展林业院(系)与旅游院(系)的交流合作。积极探索林业院(系)与旅游院(系)联合办学交流合作,培养既懂"林"又懂"旅"的经营管理、研究咨询人才。

与二外风雨同行五十年

——专访王兴斌老师[①]

【人物时光纪】

　　王兴斌，1941年出生，1964年8月到北京第二外国语学院政治理论教研室工作，曾任教研室副主任、主任，1987年7月由讲师破格晋升为教授。1990至2002年任旅游科学研究所所长。1993年起享受国务院政府特殊津贴。曾先后担任中国国际共产主义运动史研究会理事、北京市国际政治经济与国际关系教学研究会会长、中国《国际共运研究》杂志常务副主编，中国旅游协会理事、国家旅游局特邀"十五"规划专家、国家林业局中国森林风景资源评价委员会委员；主持过多个国家及数十个省市县和旅游区研究报告和建设规划，担任众多省、市政府旅游顾问。国际政治方面的著译作品有《马克思逝世之际》《恩格斯的晚年》《国际共产主义运动的实践与理论（1847—1985）》《战后国际共产主义运动（1945—1985）》《当代世界政治经济简明读本》等；旅游方面的著作有《旅游规划指南》《旅坛忆思录》《中国旅游客源国/地区概况》《中国出入境旅游国家（地区）概要》等，在旅游报刊上发表200多篇文章。

　　1964年8月，北京第二外国语学院正在筹建，刚从大学毕业的王兴斌来到二外，担任政治理论课教师，1990年调任旅游科学研究所（以下简称旅科所）所长，此后他的生活与旅游研究紧密地联系在一起，以"天涯旅人"自许。他是从二外建校之日起便执鞭于此的教师、学者。可以说，二外成长和发展的50年，亦是王兴斌磨炼、感悟和探索的50年。

[①] 2014年5月，秦莹蕾采访并整理，指导教师马宪超。本文收入《50人50年的回忆》一书，旅游教育出版社2014年版，第231~238页。

中学与大学（1954—1964）：学子的天真与求知

王兴斌祖籍江苏南通海门，5岁时随父亲到上海，在上海市北中学度过了中学时代。那段求学生活，他是十分快乐的，学业对他来说从来不是压力，而是一种享受。每到考试就与小伙伴们疯玩、踢足球，轻松应对考试。进入高中后，恰好遇上了1957年反右派运动。他敬重的政治、语文、物理课等几位老师相继被打成右派，被剥夺了教师资格，去扫厕所、干杂务，成为抬不起头的"地富反坏右"分子。高中毕业后，他以优异成绩考入中国人民大学学习国际共产主义运动史专业。从那时起，关心时政成了他的天性与本能。

大学期间，王兴斌所在班里三分之二的学生都是党员调干生，其余三分之一是高中生，都是共青团员。而由于家庭成分比较"高"，他是班里唯一一个"群众"（当时非党团员的惯称）。他的父亲经营一个小米店，雇用了一名学徒，按照当时的政策属于"小业主"，是"争取、教育、改造"对象，不是"依靠"对象。那个时候有个说法就叫"成分高"，什么叫"成分低"呢？谁最穷，贫下中农最穷，工人最穷，那就是"成分低"。"成分高"呢，小业主比较"高"，如果是富农、资本家那就更"高"了，整个社会就是这么一种"阶级"教育。在这五年当中，他真诚地以党员的标准要求自己。大学第四年，经过"考验"加入了共青团。

在大学五年里，王兴斌学习包括中共党史在内的国际共产主义运动史。由于中学时代文史基础好，再加上当时大学中的学习氛围，对于马列主义经典著作"锱铢必较"式的研习，王兴斌打下了坚实的治学基础和辩证思维。这种思维方式甚至对后来研究旅游也一样有用。"虽然大学里学的许多观点今天要重新审视，但五年的这种专业熏陶养成我的治学态度和方法，就是追求掌握系统资料，讲话、写文章要有根有据，并养成了几乎每天都要动笔的习惯，这对我终身受用"，回顾大学生活时，他如是说。

波折与磨炼（1964—1978）：从"四清"到"文革"

1963年底到1964年初，周恩来总理接连访问欧亚非14个国家。回国后，他深感我国与世界各国，尤其是亚洲和非洲国家文化交流将有大发展，我国需要一大批对外文化交流的干部。周总理与陈毅副总理兼外长决定再办一所外国语学院。1964年初开始筹备，到9月份开学，不到半年北京第二外国语学院就正式挂牌并招生、上课。按照王兴斌的话说，"这个速度在中外大学建校史上是破天荒的"。

二外成立不久，中国农村里开展了"四清"运动。一开始在农村里"清工分、清账目、清仓库和清财物"，后期成了在全国"清思想、清政治、清组织和清经济"。王兴斌作为国家对外文委的四清工作队干部到河南许昌地区，一边搞运动、一边受锻炼。他住进村中最贫穷的家庭，同吃同住同劳动。令他感触最深的是农民的困窘。王兴斌说："有的农家女孩子没有裤子穿，那平时只能在家里待着，不能出去，出去的时候几个女孩子轮流穿一条裤子出去。我在这一年里面，把口粮交给了一个姓孟的家庭，只能吃晒干了的红薯藤、红薯叶，再加一点玉米面熬成糊。这一年终生难忘的是，中国农民太穷、太苦了，穷到了无法想象的地步，但当时还没有想过为什么会这样。"

1965年底，王兴斌回到北京，开始教学工作，讲授国际共产主义运动史课程，并担任东欧语系阿尔巴尼亚语班的政治辅导员。不久"文化大革命"就铺天盖地开始了。1973年，王兴斌随二外下放到河南明港"五七干校"。在干校期间，他当过司务长，买菜、做饭、喂猪、宰猪都干过。而这也给了他管理能力与体质上的锻炼。"受了那种苦以后，什么苦都不怕了。后来在海南考察爬上五指山，住在村招待所过夜，一张硬板床一块草席就不在乎了"。王兴斌今年已是73岁高龄，每天都游泳，还时常跋山涉水到各地考察，这样的体格与那段经历不无关系。

1976年周总理逝世后，王兴斌参加了对1966年5月周总理5次来二外视察工作的调查，采访了与周总理有过接触的老师、学生、炊事班人员等，写了一篇调查报告。2008年1月，他根据当年的调查并参考了《周恩来年谱》，写了《历史风云中的一幕》一文，被编入人民出版社《永远的怀念》一书。"周总理到二外来是'文革'风云中的一幕。对他当年在二外的讲话，我们不能离开当时的历史背景，但他与学生一起坐小板凳、在学生食堂用餐、交四两粮票、贰角五分饭钱，这种亲民、清廉、务实品格与作风，永远是学校、民族和国家的精神财富！"王兴斌回顾这段历史时感慨地说。

机遇与积累（1979—1989）：从讲师直升教授

1978年底十一届三中全会召开，中国上上下下都在进行变革。王兴斌先前所教授的国际共产主义运动史已不适应国际格局的变化和中国对外开放的形势，调整为世界政治经济与国际关系课。而此时，他已37岁。23岁大学毕业之后，有15年没有搞教学与研究，最宝贵的时间在政治动乱中熬过。值得庆幸的是，从干校回来之后，他抓紧时间仔细阅读马克思恩格斯全集，边看边写笔记、做卡片。王兴斌说："当时没有电脑，就是做卡片，一个字一个字地抄，一张一张卡片地抄，分类归类，足足有十几个卡片箱。"

从1979年开始，王兴斌科研、教学两手抓。他在《光明日报》发表的处女作《恩格斯论造就无产阶级科技队伍》，从此笔耕不辍。到1986年，他已在报刊发表了 100 多篇文章，撰写和翻译出版了 6 本书，主编了 3 本高校通用政治理论课教材，并担任几个全国和北京社会团体的学术兼职。

1979 年被中断了 15 年之久的高校职称评定工作启动，王兴斌 38 岁时才评为讲师。但不久职称评定工作又停止，直到 1985 年才恢复。当时，教育部提出要打破"论资排辈"，选拔一批中年教师直接升教授，以改变当时高校教授年龄偏大、青黄不接的局面。破格的标准一是教学工作成绩突出，二是要有两本独立完成或主编的著作，并获得省部级奖项。当时王兴斌对此事并不主动，但院里主管此项工作的领导鼓励和推荐他申请破格提升。经过学院和北京市的严格审核，他于 1987 年获得由国家旅游局签发的教授资格证书。回忆这段经历时，王兴斌说，首先这是一个机遇，因为当时政策需要，同时也是靠自己多年的积累。当时他已是北京市国际政治经济与国际关系教学研究会会长、全国《国际共运研究》杂志副主编。"我被破格提拔，也与我的恩师、人民大学资深教授、全国著名的政治学专家高放老师的教导与厚爱分不开。他在学术上的执着与求索精神影响了我的一生。"他回忆这段经历时说。

1989 年 5 月，王兴斌在外事口举办的一个国际形势学术研讨会上作了一个发言，针对当时苏联东欧的政治动荡，他直抒己见，坦言苏联和世界历史进入了一个转折点。根据这个发言整理成《苏联东欧改革已触及旧体制的根基》一文，以显要位置发表在由外交部主办的权威刊物《世界知识》上，排在钱其琛外长的文章之后、其他文章之前。"这是我的最后一篇关于国际政治的文章，也是研究国际政治 30 年画的一个句号，也许是一个圆满的句号。"王兴斌对他的国际政治研究生涯作了这样的表述。

市场与社会（1990—2002）：旅游研究所的探索

1983 年二外成为国家旅游局的直属院校。1984 年 3 月，由国家旅游局批准建立旅游科学研究所（以下简称"旅科所"），主要工作是翻译、收集书面资料，编写旅游书刊。1990 年，王兴斌调任旅科所所长后认为，研究所要走出校门、面向市场，既要承担教学科研任务，又要为全国旅游部门服务。旅科所承担的第一个课题是受三亚市政府委托，编制该市旅游发展战略规划。当时全国的旅游规划编制工作处在起步阶段，旅科所更是首次接触这类实战性的课题。这无疑是一种挑战，同时也是一个机遇。

1992 年国庆节后，他带领旅科所和天津中国旅游管理干部学院教师组成的课题组，赴海南进行了 2 个多月的考察。次年 5 月，由中科院院士，北京大学、清华大学、南开大学、二外教授和国家旅游局、中国旅游协会负责人组成的评审组对《三亚市旅游发展战略规划》给予充分肯定和高度评价。"首战告捷，从此一发不可收了。"谈起这段历史王兴斌激动地说。

为适应全国旅游业大发展的形势，1993年5月，经国家旅游局领导同意和二外领导批准，以旅科所为实体，二外与中国旅游协会联合创办中国旅游协会咨询中心，王兴斌任中心常务副主任。咨询中心的主要业务是为地方旅游局和旅游企业做规划、咨询和培训，独立核算、自筹自支，旅科所全体人员的工资、研究经费和购置办公用具等一切自理。他认为，旅游研究是一门实践性科学，要面向市场和社会做实证性研究，产、学、研相结合方能出真正有价值的研究成果。

提到这段经历时，王兴斌说，这样的尝试是非常冒险的，既要保留旅科所作为院校机构的学术性，又要符合市场经济潮流搞实战，无疑是"戴着手铐脚镣跳舞"。1997年底，咨询中心停止活动，旅科所继续开展咨询规划工作。他离任审计的清单是，从1993至2002年，旅科所总收入480万，自筹解决了全所人员工资与图书资料、电脑、复印机、投影仪、相机等研究设备购置。旅科所成为当时全国颇有影响的旅游咨询规划机构。

王兴斌说，这十年是"面向市场、走向社会的十年"。旅科所先后完成了广西壮族自治区、福建省、海口市、哈尔滨市、太原市、宜昌市等二三十个省、市、县的旅游发展规划，江苏太湖、吉林长白山、西藏珠穆朗玛峰与巴松错等旅游区的建设规划，办了多期全国旅游局长培训班。旅科所团队的足迹遍及全国各地，带给了他全新的经历和视角，也推动他对中国旅游的思考与探索。他说，2000年中国旅游出版社出版的《旅游规划指南》实际上是旅科所十年实战的总结。时任国家旅游局副局长孙钢在该书序言中写道："王兴斌教授撰写的这本书，既是对以往实践的总结，也是在此基础上进行的新的探索。"与一般的学术著作总是引经据典不同，这本书里没有引用别人的一句话，全部是他实际工作的体会与归纳。他强调说，"这本书不是关在书斋里写出来的，而是在旅途中完成的"。例如，在这本书中他首先提出"社会旅游资源"的概念，认为"社会旅游资源的主体是人，人的生活、人的风情、人的创造。社会旅游资源是无限的、可不断挖掘和新生的。摆脱传统旅游资源观念，旅游资源就在你身边"。不少人与他见面时说，是看了这本书开始学做旅游规划的。

王兴斌说，使他终生难忘的是八次进西藏。他从1996年至2008年间，先后参加了联合国开发计划署资助的由中外专家共同编制的珠穆朗玛自然保护区生态旅游规划、《西藏自治区旅游总体规划》、《青藏铁路沿线旅游规划》、《巴松错旅游度假区规划》，为西藏导游培训班上课，为西藏旅游发展把脉，走遍了雪域高原的山山水水，多次与死神擦肩而过，感受到那片神圣、神奇、神秘的土地和坚韧不拔、纯朴善良的同胞。他一再说，作为一个中国人，外国可以不去，西藏不能不去，那是洗涤灵魂之旅，探索人生价值之旅，也是精神享受之旅。"只要有机会，我还会去那里看看，为藏族同胞做点力所能及的事是人生难得的机会。"他如是说。正如他在总结规划编制工作心得的《旅游产业规划指南》一书中所写的，在旅游研究所的这些年中，"既有阳光明媚也有风雨交加，路边既有鲜花也有荆棘，平坦笔直的高速与崎岖不平的山野小径都走过，典雅华丽的星级宾馆与透风漏雨的山村小屋都住过。热情的赞扬与尖锐的批评，成功的经验与受挫的教训，都成为我们学习的教材、成长的营养和宝贵的财富。"

喜悦与忧思（2001—2020）：退休后的继续思考

2002年9月退休后，王兴斌坦言自己"自由"了，从此可以讲自己心里想讲的话，做自己愿意做的事。但"退"而不"休"，他的旅游思考仍在继续，而且更加深入。他的退休生活大致是写作、研讨、评审与旅游，他说，"这是一种游学，在游中学，在学中游"。

退休后王兴斌与家人经常去国内外旅游。在旅科所工作时他没有出过一次国，退休后抓紧时间"补课"。"与工作时外出考察不同，自费自助旅游是放松休闲，是一种体验与享受，同时也耳闻目睹了旅游快速发展中隐藏着的种种问题，甚至是积弊、顽症。"在国外到处都看到中国游客和在他国异乡谋生创业的大陆人，王兴斌在为中国旅游蓬勃发展、中国旅游的国际影响越来越大感到欣喜的同时，也真切地感受到中国旅游面临的深层次问题，不时引起他的忧虑与反思。

王兴斌一直把陈寅恪先生的"独立之精神、自由之思想"作为座右铭，在文章与发言中直言自己的思考和见解，从不吞吞吐吐，在旅游界以"敢讲真话"而被关注。1993年全国掀起以外资为主、外国游客为主建设国家旅游度假区热潮时，他坦言时机不成熟，他当年7月的一次演讲记录被《亚太经济时报》以《国家旅游度假区警钟长鸣》为题发表，在旅游界引起一阵波澜。1999年实行国庆"长假"后，"旅游黄金周"的概念被炒得很热。2002年王兴斌结合自身假日自助游的体验，写了篇万字长文，分析了"黄金周"的利弊得失，提出由"黄金周"走向带薪休假是旅游健康发展的必由之路。对于政府主导与市场主体、中华旅游市场与国际旅游市场、世界旅游大国与强国、中国旅游的国际排名与旅游统计体系等一系列旅游热点问题，他提出了自己的见解和观点。即使这些观点产生了争论甚至被嘲笑为"过分理想化"，他依然坚持己见。王兴斌认真地说："学者难道不应该超前思考，不应该有一点'理想'？我的观点是对是错，还是让历史来评判吧。"

继1995年与美国、新西兰、加拿大、尼泊尔外国专家共同编制《西藏珠穆朗玛自然保护区生态旅游规划》（联合国发展计划署的援助项目）后，王兴斌2003年参与德国欧洲旅游研究所的《厦门市旅游业规划》，2004年参与西班牙经济部的援助项目《三亚市旅游战略规划》，2006年参与世界银行下属国际金融公司的援助项目《四川省入境旅游咨询研究》，2009年参与法国国家旅游局开发署的合作项目《安徽歙县中法合作乡村旅游开发项目》，还参与了国家旅游局的《丝绸之路旅游规划》《西藏自治区旅游规划》等编制工作。通过这些活动，他与国内外旅游界人士保持联系，不让自己封闭起来。

王兴斌从大学时代研究国际政治和社会经济，到如今研究旅游，对他而言是用另一种视角回归了研究政治经济，研究国际关系，研究中国社会。他说："我非常感谢旅科所十年与退休十年，通过到各地的旅游与考察，我真正接触了中国社会的底层。"

王兴斌在谈起五十年的教师生涯时感慨地说，从风华正茂的青年，到如今两鬓斑白，自己的一生与二外的诞生、成长是融为一体的。二外从单一的外语学院向以外语为基础、旅游为特色的多学科、综合性文科大学成长，他是这一历史的同行人与见证者。"如果没有当年周总理的欧亚非十四国之行，就不会有二外，我就不会到二外工作；如果没有改革开放，就不会有人才政策的创新，我也不会有从讲师直升教授的机会；如果没有中国旅游的崛起，就不会有二外向旅游的转轨，我也不会去从事旅游研究。这些看似偶然，其实其中有必然。"

在访谈中，王兴斌一直说自己是一名教师。是的，他是一名且行且思的人师。他半个世纪的学术生涯，可以说是二外风雨兼程五十年历史的一个剪影，也是反映半个世纪时代风云变迁的一个侧影。

后 记

本人退休二十年，但由于长期形成的思维定势与生活惯性，仍关注着旅游业的进展以及国家主管部门的旅游决策和部署，不时向报刊媒体和网络媒体发表一些看法。人微言轻，而且早已离开工作一线，明知对旅游主管部门的一些做法与说法说说自己的看法并无多大意义，但不知为何，看到有些事总是情不自禁地说几句、写一写，至于能否会被有关方面注意，有多大作用，早已不在考虑之列，似乎已成为一种"惯例"。

本书主要选录了2015年以来对国家旅游主管部门宣布的有关方针和举措及有关现象的评析文章。其中，不少问题从文化和旅游部组建后已有所调整和修改，如全域旅游示范区的定义与评定标准，不再提"实施'1+3'旅游综合管理和综合执法模式"、组建"旅游委员会"，不再听到国家旅游主管部门召开全国旅游投资大会，也没有听到负责人再讲"旅游外交"。文化和旅游部领导在一次公开讲话中引用了国家统计局公布的旅游增加值4.3%的数据，可见笔者在近几年中提出的一些问题在国家文化和旅游部的领导讲话和文件中有所调整，虽然不敢说是与本人的质疑与提出的建议有直接关系，但终究有所调整。还有一些关于旅游统计有关问题，今年8月14日文化和旅游部对国家统计局意见的回复中也表示在研究之中，虽然尚未见到结果，但这些问题也正是笔者一直关心的。

冬去春来，日月如梭。明年是2021年，已到八十之际。整理一下退休以来，尤其是2013年《旅游忧思录》出版以来写下的百万字文稿、微信、刊发的文章、回答媒体的记录，仿佛回顾了自己的退休岁月。现摘取的其中一些文字，记录了对这几年中旅游界重大事件的所见所闻、所思所感，算是一个老旅游人留下的一点思考，也可为中青年业界朋友了解和思考中国旅游业巨大而深刻变化以及其中走过的曲折旅程提供一点素材。

本书的出版要感谢见过面和未见过面的旅游界的各位朋友，其中有研究人、媒体人，也有执业者、管理者、经营者和网友们，感谢他们用各种方式，特别是网络的方式与我坦诚交流；感谢北京旅游学会的关照和厚爱，近几年为我与业界朋友提供了交流平台；感谢北京第二外国语学院党委会为我八十岁生日提前送来寿幅，感谢顾晓园书记和计金标院长在本人学术生涯面临困顿时的关心与勉励，感谢北京第二外国语学院中国文化和旅游产业研究院以及旅游科学学院对本人退休后学术研究的鼎力支持；也要感谢我的家人，尤其是六十年相濡以沫、终身相伴的同龄老伴，为我营造了一个温馨可亲的家，使我在退休生涯中有暇思索、不时笔耕。

当然，更要感谢张广瑞先生再次为拙作作序，感谢邹统钎先生为本书出版付出的辛劳；感谢旅游教育出版社领导的鼎力相助，感谢相关编辑的辛勤劳作，使本书得以同读者见面。

2020 年 11 月 20 日
于北京奥林匹克花园寓所
13901362835@139.com